サステナビリティ

SDGs以後の最重要生存戦略

水上武彦

東京書籍

CONTENTS

サステナビリティ　ＳＤＧｓ以後の最重要生存戦略

水上武彦

序章

SDGsが本質的に目指しているもの

SDGsが目指す世界

SDGs、ESG、サステナビリティといった言葉をメディアで頻繁に見かけるようになった。多くの人は、これらは同じようなもので、政府やNGOだけでなく、企業が、気候変動や海洋プラスチックなどの環境問題、貧困や格差、差別などの社会問題に対応する必要がある時代になったといった認識だろうか。こうした類似の言葉の違いは、専門家以外は、特に意識する必要がないと思う。大事なのは、世界が何を目指しているか、その共通認識を持つことだ。

気候変動について言えば、環境活動家などは、「家が燃えているような」危機意識を持って、脱炭素を進めろと主張する（グレタ・トゥーンベリ）。[*1] 一方で、経済活動を担っている人たちは、脱炭素は、経済活動を停滞させることなく、成長を持続させながら行わなければならないと主張する。一見、かみ合っていないように見えるが、目指す姿は、気候変動問題の解決と経済を両立させることで、一致している。そこに向けた危機意識、スピード感に違いがあるだけだ。

目指すは、環境問題、さらには社会問題の解決と経済を両立させる世界だとして、具体的には、どのようなものか、SDGsを例にとってみてみよう。SDGsは、17ゴール、169ターゲットで構成されるが、数が多すぎて全体像をとらえにくい。SDGsの前文に掲げられている5P（People, Planet, Prosperity, Peace, Partnership）で全体像を理解するほうが良いだろう（図1）。

People（誰もが人間らしく生きる）、Planet（地球環境を持続させる）、Prosperity（皆が豊かさを享受できる）、Peace（平和な世界を実現する）、Partnership（これら4Pをパートナーシップで実現する）。これをベースに考えると、環境・社会問題と経済を両立させる、「目指すべきサステナブルな世界」とは、以下のようなものだ。

・誰一人取り残されない世界。すべての人が、貧困、飢餓から解放され、尊厳と平等の下に、持てる潜在能力を発揮できる世界

図1　SDGsの5P

People

1	2	3	4	5	6
貧困をなくそう	飢餓をゼロに	すべての人に健康と福祉を	質の高い教育をみんなに	ジェンダー平等を実現しよう	安全な水とトイレを世界中に

［人間］貧しさを解決し、健康でおたがいを大切にしよう

Planet

12	13	14	15
つくる責任つかう責任	気候変動に具体的な対策を	海の豊かさを守ろう	陸の豊かさも守ろう

［地球］自然と共存して、地球の環境を守る

Prosperity

7	8	9	10	11
エネルギーをみんなに、そしてクリーンに	働きがいも経済成長も	産業と技術革新の基盤をつくろう	人や国の不平等をなくそう	住み続けられるまちづくりを

［豊かさ］経済的に豊かで、安心して暮らせる世界にしよう

Peace

16
平和と公正をすべての人に

［平和］争いのない平和を知ることから実現しよう

Partnership

17
パートナーシップで目標を達成しよう

［パートナーシップ］いろいろな形で、みんなが協力し合う大切さ

・地球が現在および将来世代の需要を支えられるように維持される世界。気候変動問題が解決され、自然資本が維持される世界
・人々が恐怖や暴力から解放された、平和で公正な世界

簡潔にすると、「すべての人々が平和と一定の豊かさのもと、潜在能力を発揮でき、地球への負荷が再生可能な範囲に収まっている世界」といった感じだ。左ページの図2のように、一定の豊かさを満たしつつ（基本的なニーズが満たされない内側の円を超え）、環境の上限（外側の円）を超えない範囲内で生活していこうという、ドーナツ経済のようなイメージだ。このイメージをすべての人々が共有する必要がある。重要なポイントは、「誰か（特に弱い立場にいる人たち）を犠牲にすることはできない」、「地球環境の持続可能性と一定の豊かさを両立させる」ということだ。

「誰かを犠牲にすることはできない」という点について、これまでの経済は、安価な労働力、資源を求めて発展しており、その過程において弱い立場にいる人たちを犠牲にしている面がある。しかし、これからは、グローバルに広がるサプライチェーンにおいて、コスト削減のために、途上国の人々の人権を無視して、低賃金で過酷な労働環境で働かせるこ

図2　ドーナツ経済

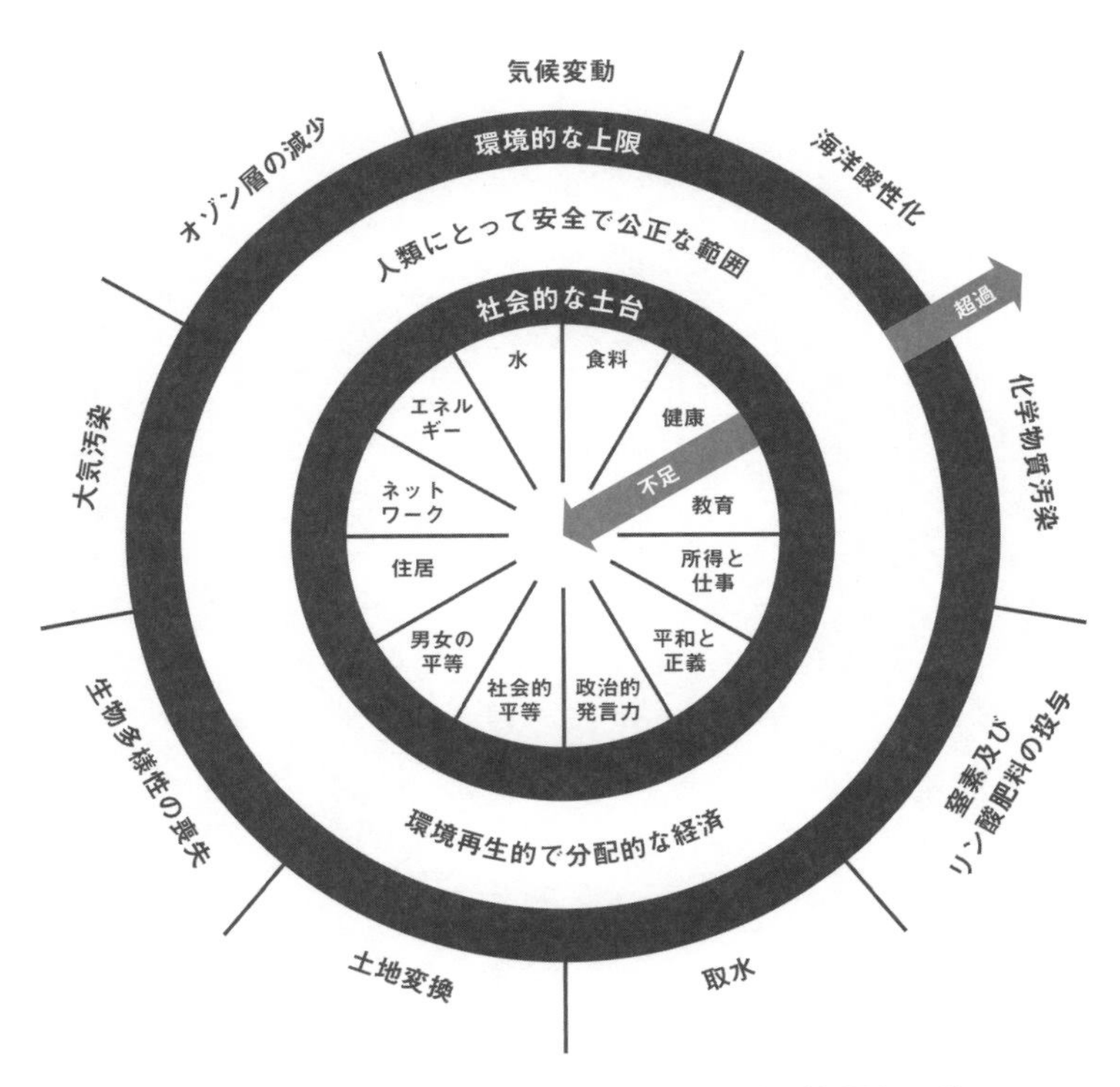

出所：Kate Raworth, 'The Doughnut of social and planetary boundaries (2017)', https://www.kateraworth.com/doughnut/ より（邦訳、『ドーナツ経済学が世界を救う』ケイト・ワラース、河出書房新社、2018年）

とは、許されない。また、先進国が経済的な豊かさと比較的低い環境負荷を享受する一方、その豊かな生活実現のために、資源採掘、製品生産、ごみ処理など、経済発展に伴い生じる環境負荷が発生する部分を途上国に押し付けているという「オランダの誤謬[*2]」のようなことは許されない。

「地球環境の持続可能性と一定の豊かさを両立させる」という点について、脱資本主義のような議論もある。しかし、今後100億人に達しようとする世界の人々に一定の豊かさを提供できるシステムは、今のところ、資本主義以外には考えにくい。脱資本主義的な新しいシステムの模索は、ローカルレベルでは試みていく必要があるが、グローバルレベルでは、資本主義をベースに、地球環境を持続可能なものとし、世界の人々が一定の豊かさを享受できる世界を目指すことになる。

環境問題の解決のために、一般市民の生活レベルを犠牲にすることは、政治的にも難しい。フランスで、以前、パリ協定の議長国として、温暖化対策をリードしたいと考えたマクロン政権が、炭素税の一種である燃料税を引き上げようとしたことをきっかけに政権への反発が広がり、黄色いベスト運動と呼ばれる反政府の抗議活動がフランス全土に広まった。環境対策が現実の政策、人々の生活に関わる問題となったとき、人々がそれを受け入れるのは容易ではない。生活に苦しむ人々にとっては、「地球環境は心配だが、今はそれどころではない」となる。

このＳＤＧｓが本質的に目指す世界、すなわち、「誰一人取り残さず、地球環境の持続可能性と一定の豊かさを両立させる世界」を広く共有した上で、その実現を急がなければならない。ＳＤＧｓの期限は２０３０年に設定されている。まずはそこを目指して、各ターゲット実現に向けた取り組みを促進する必要がある。２０３０年以降も、目指す世界に向けた旅は続くだろうが、特に緊急性のあるのが気候変動に対する取り組みだ。２０５０年までにカーボンニュートラル[*3]を実現することが共通目標となっているが、今後二十数年で、大きな経済システムの変革を実現しなければならない。

サステナビリティにNOはない

ＳＤＧｓが本質的に目指す世界を実現するには、政府の取り組みが重要だが、経済活動の主体であり、環境・社会問題の直接的原因となっている企業の行動変革も欠かせない。

昨今は、「サステナビリティ／ＥＳＧ（環境・社会・企業統治）の取り組みを通じて企業価値を向上させる」論調がある。もちろん、それは実現すべきものだが、本質的には、

「企業価値を向上させる」ために、サステナビリティに取り組むのではない。企業は、「目指す世界を実現する」ために、サステナビリティに取り組む必要があるのだ。

これまでのパラダイムでは、企業は、利益、企業価値を追求するものと捉えられてきた。新自由主義の考え方が広がってからは、特に企業が利益を追求する姿勢が強まっている。新自由主義の理論的支柱であった経済学者のミルトン・フリードマンは、「企業経営者の使命は株主利益の最大化であり、それ以外の社会的責任を引き受ける傾向が強まることほど、自由社会にとって危険なことはない」[*4]と言い切っている。

なぜ企業は利益を追求しているのか？ あるいは、なぜ企業が利益を追求しなければならないシステムになっているのか？ それは、企業が利益を追求することで、市場メカニズムが効率的に機能し、より豊かな社会が創られるという信念に基づいており、そのことが人々を幸せにすると信じられてきたからだ。確かに、新自由主義の考えのもと、企業が利益を追求することで、世界全体の富は増え、取り残されている人はいるものの、多くの人は豊かになってきたという側面はある。ドーナツ経済の内側の円を超える方向に発展してきたといえる。

しかし時代は変わった。ドーナツ経済の外側の円を超えないようにすることの必要性が明らかになってきた。また、ドーナツの内側の円が均等に発展しなければ、すべての人に幸せをもたらすことができないことも明らかとなってきた。世界の目標が「富の創造、豊かになること」から、これまで述べてきた、環境や経済のバランスにも配慮した「目指す世界を実現する」ことになった。

そのため、企業活動の目的も「利益を追求する」ことから、「社会に価値を生み出すこと＝目指す世界の実現に貢献すること」になりつつある。そうしたパラダイムシフトが進みつつある。「企業が利益を追求する」パラダイムにおいては、「利益につながるか?」、「企業価値を向上させるか?」が経営の判断軸だった。そのため、サステナビリティについても、「サステナビリティは儲かるのか?」、「サステナビリティは企業価値を向上させるのか?」という問いがなされてきた。

新しいパラダイムでは、企業活動の目的は「目指す世界の実現に貢献すること」で、それは企業が取り組むべきサステナビリティそのものである。この新しいパラダイムでは、「サステナビリティは、取り組まなければならない」もので、「取り組むのが当たり前」のものだ。問うべきは、「サステナビリティは儲かるのか?」ではない。これが、既存の制度、市場を前提にしていてNOだと、サステナビリティに取り組まない、最小限必要なことだけ取り組むとなってしまう。必要な問いは、現在の資本主義の枠組みの中では、企業は儲けることが求められるという現実も踏まえ、「ＳＤＧｓ／サステナビリティを儲かるようにするには、どうすれば良いか？」だ。そこにＮＯという答えはない。

本書は、主に企業向けの内容となっている。「目指す世界の実現」に向けた経済システムの変革に向けては、経済システムの中心的な役割を担う企業の行動が変わることが必要だ。しかし、企業が、ＳＤＧｓが本質的に目指す世界を理解し、自らそこに向かっていければ良いが、企業は、顧客、株主・投資家、従業員など、多くのステークホルダーの期待に応える必要があり、顧客ニーズに対応し、利益を上げ、従業員に報酬を提供しなければならない。そのため、現在の企業活動を大きく変えるのは、容易ではない。企業の行動を変えるには、ルールを作る政府、その政府に影響力を持つ市民、商品・サービスの市場を創る消費者、資本市場を形成する投資家などが、企業活動を「目指す世界の実現」へと近づく方向に持っていくようにする必要がある。

一人ひとりが持つ選択肢

私たちは、一人ひとり、市民、消費者、投資家、そして生産者の顔を持っている。一人ひとりが「目指す世界の実現」に向けて、影響を及ぼせる選択肢はたくさんある。

市民としては、ＮＰＯを立ち上げる、ボランティアとしてＮＰＯ活動に参加するなどの市民活動において、「目指す世界の実現」に向けて活動することができるし、投票を通じて、政策に影響を及ぼすこともできる。市民活動は、金銭面での制約が少ないため、比較的自由に、自らの意思を反映する活動を行うことができる。

消費者としては、商品・サービスを選択的に購入することで影響力を及ぼすことができる。いわゆるエシカルな、つまり、社会課題解決に貢献する商品・サービスを意識的に選択し、購入することは、「目指す世界の実現」に貢献する。さらにそれをＳＮＳなどで広げる、店舗にエシカルな商品の販売をリクエストすることなどで、より広く貢献することができる。ＳＤＧｓ／サステナビリティを真摯に推進している企業の商品・サービスを優先的に購入することもできる。

投資家としては、サステナビリティを戦略的に行っている企業に投資することができる。個別企業に投資することもできるし、サステナビリティの観点で優れた投資商品を購入することで、影響力を及ぼすこともできる。

生産者としては、仕事を通じて影響を及ぼすことができる。ビジネスパーソンとしては、

「目指す世界の実現」に向けて、SDGsの特定のゴールやターゲットに貢献する企業を自ら起こすこともできるし、この本で述べるようなCSV（P．24参照）やサステナビリティ経営の推進を社内で働きかけることもできる。生産者には、公共的価値を生産する人という意味で、政治家や国家・地方公務員も含めて考えているが、政治家や国家・地方公務員は、「目指す世界の実現」に向けた政策を立案し、実現するよう働きかけることができる。

私たち一人ひとりは、多面的な顔を持っているが、これまでの経済的豊かさを主目的として追求する世界では、経済合理性を求めるよう促されてきた。例えば、消費者としては、価格を重視して、安く良い品を求めるのが当たり前だった。最近は、「エシカルな商品」を求める消費者も増えてきてはいるが、まだ「意識が高い」消費者に限定されている。しかし、繰り返しになるが、パラダイムは変化している。この変化を促進する緊急性・必要性に気づいた人から、自らの影響力を活用して欲しい。そうした影響力が積み重なることで、政府がサステナビリティ実現のために必要なルール作りを進め、サステナビリティに貢献する商品・サービスの市場が生まれ、企業がサステナビリティ経営を推進するようになる。

そうした流れをつくっていくことが必要だが、既存の富を追求するパラダイムの慣性が強い状況では、政府は経済成長を追求し、消費者は安くて良い品を求め、投資家はリターンを重視し、企業が「儲け」と「企業価値」を経営の判断軸とする状況は、すぐには変わらないだろう。

そこで、「SDGs／サステナビリティを儲かるようにするには、どうすれば良いか？」という問いが重要になる。本書では、企業を主な対象として、この問いへの答えを示してみたい。

なお、第1章では、SDGs／サステナビリティを儲かるようにするためのコンセプト、フレームワーク、第2章では、経営レベルでSDGs／サステナビリティ経営を進めていくための方法論、第3章では、SDGsの各目標を対象に、具体的な取り組みを紹介する。第4章では、ポストSDGsも見据えた、「目指すべきサステナブルな世界」に向け、さらに考えるべきことについて論じる。

＊1　『グレタ　たったひとりのストライキ』、マレーナ＆ベアタ・エルンマン、グレタ＆スヴァンテ・トゥーンベリ、海と月社、2019年

＊2　「オランダでは経済的に豊かな生活を享受しているが、一方で大気汚染や水質汚染の程度は比較的低い。しかし、その豊かな生活は、資源採掘、製品生産、ごみ処理など、経済発展に伴い生じる環境負荷が発生する部分を途上国に押し付けているからこそ実現している。この国際的な環境負荷の転嫁を無視して、先進国が経済成長と技術開発によって環境問題を解決したと思い込んでしまうことを「オランダの誤謬」という」、『人新世の「資本論」』、斎藤幸平、集英社新書、2020年

＊3　温室効果ガスの排出量と吸収量を均衡させること

＊4　『資本主義と自由』、ミルトン・フリードマン、日経BP社、2008年

1

戦略的にSDGsに取り組むために理解すべきコンセプト

ＳＤＧｓの現在地と戦略的視点の必要性

２０１５年に、ＳＤＧｓが採択されてから、達成期限である２０３０年に向けて、その中間地点に差し掛かっている。国内では、ＳＤＧｓはかなり浸透し、メディア等で頻繁に報道されるようになり、ＳＤＧｓ関連書籍も多数出版され、ＳＤＧｓバッヂを付けるビジネスパーソンも、当たり前になった。

このようにＳＤＧｓという言葉は浸透しているものの、ＳＤＧｓ実現に向けた取り組みが進んでいるかというと、クエスチョンマークが付く。企業や地域コミュニティなどにおいて、ＳＤＧｓをテーマにした研修やワークショップは行われているが、そこから何か具体的な取り組みが生まれることは少ないだろう。企業も統合報告書やサステナビリティレポートなどで、「自らの活動は、ＳＤＧｓにこう貢献しています」として、取り組みとロゴを紐づけるケース（いわゆるＳＤＧｓのラベル貼り）は増えているが、そこから新しい価値が生み出されることはない。ＳＤＧｓの取り組みを新たに始める起業家、市民活動家も増えているが、全般的には、小粒な社会貢献的活動が多い印象だ。

そもそもＳＤＧｓは、既存の社会・経済システム、ビジネスにおいて未解決の問題の集合体だ。これまでは、そうした外部不経済（経済活動の副作用として、市場の外側に発生する不利益、社会問題）としての課題については、企業の収益とはトレードオフ関係にあると考えられ、政府やNGO／NPOがその解決の主体と捉えられてきた。しかし、民意の大勢やその反映を重視する政府は、意思決定に時間がかかり、NGO／NPOは解決のための十分なリソースを持っていない。企業が能動的に解決に動き始める必要がある。そのためには、SDGsの実現と企業価値を両立させる新たな視点が必要だ。

SDGsはビジネス機会になると言われるが、それは、世界がSDGsを達成しようとした場合、政策転換、大規模投資がなされ、新しく大きな市場が生み出されるという、希望に基づく仮定にすぎない。企業が、政府などの動きを待って、市場が生み出されてから取り組みを始めるというスタンスでは、SDGsの達成はいつになるか分からない。ビジネスの観点からしても、新たな市場が生まれてから対応するという受け身の姿勢では、新たな市場を後から獲得することは、特にリスクを取って大胆な投資をするのが苦手な日本企業には、難しいだろう。

基本的に外部不経済であるSDGsが掲げる課題をビジネスで解決するには、従来とは異なる視点が必要だ。その視点を提供し、社会課題解決と企業価値向上を両立するための戦略を考えるフレームワークとして、CSVと6つの資本を紹介する。

CSVとは？

CSVとは、Creating Shared Valueの略で、社会課題解決と企業価値向上を両立しようとする戦略コンセプトだ。日本語では、「共有価値の創造」または「共通価値の創造」と訳されている。ハーバード大学のマイケル・ポーターらが、競争戦略論のフレームワークを応用して体系化した。製品・サービス、バリューチェーン、クラスター（本書では、ビジネスエコシステムと呼ぶ）という3つのアプローチを基本とする。このうち、バリューチェーンとクラスターは、ポーターが自ら提唱したフレームワークを応用している。[*1]

まず、バリューチェーンは、ポーターが『競争優位の戦略』で提唱した概念で、企業活動が提供価値にどのように貢献するのかを体系的かつ総合的に検討する手法だ。事業を顧客にとっての価値を創造する活動という切り口から分解し、それぞれの活動の特徴を正確に把握した上で、それらの活動の連鎖を再構築し、より競争優位をもたらすにはどのような戦略をとればいいかを導き出すフレームワークだ（図3）。バリューチェーンを用いることで事業活動が、社会に及ぼすプラス、マイナスの影響を見極めることができる[*2]（図4）。

「バリューチェーンのCSV」は、このバリューチェーンと社会との関わりに注目し、社

図3　バリューチェーン

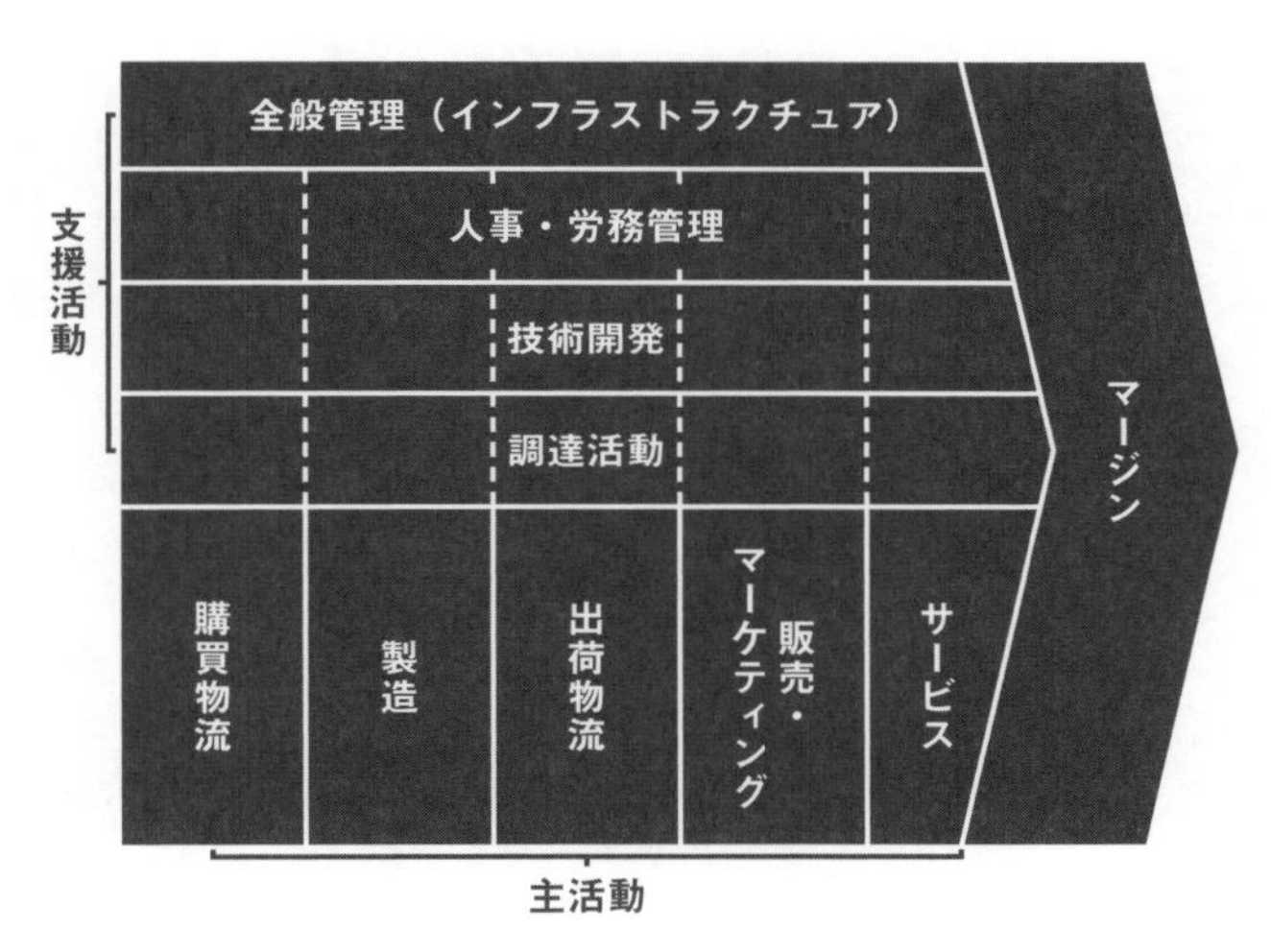

出所：Michael E. Porter, *Competitive Strategy: Techniques for Analyzing Industries and Competitors* (1980) より（邦訳、『競争優位の戦略』マイケル・E・ポーター、ダイヤモンド社、1985年）

会価値と企業価値を両立させるバリューチェーンのあり方を考えるものだ。「調達→製造→物流→販売」といったサプライチェーンや、人材管理などの一連の付加価値を生み出す企業活動（全体がバリューチェーンを構成する）は、資源利用、CO_2排出などの環境面、自社や調達先の労働条件などの社会面など、社会課題との関わりを持っている。バリューチェーンが世界中に広がるにつれ、バリューチェーンと社会との関わりも広がっている。その結果、バリューチェーンと関連する社会課題が企業にとっての経済的コストとなるケースが増えてきており、その解決によりバリューチェーンを最適化・効率化し、企業競争力向上を生み出せる可能性は、大きくなっている。

具体的には、ウォルマートが容器包装の簡素化・軽量化と輸送ルートの効率化を通じて環境負荷を軽減しつつ、2億ドルのコストを削減している例に見られるように、環境負荷が大きいことはバリューチェーンの非効率性を示しており、これを効率化することは、企

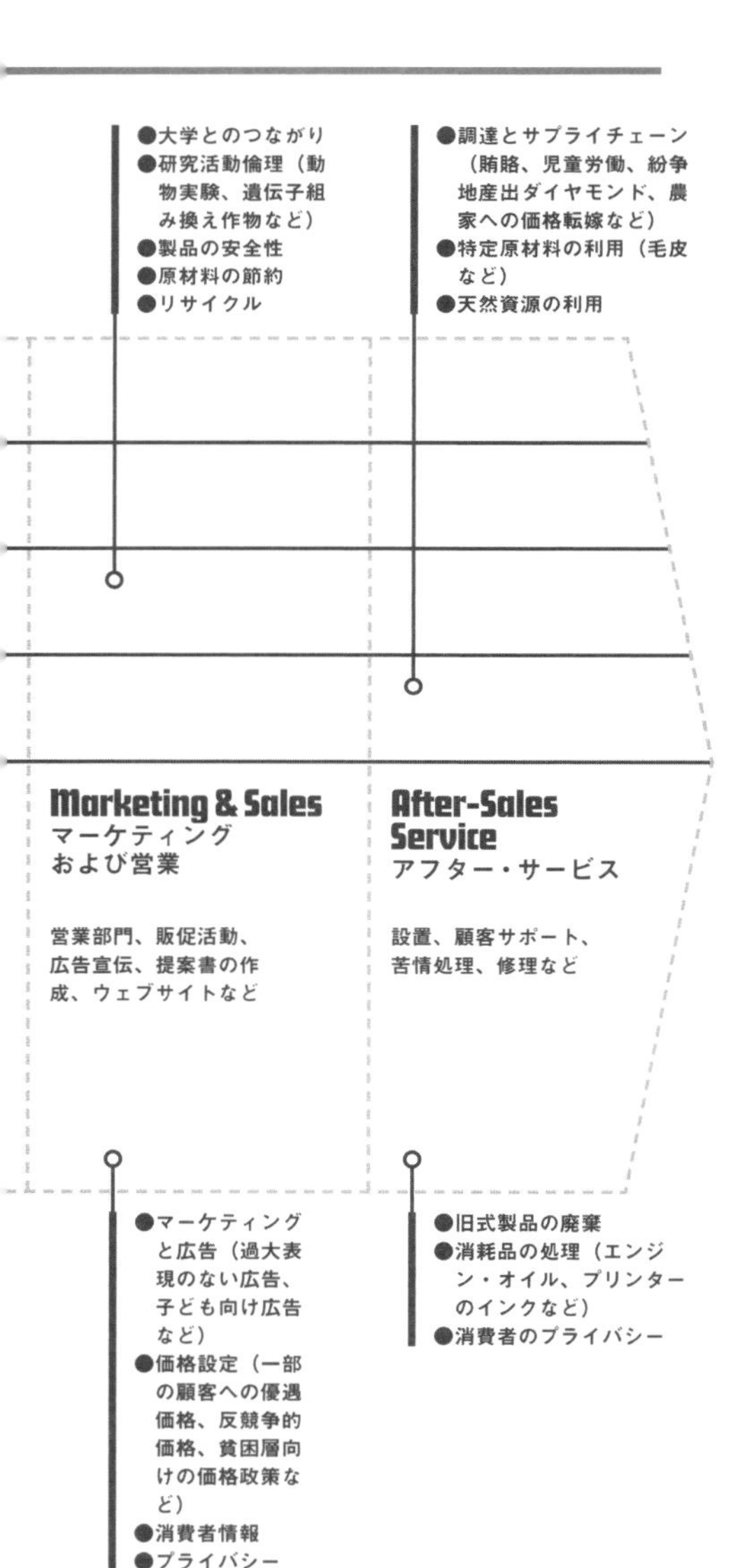

図4　バリューチェーンが社会に及ぼす影響（例）

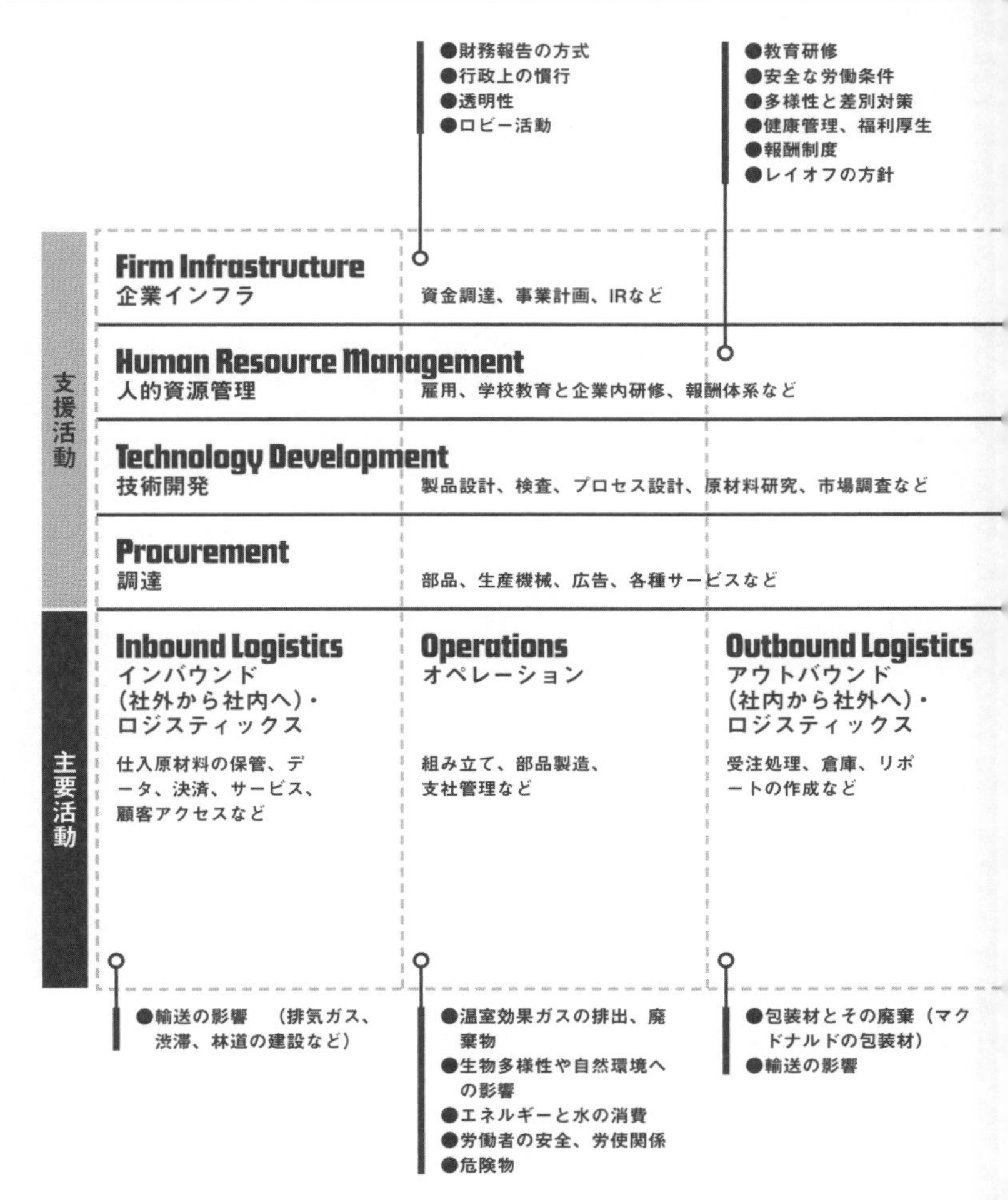

出所：Michael E. Porter, *The Competitive Advantage: Creating and Sustaining Superior Performance* (1985) より（邦訳、『競争優位の戦略』ダイヤモンド社、1985年、および、「競争優位のCSR戦略」マイケル・E・ポーター、マーク・R・クラマー、『DIAMONDハーバード・ビジネス・レビュー』2008年1月号）

業にとっても社会にとっても価値を生み出す。また、ネスレが途上国の貧困地域のコーヒー農家を支援しつつ、限定された産地でしか入手できない高品質なコーヒー豆の安定調達を実現している例に見られるように、バリューチェーン上のサプライヤーが抱える社会課題を解決することにより、企業にとっても社会にとっても価値を生み出すといったことも可能だ。[*1]

次のクラスターは、ポーターが「国の競争優位」などで提示した概念である。クラスターとは英語でブドウなどの房を意味し、特定の地域に集積した企業、大学・研究機関、支援組織等が協働しながらイノベーション、新たな製品・サービスを生み出すことで産業育成と地域振興を目指すものだ。代表例は、シリコンバレーで、ポーターは、国内で特色あるクラスターが多く存在することが、国家の産業競争力の向上につながると主張している。ポーターは、クラスターの要素を4つ（要素条件、需要条件、企業戦略・競争環境、関連・支援産業）に大別し、ダイヤモンド・モデルとして提示している（図5）。ダイヤモンド・モデルを用いることで、社会が企業の競争力に及ぼすプラス、マイナスの影響を見極めることができる（図6）。

「ビジネスエコシステム（クラスター）のCSV」は、もともと地域の発展につながるク

図5　ダイヤモンド・モデル

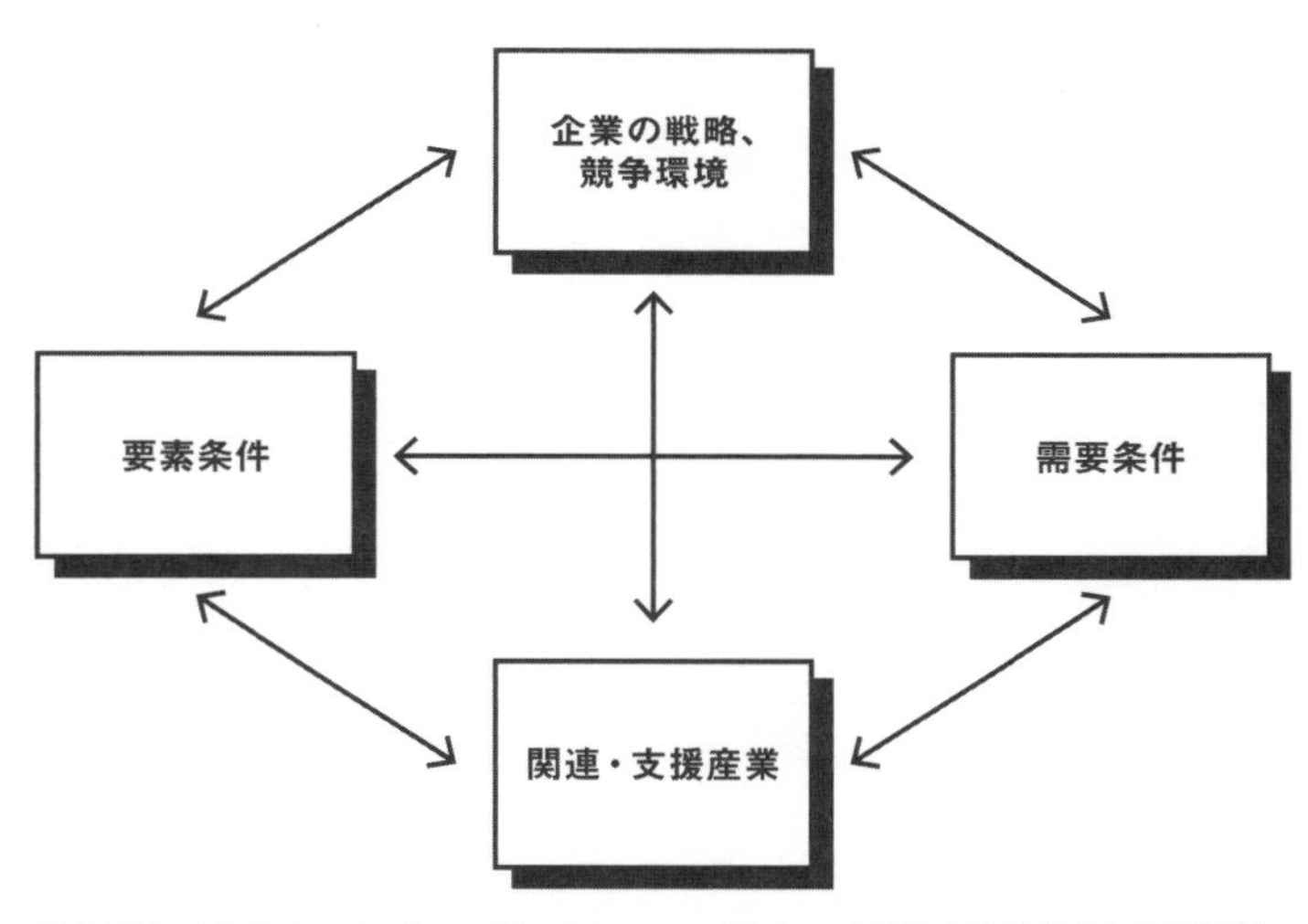

出所：Michael E. Porter, *The Competitive Advantage of Nations* (1990) より（邦訳、『国の競争優位』ダイヤモンド社、1992年）

ラスターの考え方を広く捉え、ダイヤモンド・モデルの要素にも含まれる、人材、インフラ、関連産業、規制や事業慣行、さらには消費者の知識・意識など、ビジネスに影響する外部要因に働きかけ、社会価値と企業価値を両立する形に変えるものだ。そのため、私は、「クラスター」ではなく、特定の地域に限定されない「ビジネスエコシステムのCSV」と呼んでいる。

具体的には、グローバルICT企業は、グローバルの事業展開において、各地域でのICT教育に力を入れているが、こうした活動は地域の発展を促すとともに、不足しがちなＩＣＴ人材を育成することを通じて自社に必要なＩＣＴ人材という外部要因を強化している。その他、環境に配慮した商品が売れるようなルール整備を働きかけたり、消費者の意識を変えることで環境に配慮した商品が売れる新たな市場を創造することなどがある。

もう一つの「製品・サービスのＣＳＶ」は、ポーターのポジショニングや差別化戦略の考え方と関連するものではあるが、バリューチェーン、クラスターのように、明示的にフレームワークを応用したものではない。しかし、気候変動、プラスチック廃棄、生態系破壊、水・食糧資源の不足、人権侵害、格差の顕在化など社会課題に対する関心が高まる中、自社の強みやリソースを活用してどのような社会課題に対応できるのかを考えることは、企業に新しい視点や気付きを与え、新市場の発掘、イノベーションの創出につながる可能性が高まっていることは、間違いない。

サステナビリティに向けた動きは、大量生産・消費・廃棄をベースに経済を拡大してきた産業革命以降最大のチャレンジであり、大きな変化を生み出す。大きな変化は、同時に多くの機会を生み出す。製品・サービスのＣＳＶは、社会にとっても、自社にとっても、大きなインパクトを創出できるポテンシャルがある。

図6　社会が競争力に及ぼす影響（例）

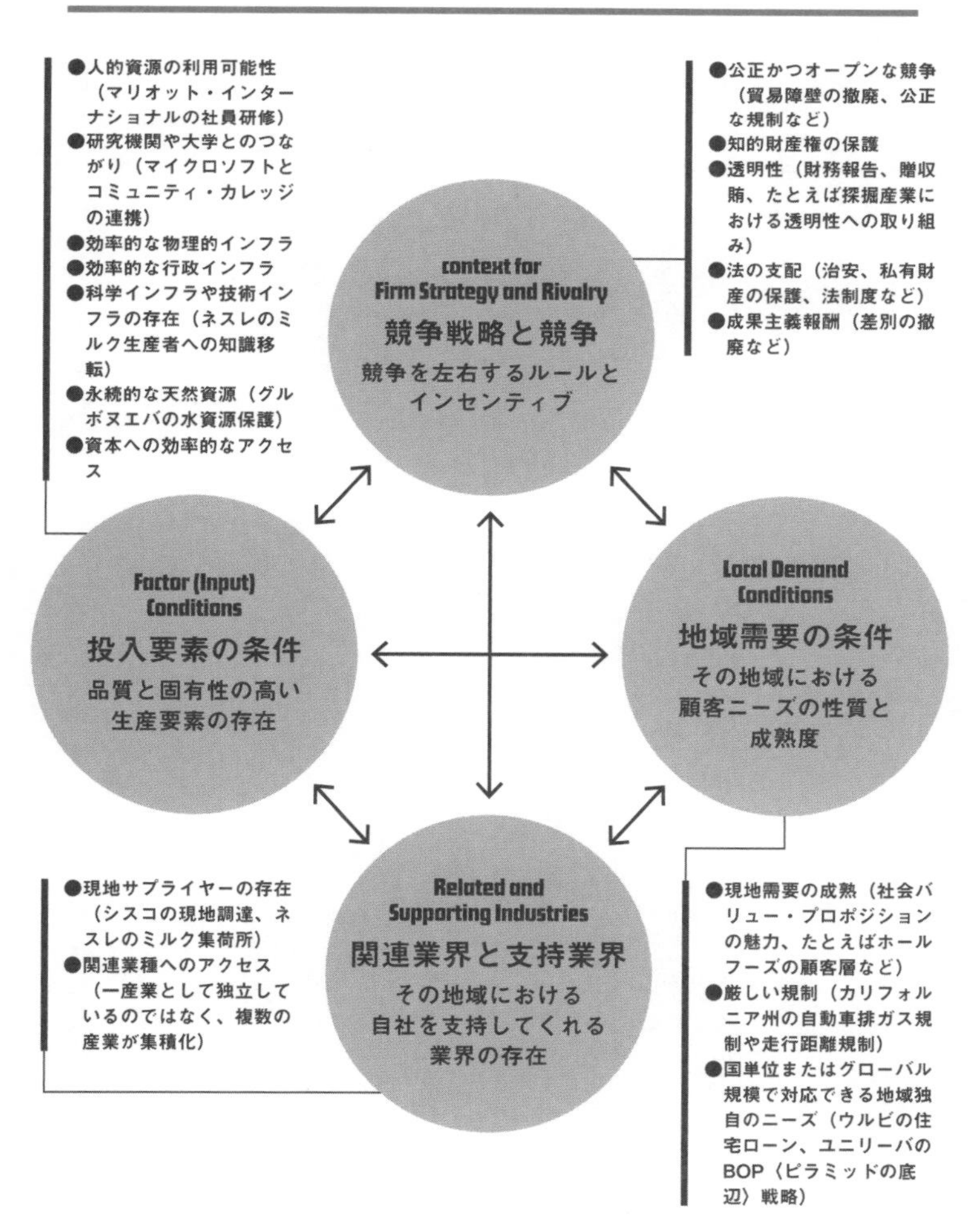

出所：「競争優位のCSR戦略」マイケル・E・ポーター、マーク・R・クラマー、『DIAMONDハーバード・ビジネス・レビュー』2008年1月号

3つの基本アプローチについては、この後、具体的事例を含めて詳しく紹介する。

CSVが生まれた背景とネスレの取り組み

CSVが生まれるきっかけを作ったのは、グローバル食品大手ネスレだ。ネスレは、CSVの元祖として、CSV(共通価値の創造)を、「ネスレのパーパス(存在意義)」、「食の持つ力で、現在そしてこれからの世代のすべての人々の生活の質を高めていきます」を達成するためのアプローチの中核を成すもの」としており、毎年「CSV報告書」を発行している。[*3]

ネスレ元会長ピーター・ブラベックは、「企業はその経済的目標を、株主、社員、消費者、取引先、国家経済など、利害関係者(ステークホルダー)すべてに持続可能な価値が創造されるよう設定する必要がある。この価値は、共に創造しなければならない! 唯一の方法は、すべての意思決定を持続可能性と長期目標に基づいて行うことだ」、「企業の真の力は、その規模や事業運営能力ではなく、理念や目的の力にあると確信している」と言っている。[*4] こうした考えが、CSVの土台となっている。

ブラベックは、キャリアの初期に17年以上、中南米で営業やマーケティングなどを担当しており、その中で、原材料の安定調達や地域社会のニーズに対応することの重要性を理解した。それが現在のネスレのCSVの考えに反映されている。ブラベックは、「地域社会のために価値を創造する努力をし続けなければ、株主を満足させることはできない」としている。[*4]

CSVという概念を打ち出した経緯であるが、2005年のダボス会議でCSR（企業の社会的責任）が最重要テーマとして議論に挙がったさい、ブラベックは、利益を社会に還元するという考えに違和感を持ち、「企業活動は社会に価値を創造しているはず」と考えた。これがネスレの社会的役割を考え直すきっかけとなり、社会貢献活動を、企業に価値を生み出すよう戦略的に行うべきという「戦略的フィランソロピー」を提唱していたマイケル・ポーター、マーク・クラマーと議論をし、ネスレの中南米での活動の調査を依頼した。その結果が、2006年にネスレのCSV活動に関する報告書としてまとめられ、ネスレのCSV活動が整理され、その後の方向性が打ち出された。そして、2007年から「CSV報告書」を発行するようになり、CSVは、ネスレの企業文化の一部として、全社的な意思決定に反映されるようになったのである。

ネスレのCSVの中で、途上国の原材料農家支援を通じて、原材料の品質向上、安定調達を実現するバリューチェーンのCSVが、特筆すべきものとして挙げられた。

さらに、ブラベックがCEOとして下したCSVに関連する最大の決断の一つに、「食品メーカーから栄養・健康・ウエルネス企業への戦略的転身」がある。リーダー企業として他社と比較するベンチマーキングではなく、他社といかに差を広げるかに主眼をおく「ベンチブレーキング」の考えを導入し、「栄養・健康・ウエルネス」という他社と差別化するための新しいカテゴリーを生み出した。ブラベックは、従来の食品事業では今後の成長の可能性は限られると考えており、高齢化が進む中、今後重要性が増すと考えられるウエルネスの概念に注目した。そして、健康促進の重点分野を定め、研究開発活動を再編し、新規事業創造のポテンシャルを高めた。これは、製品・サービスのCSVにつながる意思決定だ。

製品・サービスのCSV

「製品・サービスのCSV」は、社会課題を解決する製品・サービスを提供するもので、CSVの3つのアプローチの中でも、最もイメージしやすいものだ。グローバルレベルでは、SDGsの17ゴール、169ターゲット、国内でも、少子高齢化、地方創生など、世界・国内に様々な社会課題が山積している。こうした社会課題を解決するビジネスへのニーズも、高まっている。

ＳＤＧｓとビジネスに関するレポートでよく引用される「より良きビジネス、より良き世界」[*5]では、「食料と農業」、「都市」、「エネルギーと材料」、「健康と福祉」の4分野、60の領域で、２０３０年までに年間12兆ドルの市場機会が生まれ得るとしている。60領域は、4分野ごとに、潜在市場規模の大きい順に並べられている（図7）。

「食料と農業」分野では、「バリューチェーンにおける食料廃棄の削減」、「森林生態系サービス」、「低所得層向け食品市場」、「消費者の食品廃棄物の削減」などが、潜在市場機会が大きいものの上位に来ている。バリューチェーンにおける食料廃棄の削減については、収穫後の保存が不適切となるために食品廃棄となるケースが多く、小型の金属やプラスチック製の貯蔵庫などの市場が想定されている。実際、インドやアフリカでは、そうした技術で、食品廃棄が60％削減され、小規模農家の収入が30％向上したことなどが報告されている。森林生態系については、森林や水源の保全は、新しい市場機会を生み出すと考えられている。

「都市」分野では、「手ごろな価格の住宅」、「建物のエネルギー効率」、「電気及びハイブリッド車」などが、潜在市場機会が大きいものとして挙げられている。この中でも、「手ごろな価格の住宅」は、2030年に最大1・08兆ドルと大きな市場を生み出すと考えられている。2030年には、世界人口の60％が都市に住むと予測される中、住居や建物の建築・改築の巨大な市場が生み出されるが、一方で、都市住民の多くは従来の住宅を購入するだけの収入がなく、「手ごろな価格の住宅」の提供を実現するイノベーションが求められている。最近、数千ドルと安価で、24時間以内と短納期で建てられる3Dプリントによる住宅などが開発されているが、こうした市場にはポテンシャルがある。

「エネルギーと材料」分野では、「サーキュラーモデル・自動車」、「再生可能エネルギーの拡大」、「循環モデル・装置」、「循環モデル・エレクトロニクス」などが、「健康と福祉」分野では、「リスク・プーリング」、「遠隔患者モニタリング」、「遠隔治療」、「最先端ゲノミクス」などが、大きな市場機会と考えられている。

製品・サービスのCSVは、こうした社会課題の解決を明確な目的として定め、そこで新しい価値、イノベーションを生み出そうとするものだ。社会課題に対応したビジネスはすでにたくさんあるが、製品・サービスのCSVは、社会課題と解決策（製品・サービスの提供価値、ビジネスモデル）の新しい組み合わせにより、新しい市場を創造しようとす

図7　グローバル目標とビジネスチャンスが連動する60の領域

	食料と農業	都市	エネルギーと材料	健康と福祉
1	バリューチェーンにおける食料廃棄の削減	手ごろな価格の住宅	サーキュラーモデル・自動車	リスク・プーリング
2	森林生態系サービス	建物のエネルギー効率	再生可能エネルギーの拡大	遠隔患者モニタリング
3	低所得層向け食品市場	電気及びハイブリッド車	循環モデル・装置	遠隔治療
4	消費者の食品廃棄物の削減	都市部の公共交通機関	循環モデル・エレクトロニクス	最先端ゲノミクス
5	製品の再調整	カーシェアリング	エネルギー効率・非エネルギー集約型産業	業務サービス
6	大規模農場におけるテクノロジー	道路安全装置	エネルギー保存システム	偽造医薬品の検知
7	ダイエタリースイッチ	自律車両	資源回復	たばこ管理
8	持続可能な水産養殖	ICE（内燃エンジン）車両の燃費	最終用途スチール効率	体重管理プログラム
9	小規模農場におけるテクノロジー	耐久性のある都市構築	エネルギー効率・エネルギー集約型産業	改善された疾病管理
10	小規模灌漑	地方自治体の水漏れ	炭素捕捉および格納	電子医療カルテ
11	劣化した土地の復元	文化観光	エネルギーアクセス	改善された母体・子供の健康
12	包装廃棄物の削減	スマートメーター	環境にやさしい化学物質	健康管理トレーニング
13	酪農の促進	水と衛生設備	添加剤製造	低コスト手術
14	都市農業	オフィス共有	抽出物現地調達	
15		木造建築物	共有インフラ	
16		耐久性のあるモジュール式の建物	鉱山復旧	
17			グリッド相互接続	

出所：「より良き、ビジネスより良き世界（Better Business, Better World）」より、ビジネスと持続可能な開発委員会（Business & Sustainable Development Commission）、2017年

るものだ（図8）。

製品・サービスのCSVを生み出すカギは、①社会課題のトレンドを洞察し、事業機会を見出す、②社会課題の解決策としてのイノベーションを創発する、③成功するまで粘り強く続ける、だ。

①社会課題のトレンドを洞察し、事業機会を見出す

製品・サービスのCSVは、社会課題と解決策の新しい組み合わせであり、まずは、社会課題の全体トレンド、個別課題の動向をよく理解し、その中に事業機会を見出す必要がある。社会課題をよく理解するには、社会課題の専門家との対話が有効だ。

GE（ゼネラルエレクトリック社）は、Generally not electric ではないかと一時期言われたほど金融に傾注した影響やデジタル化の波にうまく乗れなかったこともあり、近年は凋落が著しいが、2005年という、まだ環境ビジネスは儲からないと考えられていた時期に、「エコマジネーション」という環境ビジネスのビジョンを打ち出したことは、評価されるべきだ。他社に先行して、環境ビジネスの市場を切り拓いた。当時、GEが他社に先行して環境ビジネスのビジョンを打ち出せた背景には、社会課題の専門家とのエンゲー

図8　製品・サービスのCSV概念図

顧客ニーズが顕在化していない社会課題をビジネス化し、新しい市場を創造するのが、製品・サービスのCSVの基本。社会課題が増大・顕在化する中、社会への感度を高め、新たな機会を捉える。

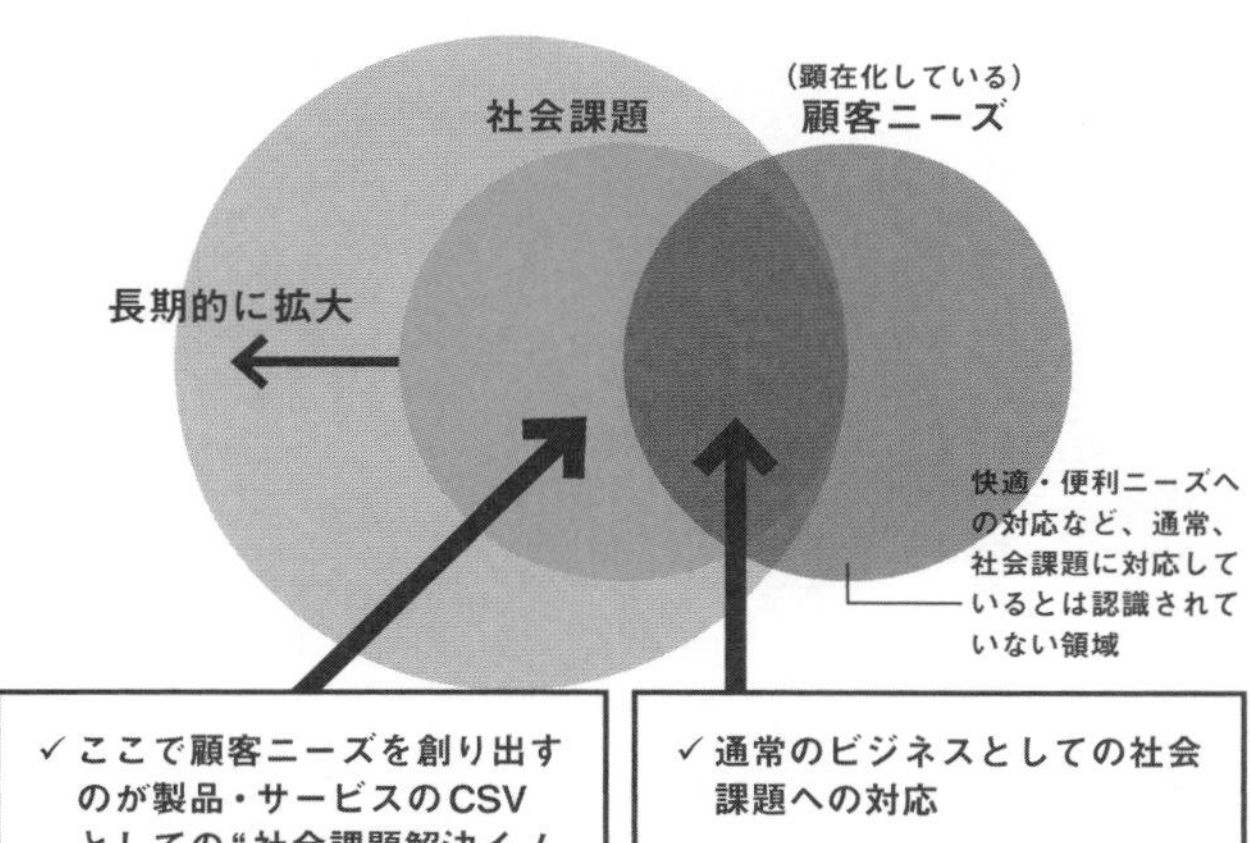

- ✓ ここで顧客ニーズを創り出すのが製品・サービスのCSVとしての“社会課題解決イノベーション”
- ✓ 製品・サービスの提供価値、ビジネスモデルで社会課題に対する新たな解決策を創造
- ✓ 他社が対応していないがゆえに、差別化につながる

- ✓ 通常のビジネスとしての社会課題への対応
- ✓ あえてCSVと言わなくとも対応される

ジメント(建設的な目的をもった対話)があった。

当時、ジェフ・イメルト同社CEOは、毎年の各事業のレビューを実施している中で、すべての事業分野で顧客から「効率を高め、排出を減らすように」という命題を突き付けられていることに気づいた。そして、「環境」が、すべての事業の共通課題になっているのではないかという仮説を持った。

GEのリーダー層は、イメルトの仮説を検証するため、エネルギー、水、都市化などのマクロトレンドを共有し、将来に向けた長期視点で何を求めているかを顧客に問うとともに、環境課題の専門家であるNGO、政府などとも広く対話した。こうした幅広いステークホルダー・専門家との2日間の〝夢の討論〟を何度も開催し、「環境」への対応が新たなメガトレンドであるということを確信し、他社に先んじて「エコマジネーション」を打ち出し、環境ビジネスに本格参入した。[*6]

製品・サービスのCSV創出のためには、社会課題のトレンドを把握し、イノベーションの対象とすべき課題を特定し、当該課題の現状と方向性をよく理解し、事業機会を見出す必要がある。そのためには、社会課題に精通した外部専門家にビジネスの観点からの仮説をぶつけ、検証を繰り返すといったことを検討すべきだ。

②社会課題の解決策としてのイノベーションを創発する

イノベーションという概念の生みの親であるヨーゼフ・シュンペーターが「新結合」という言葉で表現しているように、イノベーションの基本は、既存知識の新しい組み合わせだ。前述の製品・サービスのCSVは、社会課題解決イノベーションと言い換えることもできる、社会課題と解決策の新しい組み合わせだ。社会課題を理解した上で、新たな視点で解決策と結びつける必要がある。

社会課題と解決策の組み合わせを考えるにあたっては、社会課題に自社の強みを当て嵌めるのが基本だ。自社の強みをもって差別化できるものでなければ、製品・サービスのCSVが、新規事業として成功する可能性は小さい。ここで掛け合わせる強みは、製造業であれば、技術的な強みがまず考えられる、それ以外にも、顧客やキープレイヤーとの関係性、オペレーション上のノウハウなど、様々な視点が考えられるだろう。

社会課題の構造化と自社強み（機能）の当て嵌め

製品・サービスのCSVをプロジェクトベースで、体系的に創発する場合は、対象となる社会課題を構造化して、自社の強み（機能）をそこに当て嵌める（図9）。ここで、機能を当て嵌めるのは、あくまで社会課題を解決するのは、技術であれば、技術そのものではなく、技術が持つ機能だからだ。自社の強みに機能が複数ある場合は、機能も構造化すべきだ。

専門家との対話などを通じて、社会課題をよく理解した上で、解決策の創発に向けて、社会課題を構造化する。SDGs目標2「飢餓をゼロに」を例にとると、「食料不足を解消する（緩和）」、「食料不足でも問題なく生活できるようにする（適応）」から始まって、「食料のパイを増やす」、「無駄を減らす」などといった形で、解決策を構造化していくと、具体的な解決策のイメージが湧いてくる。そこに自社の強み（機能）を当て嵌めることで、製品・サービスのアイデアが創発される。

バリューチェーン、ビジネスエコシステムの視点を持つ

社会課題と自社の強み（機能）を組み合わせるにあたって、課題の捉え方に、思考の広

がりがあると、組み合わせのオプションが増え、より多様な製品・サービスのCSVの創発につながる。社会課題に対する思考の広がりを持つためには、バリューチェーン、ビジネスエコシステムの視点で考えてみるのも有効だ。

後述するが、社会課題解決に向けては、製品・サービス、バリューチェーン、ビジネスエコシステムが、一体となって進化する必要がある。社会課題に直接的に対応する主たる機能を持つ製品・サービスの市場が広がるには、バリューチェーン、ビジネスエコシステムの変革が求められ、そこにも、新たな製品・サービスの市場機会がある。

バリューチェーンについては、例えば、気候変動の緩和に向けた再生可能エネルギーの普及という課題に直接的に対応する風力発電の市場が広がるためには、資源採掘、素材・部材生産、輸送、製品生産、使用、廃棄などのバリューチェーンにおいても、新たな課題が生まれ、そこに新たな市場が生み出される。風力発電については、発電効率を上げるために必要な部材・素材、洋上での建設、メンテナンス、リサイクル、生態系や景観との共生など、様々な課題があり、そこに新たな製品・サービスのCSVのポテンシャルがある。

ビジネスエコシステムは、広義のバリューチェーンと言っても良いかも知れないが、主たる製品・サービスの市場を支える様々な相補的製品・サービスを含むシステムである。

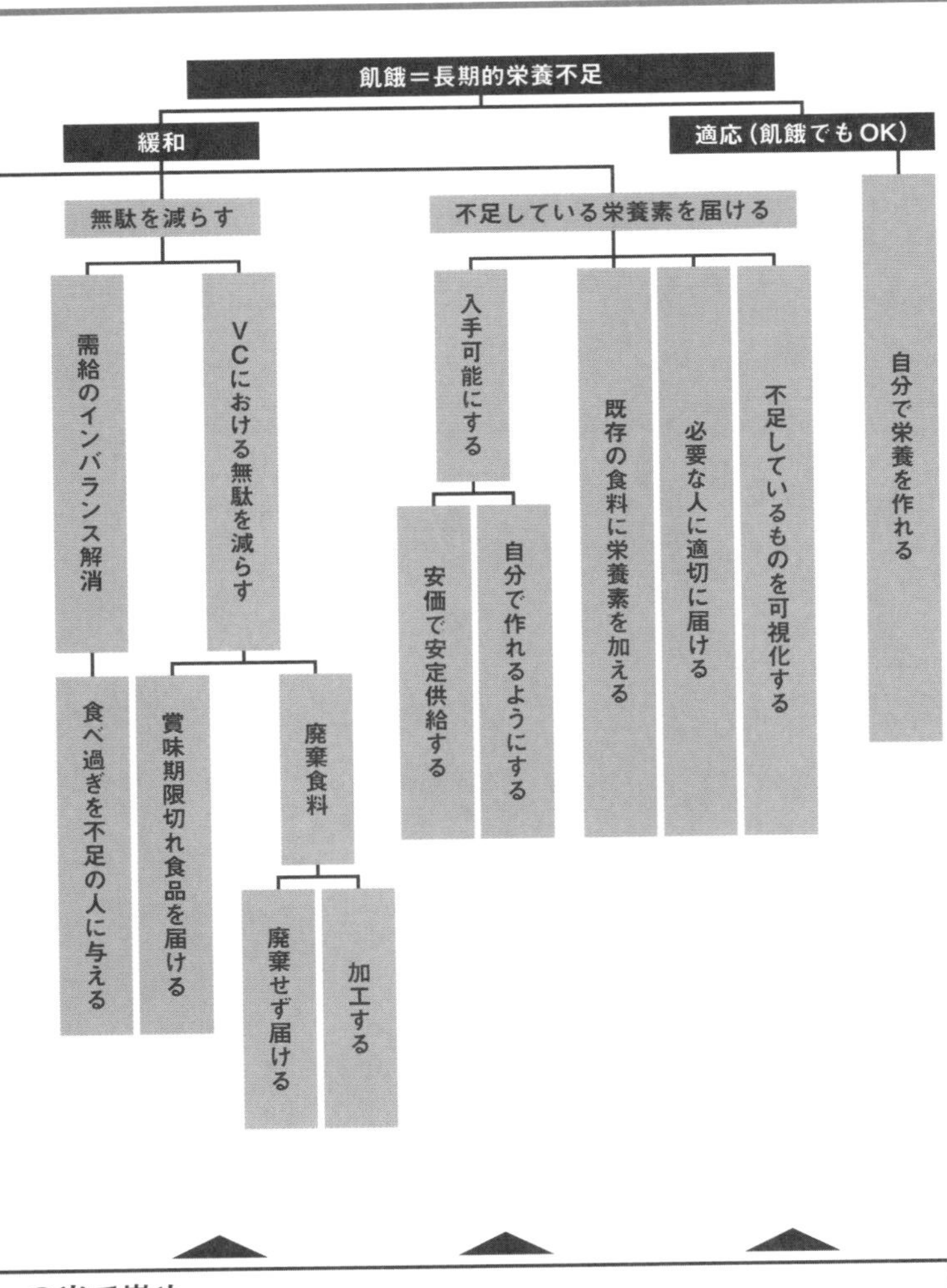
飢餓＝長期的栄養不足
緩和
適応（飢餓でもOK）
無駄を減らす
不足している栄養素を届ける
需給のインバランス解消
VCにおける無駄を減らす
入手可能にする
既存の食料に栄養素を加える
必要な人に適切に届ける
不足しているものを可視化する
自分で栄養を作れる
食べ過ぎを不足の人に与える
賞味期限切れ食品を届ける
廃棄食料
安価で安定供給する
自分で作れるようにする
廃棄せず届ける
加工する

の当て嵌め

図９　社会課題の構造化と自社強み（機能）の当て嵌め

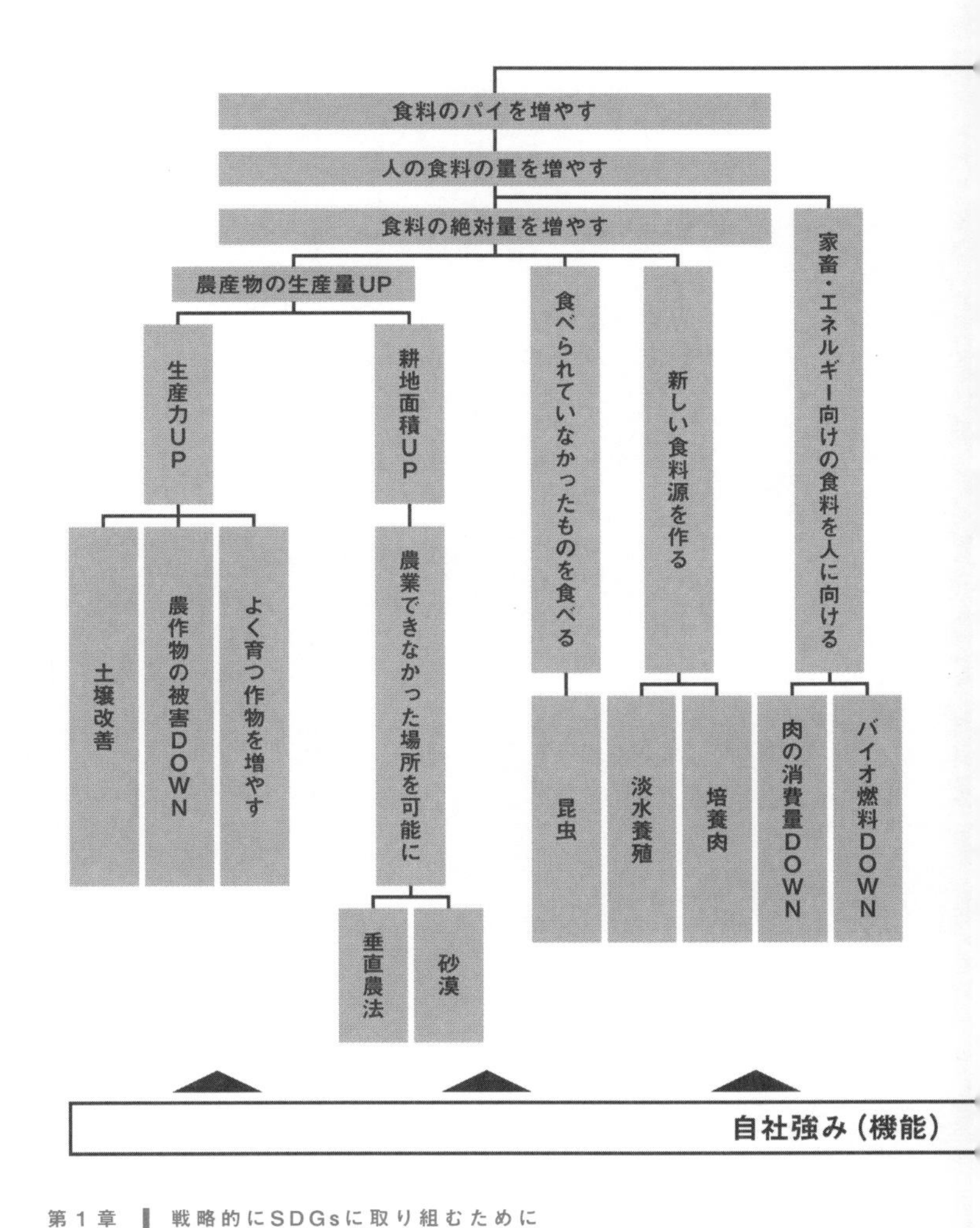

例えば、自動車のビジネスエコシステムとしては、ガソリンの給油、保険やローンなどの金融サービス、車検やメンテナンスなどの安全に関わるサービス、タイヤをはじめとする部品や素材、生産における評価サービス、運転者を教育する自動車教習所、さらには道路やロードサービスなどがある。主たる製品である自動車がEV化されると、それに伴い新たなビジネスエコシステムが構築され、そこに新たな市場が生まれる。現在のビジネスエコシステム市場がどう変わるのか、どのような新しい市場が創造されるのか、そうした視点で考えることで、製品・サービスの創発力が高まる。

課題の解決策が生み出す課題、サブ機能を洞察する

製品・サービスのCSV市場に関する思考の広がりを持つ視点として、「課題の解決策が生み出す課題」、「サブ機能」に着目することも考えられる。社会課題に直接的に対応する主たる機能を持つ製品・サービスの市場は、注目されやすく、市場が立ち上がった後の競争も激しくなりやすい。そうした主たる市場ではなく、自社の強み（機能）が生かせるニッチ市場を狙う方法だ。

課題の解決策は、必ず次なる課題を生み出す。これは、必定だ。世の中は、次々と生ま

れる課題を解決し続けることで、進歩している。社会課題解決の動向を先読みして、「課題の解決策が生み出す課題」に着目することで、ユニークな価値を創造し、競合他社に先んずる手を打つことができる。

太陽光や風力発電の例で言えば、急速にこれらの設備が普及すると、今後必ず、廃棄物の問題が生まれる。太陽光パネルや風力のタービンブレードをどうリサイクルするか、耐用年数を超えた設備をどう有効利用するか、といった問題が必ず生まれる。再生可能エネルギーが普及し始める段階から、こうした次の課題を見据えて、自社の強みを生かして解決策が提供できるかを検討してみても良いだろう。

ニッチ市場を獲得するには、主機能の提供に必要なサブ機能を先んじて提供するという考えもある。気候変動の緩和に向けた解決策として、畜産からの大量の温室効果ガス（メタン）排出を削減するために、代替肉を普及させるというものがある。しかし、代替肉は、安価で美味しくなければ、普及しない。この場合、代替たんぱくが主機能だとして、その食感を高める添加物などがサブ機能となる。信越化学が、代替肉の食感を高める結着剤を提供しているが、これは温室効果ガス排出削減に貢献する代替肉の開発において必要なサブ機能を提供している例だ。[*7]

社会貢献活動を通じた知の探索

最近は、イノベーション創出のために幅広い知識と深い知識を両立させる「両利きの経営」が注目されている。イノベーションが「既存知識の新しい組み合わせ」だとすれば、イノベーション創出のためには、幅広い多様な知識を持つことが有効だ。一方で、幅広く多様な知識がただ存在しているだけではイノベーションは生まれない。知識の組み合わせからアイデアを生み出し、それを製品・サービスやビジネスモデルとして形にして、社会への価値として提供する必要がある。そのためには、知識を深めることが必要だ。両利きの経営とは、幅広く多様な知識を持つための「知の探索」と、知識をビジネスとして形にするための「知の深化」を両立させるものだ。*8・9

しかし、「知の探索」のためには、企業は事業領域や専門領域の外に視野を広げる必要がある。こうした活動は、「遊び」や「無駄」のようにも見られ、収益に対するプレッシャーがある企業にとっては、意志が必要な取り組みだ。そのため、企業は本質的に知の探索を怠りがちとなる。経営学では、これを「知の近視眼化（Myopia）」と呼ぶ。また、特に成功した企業が、既にある知識の改良・改善を重視して、新たな知の探索を怠りがちになることを「コンピテンシー・トラップ」と呼ぶ。

製品・サービスのCSVを生み出すためにも、知の探索は重要だ。社会課題を解決しようとするCSVの場合には、「知の近視眼化」、「コンピテンシー・トラップ」を克服する方法として、社会貢献活動の活用がある。

「知の探索」のための社会貢献活動を大々的に実施している代表的なものとして、IBMとエーザイの事例がある。

IBMは、Corporate Service Corps（CSC）という、IBM社員による支援チームが、新興国市場での社会課題の解決に取り組む社会貢献活動を実施している。CSCでは、世界中のIBM社員から公募で選ばれたグローバルチームが、1カ月間新興国に派遣され、当該国の政府、行政、教育機関などが直面する問題を解決するための支援をする。こうした社会貢献活動を通じて、社会課題解決イノベーションのための膨大な知識が蓄えられる。

エーザイは定款の企業理念で、「本会社の使命は、患者様と生活者の皆様の満足の増大であり、（中略）その結果として売上、利益がもたらされ、この使命と結果の順序を重要と考える」と謳い、患者というステークホルダーを最重視する考え方を実践するものとして、「すべての社員が時間の1％を患者様や生活者の皆様と共に過ごす」ヒューマン・ヘルスケア（hhc）活動を推進している。

hhc活動で現場に赴いた社員は、患者やご家族と過ごすことを通じて問題を感じ取る。それを会社に持ち帰って組織内で議論を通じて問題を普遍化し、他の部署も巻き込みながら問題に対する対応策を磨き上げる。そして得られた解決策を一人ひとりが現場で実践する。そうしたプロセスを確立している。

なお、hhc活動は、経営学者の野中郁次郎・一橋大学名誉教授の知識創造理論を実践しているものだ。知識創造理論とは、知識を組織的に創造する方法を示したもので、SECIモデルというフレームワークに落とし込まれている。SECIとは、共同化（Socialization）、表出化（Externalization）、連結化（Combination）、内面化（Internalization）の頭文字を取ったもので、個人やグループが持つ暗黙知を対話や経験を通じて組織として共同化（共有）し、共有された暗黙知を具体的な言葉でコンセプト化し、形式知として表出化、さらに形式知を組み合わせてソリューションを導く新しい形式知として連結化し、利用可能となった新しい形式知を個人が実践する内面化という、4つのプロセスを示している[*10]（図10）。

SECIモデルを社会課題解決イノベーションに応用すると、社会課題の現場に赴いた

図10　現場を起点としたエーザイの知識創造活動のサイクル

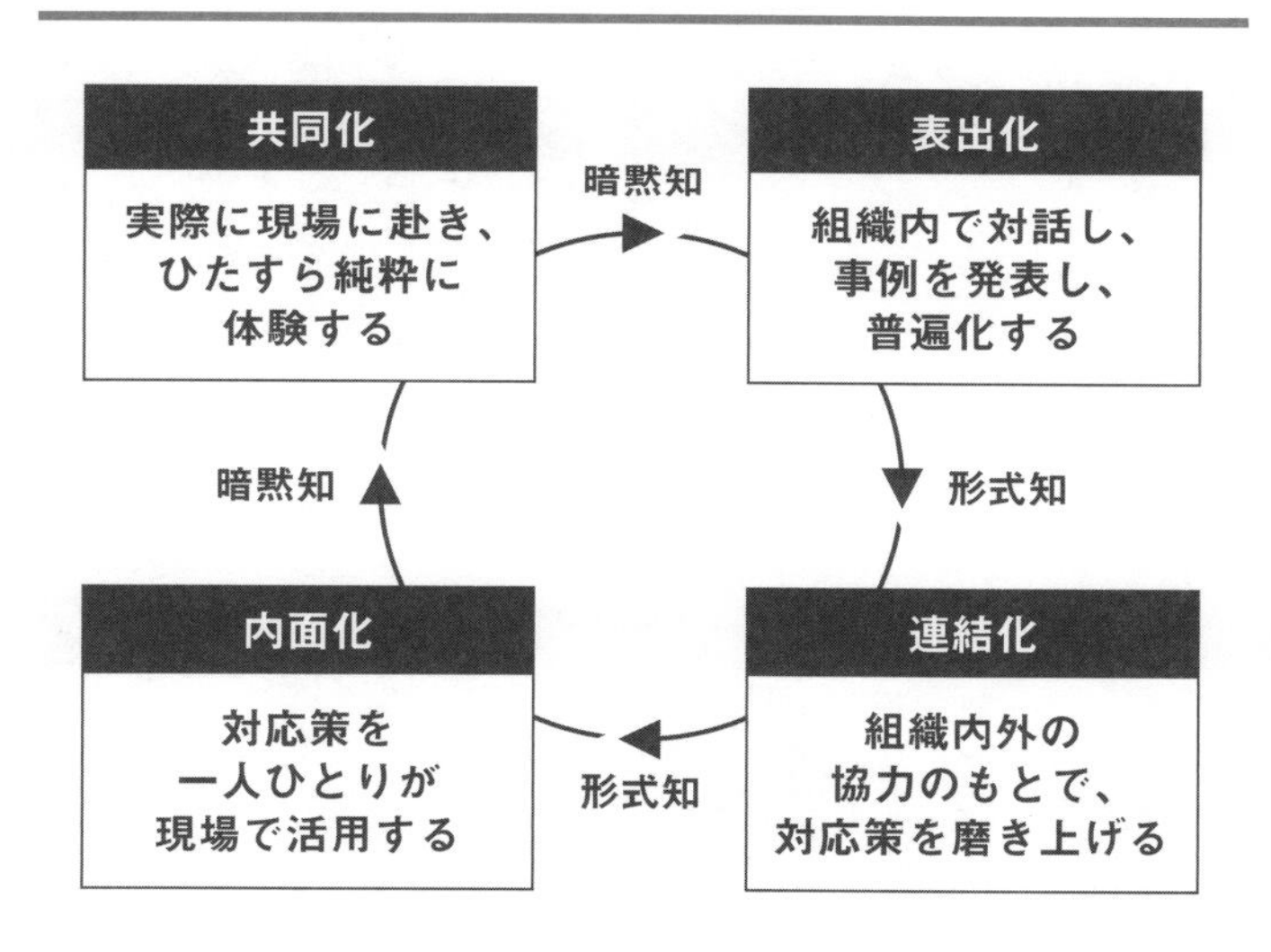

り、NGO／NPOや専門家との対話を通じて社会課題を暗黙知として理解し（共同化）、社会課題に対する解決策を議論できるよう形式知として整理・構造化し（表出化）、組織内外のあらゆる知識を総動員して解決策を導き（連結化）、社会課題の現場で具体的に実践する（内面化）というプロセスになる。エーザイは、これを実践して、「知の探索」と「知の深化」を行っている。

IBMやエーザイのように大々的なものでなくても、製品・サービスのCSVの対象となる社会課題に関連した社会貢献活動を実施することは、「知の探索」に有効だろう。または、自社の強みを生かした社会貢献活動の中から、思わぬ事業アイデアが生まれるかも知れない。

事業開発活動として行うと「無駄」に見えてしまう活動も、社会貢献活動としては逆に魅力的に思えることも多くある。製品・サービスのＣＳＶを生み出すためには、社会貢献活動を「戦略的」に実践することも有効だろう。

③成功するまで粘り強く続ける

社会課題をよく理解し、思考を広げて製品・サービスのＣＳＶを創発したとしても、実際にビジネスとして成功するのは、容易ではない。基本的に外部不経済として、これまでビジネス化されていなかった社会課題を解決しようとする場合、収益化のハードルは高い。これを乗り越えるには、成功するまで粘り強く続ける強い意思が必要だが、成功事例から学べることも多い。東レ、ボーダフォンの事例を見てみよう。

将来の社会課題解決市場を信じ、小さな市場で技術を磨く

東レは、１９５０年代から粘り強く研究開発を続け、炭素繊維を事業化している。軽量

で高強度の炭素繊維は、米ボーイングから新型機の主翼向けに1兆円の受注を獲得するなど、航空機向けの大きな市場を獲得しているほか、自動車の軽量化、燃料電池車の水素タンク向け、風力発電のタービンブレード向けなど、気候変動対応での市場を獲得し、今後の成長も期待されている。

しかし、炭素繊維が大きな市場を獲得するまでには、長期間赤字が続いており、何度も経営会議で撤退が議論されていたという。しかし経営会議では、常に最終的に「炭素繊維が実用化できたら、世の中を変えることができる」、「保有する技術をもとに、次世代につなげることができる」として、継続を決定してきた。そして、長期間にわたり粘り強く研究開発を続けた結果、鉄に比べ4分の1の軽さながら、10倍以上の強度を持つ夢の技術の事業化に成功した。

東レの日覺(にっかく)昭廣氏は、インタビューで、事業・技術の将来性について、「収益を上げていない事業が必ずしも将来性がないわけではありません」、「将来性は、収益化までのスピードというより、社会的価値の有無だと考えています」、「世の中の動きや方向性に合致してさえいれば、将来的には市場で成功する確率は非常に高いと判断するのです。社会的に価値があるものには、必ず市場があるはずだと信じています」と、社長として述べている。[*11]「社会的に価値があるものには、必ず市場がある。市場を創り出すことができる」というのは、CSVの基本思想だ。

炭素繊維については、「将来的には化石資源が枯渇し、エネルギーコストが上がると言われています。そのような中、航空機や自動車の燃費を考えると、機体や車両の軽量化は必須条件と考えられます。（中略）炭素繊維のような軽量で強度のある素材ができれば、世の中が変わるという確信はありました」としている。長期的な視点でCSV事業を生み出していくには、こうした社会の動きへの洞察は不可欠だ。

しかし、東レは、炭素繊維が将来的には、航空機などに使われる可能性があるとしても、安全性などを重視し、材料変更に慎重な航空機メーカーが炭素繊維を採用するには時間がかかることも、理解していた。そこで東レでは、短期的には、規模は小さくても収益を上げながら技術を磨いていくために、軽くて強く、弾性率が高いという炭素繊維の特性を活かして、ゴルフクラブのシャフト、テニスラケットのフレーム、釣り竿などの用途を開拓し、それらを通じて、着々と技術を磨いていった。長期的なCSVを成功させるために、短期の収益化も併せて目指していくという姿勢は重要だ。

東レは、社会課題を解決する製品が将来的に必ず市場を生み出すことを信じて、航空機などに比べて高い性能が求められない市場で事業化しつつ、粘り強く研究開発を重ねて、最終的に大きな市場を獲得した。これほど長期視点で研究開発を続けられるのは、日本企業ならではの強みかもしれないが、製品・サービスのCSVを生み出す上では、参考になる。

強い思いを持って、社内外を巻き込む

製品・サービスのCSVは、事業部門や事業開発部門が中心となって実施するものだ。しかし、SDGsなどに対応するミッションを持つ、サステナビリティ部門が主導して実施するケースもある。

ケニア全土で利用され、他国にも広がっているモバイル決済サービスM－PESAは、ボーダフォンのサステナビリティ担当がSDGsの前身であるMDGs（ミレニアム開発目標）にいかに貢献するかという検討から始まっている。ボーダフォンの当時のCSR部門長のニック・ヒューズが、途上国に金融インフラがないことから、ボーダフォンの無線技術を使えば、スピーディーで、安全かつ低コストのモバイル金融が実現し、経済や雇用創造に貢献できると考え、途上国の社会課題を解決するサービスの企画をまとめた。*12

しかし、当初は、社内では否定的な意見が多く、なかなかサービスの実現に至らなかった。そこで、社内で仲間を作ったうえで、資金調達のため、英国国際開発省のコンペに参加し、「モバイル技術を活用して、銀行口座を持っていない貧困層にマイクロファイナンスを提供する」という企画で、資金を獲得した。その成功をテコに、会社からも同額の資金を獲得し、事業を開始した。

最初のサービスは、なかなかうまくいかなかったが、貧困層の人々に直接会って話を聞いたり、貧困層の人々の仕事や生活をつぶさに観察したりする中、銀行口座を持っていない人々が、「給与の安全な入金と管理」、「家族への送金」、「日常のちょっとした小口決済」というニーズを抱えていることを発見した。こうしたニーズに対応し、携帯電話のSMSを利用したP2P金融サービス「M－PESA」を考案し、それが大きく成功した。

M－PESAは、社会課題を解決したいという個人の思いからスタートし、社内外を巻き込みつつ、社会課題解決の対象となる顧客のニーズに耳を傾けて、粘り強く事業化した。CSVは、社会課題を解決するという目的を共有するパートナーの協力を得やすいが、その点も含め、ヒントを提供してくれる事例だ。

バリューチェーンのCSV

「バリューチェーンのCSV」は、「調達→製造→物流→販売」といったサプライチェーンや、技術開発、人材育成などの一連の付加価値を生み出す企業活動（全体がバリューチェーンを構成する）の社会とのかかわりに注目する。バリューチェーンは、資源利用、CO_2排出などの環境面、自社や調達先の労働条件などの社会面など、社会課題とのかかわりを持っている。企業活動が広がるにつれ、バリューチェーンの社会課題とのかかわりも大きくなり、こうした社会課題にどう対応するかが、バリューチェーンの生産性に大きく影響するようになっている。

社会課題に対応することにより、バリューチェーンの競争力を向上させる「バリューチェーンのCSV」には、バリューチェーンの各活動に対応した5つの基本パターンがある（図11）。

第1の基本パターンは、原材料調達にかかわる「サプライヤーの育成」。サプライヤーが抱える社会課題を解決しつつ、サプライチェーンの生産性を高めるものだ。

サプライヤーの育成に関しては、前述のネスレの事例が代表的だ。例えば、プレミアム・コーヒー用の豆の調達に関して、コーヒー農家に栽培技術・ノウハウを提供するだけでなく、銀行融資を保証したり、苗木、農薬、肥料などの確保を支援したりするなど、様々な形でサプライヤーを支援・育成している。その背景には、ほとんどのコーヒー豆は、アフリカや中南米の貧困地域の零細農家が栽培しており、低い生産性、劣悪な作業環境の中では、ネスレが求める品質のコーヒー豆の調達が難しいという事情がある。このためネスレは、コーヒー農家を育成することを通じて、高品質な豆の安定調達を実現しようとしている。この活動は、貧困に苦しむコーヒー農家や地域の発展を促すとともに、ネスレの競争力強化にも貢献している。

日本でも、伊藤園が高齢化や後継者不足が深刻化している茶生産農家への栽培技術の提供や茶葉の全量買い取りにより、茶生産農家の経営安定につなげている。これにより、伊藤園は、国産茶葉１００％のブランドを維持しつつ、茶葉の安定調達、品質向上を実現している。

第2の基本パターンは、主に生産工程に関わる「資源・エネルギー利用の効率化」。資源・エネルギーの使用量を削減することは、限られた資源の持続可能性を高め、CO_2排出、廃棄物を削減し、コスト削減にもつながる。ダウ・ケミカルは、最大の生産拠点における水資源使用量を10億ガロン削減することを通じて、４００万ドルのコストを削減している。

図11　バリューチェーンのCSVの基本パターン

	基本パターン	社会にとっての価値	企業にとっての価値	事例
原材料調達	サプライヤーの育成	●サプライヤーの生産性向上を通じた環境負荷軽減 ●サプライヤーの成長を通じた地域コミュニティの発展	●サプライヤーの育成を通じた高品質な原材料の安定調達 ●ローカルサプライヤーの育成を通じたサプライチェーンの効率化	●ネスレは、アフリカおよび南米の小規模コーヒー農家に栽培技術・ノウハウの供与、資金援助等を行い、高品質コーヒーの安定調達を実現
生産	資源・エネルギー利用の効率化	●資源・エネルギーの持続可能性向上 ●CO_2排出、廃棄物の削減	●資源・エネルギーの効率利用によるコスト削減	●ダウ・ケミカルは、最大の生産拠点における水資源使用量を10億ガロン削減することを通じて、400万ドルのコストを削減
物流	物流の効率化	●化石資源の有効利用、CO_2排出量削減	●物流におけるエネルギーコスト低減、対応迅速性向上、在庫削減等	●ウォルマートは、容器・包装の軽量化とトラック輸送ルートの最適化により、商品輸送量を増やしながら年間2億ドルのコスト削減を実現
流通	流通における地域人材の育成・活用	●地域の人材活躍・発展支援	●新しい市場でのチャネル構築	●ユニリーバは、インドの農村部の女性にマイクロ融資と企業家としての訓練を実施、それら女性をチャネルとしてユニリーバ製品を販売
人材管理	従業員の生産性向上	●従業員の健康や安全の維持 ●従業員の能力開発等	●従業員の健康・安全確保、能力向上等の支援を通じた従業員の生産性向上	●ジョンソン＆ジョンソンは、従業員の禁煙支援と健康増進プログラムを通じて、ヘルスケアコストを2.5億ドル削減

Shared Value

出所：「共通価値の戦略」マイケル・E・ポーター、マーク・R・クラマー、『DIAMONDハーバード・ビジネス・レビュー』2011年6月号を参考に、筆者作成

第3の基本パターンは、CO_2排出削減、コスト削減を両立する「物流の効率化」である。ウォルマートは、容器・包装の軽量化とトラック輸送ルートの最適化により、環境負荷を軽減しつつ、商品輸送量を増やしながら年間2億ドルのコスト削減を実現している。物流の効率化は、非競争分野の協働として、業界全体、異業種間で取り組む例も増えている。共同輸送による物流の効率化とCO_2排出削減の両立は広く行われるようになり、また業界全体で梱包資材をより環境に配慮した作業しやすいものに標準化し、業務効率化と環境負荷軽減を両立するといった取り組みも行われている。

第4の基本パターンは、「流通における地域人材の育成・活用」。途上国の女性活躍などを促進しつつ、自社の流通システムを強化するものだ。

ユニリーバは、インド市場での事業展開にあたり、NGOなどと協力しつつ、農村の女性にマイクロファイナンスで資金を提供するとともに、セールスのトレーニングを行い、営業職員として組織化した。このビジネスモデルは成功し、同社のインドにおける売り上げ拡大とブランド浸透に大きな役割を果たすとともに、インドの農村の暮らしを向上させている。

この「流通における地域人材の育成・活用」の先行事例としては、ヤクルトレディが代表的である。地域で十分に活かされていない人材として女性に注目し、女性に商品や販売の教育を行い、女性が個人事業主となって、個宅販売を中心に地道に市場を開拓していく。それが途上国女性の自立と生活の向上を支援し、さらに乳酸菌飲料が、途上国の人々の健康を改善していく。そのことが、ヤクルトの事業を途上国に広げていくことになる。優れたCSVのモデルだ。

第5の基本パターンは、「従業員の生産性向上」。従業員が心身の健康面や安全面で抱えている課題を解決し最大のパフォーマンスを発揮できるようにすることは、企業の対応コスト削減、生産性向上につながる。例えば、ジョンソン・エンド・ジョンソンが、従業員の禁煙支援をはじめ、様々な健康増進プログラムを実施した結果、対象者の喫煙率は3分の1に減少し、医療費を2億5000万ドル削減した。この健康増進プログラムを費用対効果でみると、健康関連支出1ドルに対し2ドル71セントのリターンがあった計算になるという。さらに、従業員の欠勤も減り、生産性が向上した。

女性活躍などのダイバーシティ推進により、多様な人材を生かし、シナジー（相乗効果）を生み出すことも、企業の生産性向上につながる。

これらに加え、サプライチェーン全体に関わるパターンとして、「サプライチェーンの短縮」がある。サプライチェーンが長くなってくると、いろいろとムダが生じ、リスクやコストも増える。そこで、地元で調達できるものは地元で調達し、伸びすぎたサプライチェーンを短くすることによって、輸送コスト削減や地域との密着による細かな調達が可能になる。それが結果としてCO_2削減や地域の雇用促進にもつながる。

最近は、地政学的リスクなどを踏まえ、国内調達を促進する動きもある。サプライチェーンのトレーサビリティ（追跡可能性）の観点からも、目に見える地域からの調達は有効だ。

このようにバリューチェーンのＣＳＶには様々な活動があるが、「資源・エネルギー利用の効率化」、「物流の効率化」、「従業員の生産性向上」などは、すべての企業で実践すべきものだ。CO_2や廃棄物の削減、女性活躍などは、社会的責任と捉える向きも多いが、それを企業の競争力向上の機会と捉えるのがＣＳＶだ。

こうした視点の違いは、中長期的な企業の競争力に影響してくる。「サプライヤーの育成」は、国内では高齢化、後継者不足が進む農業分野で注目されている。世界的な人口増や経済発展に伴う需要拡大に加え、気候変動の影響、地政学的な問題などもあり、原材料の持続的確保は、企業にとって重要な課題だ。ＣＳＶの視点で、早めに手を打っておくことが必要だ。また、「流通における地域人材の育成・活用」は、途上国を含むグローバルでの事業展開にあたって、検討すべきものだ。CSVの視点で様々なパートナーを見つけることが、新しい市場で事業を拡大するためのカギとなる。

バリューチェーンのCSVは、自社にとってのメリットが比較的理解しやすいため、取り組みやすいと思う。ここで紹介した基本パターンをチェックリストとしつつ、すべての企業で、様々な取り組みが考えられるはずだ。

ビジネスエコシステムのCSV

「ビジネスエコシステムのCSV」は、企業活動の外に目を向け、企業が社会や自然などの外部環境にどう依存しているかに注目するものだ。企業活動は外部環境に支えられ、様々な恩恵と影響を受けている。この外部環境をビジネスエコシステムと称しており、ビジネスエコシステムを強化し、社会に価値を生み出しつつ企業の競争力を高めるのが「ビジネスエコシステムのCSV」だ。

企業活動を支えるビジネスエコシステムとしては、以下のようなものがある（図12）。

図12　企業活動を支える外部環境（ビジネスエコシステム）

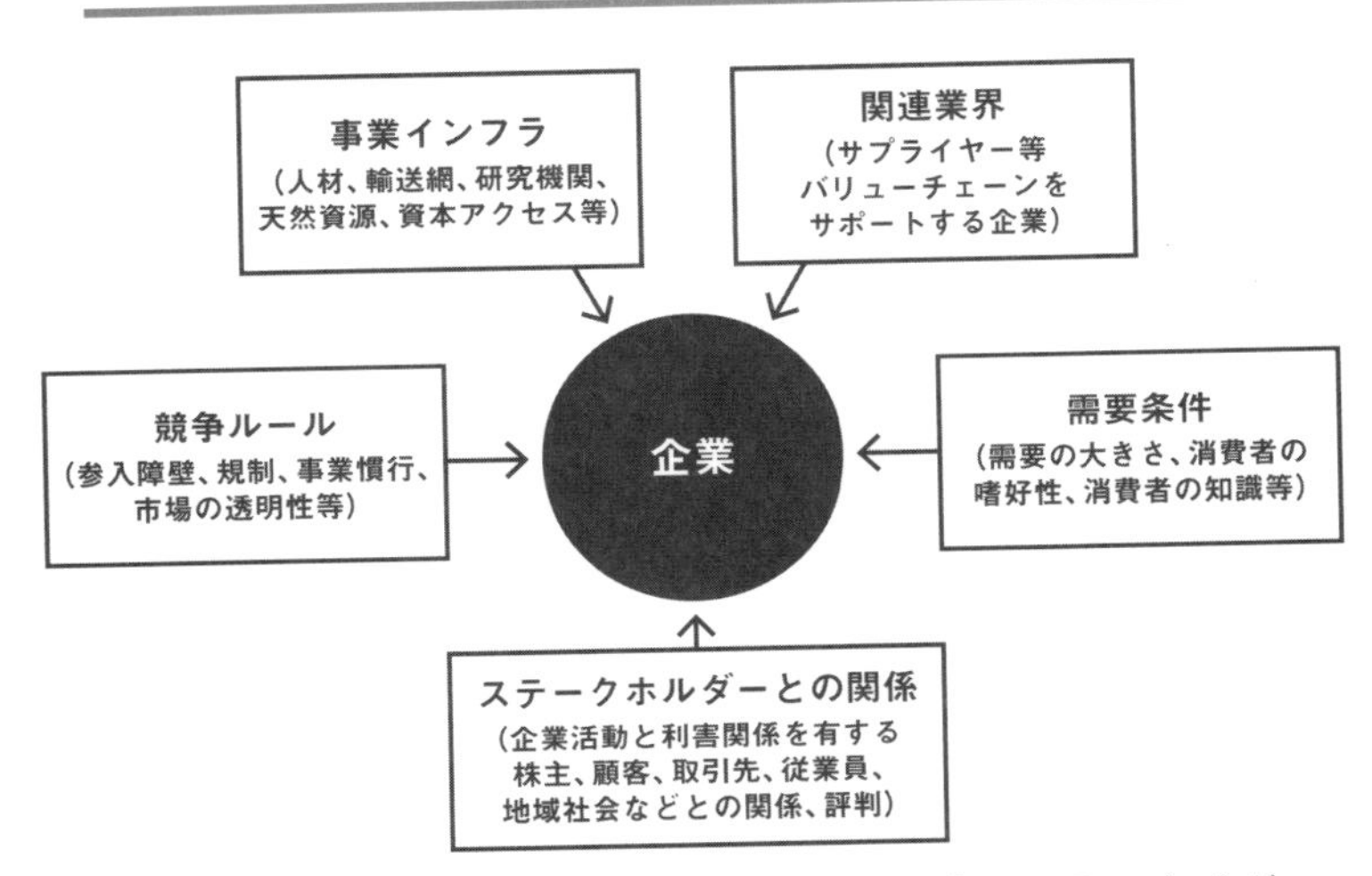

出所：「共通価値の戦略」マイケル・E・ポーター、マーク・R・クラマー、『DIAMONDハーバード・ビジネス・レビュー』2011年6月号、及び「競争優位のCSR戦略」マイケル・E・ポーター、マーク・R・クラマー、『DIAMONDハーバード・ビジネス・レビュー』2008年1月号を参考に、筆者作成

①事業の円滑な運営を可能とし、ヒト・モノ・カネ・情報といった経営資源を強化する「事業インフラ」。道路や空港・港湾などの輸送インフラ、人材を育てる教育機関や特定の教育を受けた人材、製品・サービスを生み出すために必要な原材料やエネルギーの供給体制、資本を提供する金融機関、最新の情報を迅速に得るためのインフラなどがある。

②バリューチェーンを支えるサプライヤー、流通や加工業者、

関連産業などの「関連業界」。バリューチェーンのCSVと重なる部分も多いが、自動車メーカーに関連する保険会社、中古車流通業者、保守・点検・車検業者、自動車教習所など広範に捉える。

③市場における公正な競争を可能とする規制、国際基準、事業慣行、市場の透明性などの「競争ルール」。

④市場が新しい製品・サービスを受け入れるための消費者の知識やスキルなどの「需要条件」。

⑤事業に影響を及ぼす「ステークホルダーとの関係」。

ビジネスエコシステムのCSVは、こうした企業活動を支える社会の基盤を強化することを通じて、社会が抱える課題を解決しつつ、企業の競争力を強化するものだ。ビジネスエコシステムのCSVには、このような企業を支える代表的なビジネスエコシステムに対応した5つの基本パターンがある（図13）。

第1の基本パターンである「事業インフラの整備」は、地域の人材育成、社会基盤の整備など、事業を強化するために必要なインフラを整備しつつ、社会の発展を支援するものだ。事業インフラが整備されていない途上国では特に重要だ。マイクロソフト、シスコ、デルなどの企業は、各市場において、ＩＣＴの知識やスキルを持った人材が増えることが、自社の持続的成長のカギを握ると認識しており、ＩＣＴ人材という社会の基盤を強化するために、世界中で教育機関におけるＩＣＴ教育支援や独自のＩＣＴ教育プログラムを展開している。

第2の基本パターン「関連業界の育成」は、流通業者、サプライヤーなど、事業推進に必要な関連業界のプレイヤーを育成し、事業を強化しつつ社会の発展を支援するものだ。バリューチェーンのＣＳＶの「サプライヤーの育成」や「地域人材を活用した新たな流通モデル」も、「関連業界の育成」に当て嵌まるが、より幅広く関連業界を強化しつつ、自社の競争力も強化するものだ。

第3の基本パターン「ルールメイキング」は、規制、国際標準、民間認証など、社会にとっても自社事業にとっても有用なルール整備を働きかける、または自らつくり出すもの

図13　ビジネスエコシステムのCSVの基本パターン

基本パターン	社会にとっての価値	企業にとっての価値	事例
①事業インフラの整備（人材、輸送網、研究機関、天然資源、資本アクセス等）	地域の人材の教育レベル向上、社会インフラの整備などにより、経済が発展	優秀な人材の獲得、インフラ整備による輸送効率の向上など	マイクロソフトは、慢性的にICT人材が不足する米国のICT教育を支援・強化し、優秀な人材を安定的に獲得
②関連業界の育成（サプライヤー等バリューチェーンをサポートする企業）	サプライヤーの雇用増加などによる地域の発展	原料や部品の品質向上と安定調達	コマツは、地元の協力会社に社員を派遣して技術やノウハウを伝授し、協力会社を育て、部品の品質向上と安定調達を実現
③ルールメイキング（参入障壁、規制、事業慣行、市場の透明性等）	必要な規制の導入、市場の透明性向上などによる社会の発展	事業運営の円滑化、新しいルールにおける製品・サービスの展開など	デュポンは、フロンガス規制の導入を働きかけ、自社の代替フロン技術を普及
④需要創造（需要の大きさ、消費者の嗜好性、消費者の知識等）	消費者が必要な知識を獲得することによる社会の発展など	消費者知識の向上にともなう製品・サービスの展開	ノボ・ノルディスクは、中国市場で医療従事者、患者、一般市民に対して糖尿病に関する啓発活動を実施し、糖尿病薬を普及
⑤ステークホルダーとの関係強化（企業活動と利害関係を有する株主、顧客、取引先、従業員、地域社会との関係、評判）	ステークホルダーに関わる社会・環境問題の解決	ステークホルダーとの関係強化による事業運営の円滑化、競争力向上など	エーザイは、患者とその家族の支援をしつつ、患者の抱える問題を理解し、新たな製品開発につなげている

Shared Value

出所：「共通価値の戦略」マイケル・E・ポーター、マーク・R・クラマー、『DIAMONDハーバード・ビジネス・レビュー』2011年6月号、「競争優位のCSR戦略」マイケル・E・ポーター、マーク・R・クラマー、『DIAMONDハーバード・ビジネス・レビュー』2008年1月号を参考に、筆者作成

だ。代表的な例としては、デュポンのフロン規制への取り組みがある。フロンガスによるオゾン層破壊、それに伴う皮膚がんの原因となる紫外線の増加が国際的な問題となる中、フロン代替物質の研究を進めていたデュポンは、オゾン層保護を求める環境NGOなどと連携し、国際的なフロン規制を求めた。そして、米国政府を動かしてモントリオール議定書の合意にこぎつけ、一方で、代替フロンのビジネスで大きな利益を得ている。デュポンは、純粋に社会のためだけを考えたわけではないが、結果として、社会にとっても自社にとっても良い規制の導入を促進している。

競争ルールには、政府が関与しないプライベートルールもある。ユニリーバは、WWFなどと協働してパーム油に関するプライベートルールをつくり上げている。パーム油は、食用油、マーガリン、せっけんなどの原料として幅広く使用される、世界で最も生産されている植物油だ。近年は、パーム油のプランテーションが熱帯雨林を切り開いて原生林を破壊しているとして、NGOなどの批判の的となっている。ユニリーバの競合企業は、パーム油の調達に関してNGOから批判にさらされ、持続可能なパーム油の調達を約束させられている。一方、いち早く「持続可能なパーム油認証（RSPO認証）」制度をつくり上げたユニリーバは、認証を受けた限られた原料を優先的に手に入れており、競争優位を確立しているという。

第4の基本パターン「需要創造」は、社会に役立つ商品の普及を促進するための知識啓発、消費者教育などを実施し、需要を創造するものだ。秀逸な例としてデンマークのヘルスケア企業で、糖尿病領域で世界をリードするノボ・ノルディスクの取り組みがある。ノボ・ノルディスクは、中国での事業展開に先駆けて、「社会における糖尿病に関する知識」というビジネスエコシステムを強化するため、糖尿病患者が置かれた医療事情を改善するための啓発プログラムを推進した。

ノボ・ノルディスク参入時の中国では、ライフスタイルが変化し糖尿病患者が増える一方、糖尿病は不治の病と考えられ、適切な治療が行われていなかった。そこでノボ・ノルディスクは、医療従事者に対し、糖尿病専門会議の開催や糖尿病の教育プログラムなどを実施したほか、政府と連携し、医師やナースの教育実習トレーニングの実施、各地区での糖尿病ケアモデルづくりを展開した。また、50近い都市の病院に多数の教育センターを設置し、患者に対し、糖尿病と正しく付き合うための教育セミナーを実施。さらには、メディアと積極的に協力し、糖尿病に関する情報発信を行った。

こうした啓発活動を通じて、ノボ・ノルディスクは、中国において糖尿病患者が適切な治療を受けられる土壌をつくり出し、患者とその家族を支援するとともに、自社の糖尿病治療薬の販売を拡大した。ノボ・ノルディスクは、中国市場で過半数以上のシェアを占め、ノボ・ノルディスクの糖尿病ビジネスにとって世界で2番目に大きな市場となっている。

ユニ・チャームは、超高齢化社会に対応するため、「排泄ケア」に注力している。排泄ケアは、食事、入浴とならぶ三大介護の一つで、自立して排泄できるかどうかは非常に重要な社会課題だ。ユニ・チャームは、適切な排泄ケアを行うことで、寝たきりを防ぎ、人々の健康寿命を延ばすことを目的に、1995年には「リハビリテーション」という新しい概念を付加した大人用紙おむつを開発した。また、製品の提供と併せて、介護施設に専門のプロケア営業員とケアアドバイザーを派遣し、正しい商品知識の啓発や排泄ケアの改善を介護施設のスタッフと一緒に行っていくライフリーケア活動を実施している。

高齢者用おむつは、当初は利用者に抵抗感があったようだが、ライフリーケア活動などを通じて、排泄ケアの知識やリハビリパンツの使用は恥ずかしいものではないという知識を普及し、市場を創造した。これも需要創造のCSVの優れた事例だ。

ヤマハ発動機が、アフリカで、漁業指導をして地域の産業を育成しつつ、船外機の需要を創造している事例などもある。ヤマハが、音楽教室を通じて、音楽文化を広げつつ、楽器の市場を創り出しているのも、需要創造のCSVだ。

第5の基本パターン「ステークホルダーとの関係強化」は、ステークホルダーの抱える社会課題を解決し、ステークホルダーとの関係を強化するものだ。社会貢献活動による知の探索に関して紹介した、エーザイの事例などは、患者との関係強化を通じて新しい価値を生み出しているものだ。

ビジネスエコシステムのCSVは、戦略的な社会貢献活動として行うこともできる。企業の社会貢献活動は、社会を良くするためのものだが、多くの企業では、自社事業と関係するビジネスエコシステムを強化する活動を必ずしも行っていない。ビジネスエコシステム強化という戦略的意図をもって社会貢献活動を行えば、より持続可能なものとなり、社会と企業のWIN-WIN関係が構築できる。また、途上国での事業展開では、強化が必要なビジネスエコシステムが明確な場合が多く、地域とともに発展するビジネスエコシステムのCSVは推進しやすい。その場合は、政府、国際機関、NGOなどとの連携も重要だ。

社会と企業の関係に着目するビジネスエコシステムのCSVは、自社、顧客、競合を超えて社会全体に視野を広げる経営戦略だ。他社に先んじて、自社にとって重要なビジネスエコシステムを見極めて強化する眼を持つことにより、競争優位を築くことができる。

3つのアプローチの統合によるCSVの推進

「製品・サービス」、「バリューチェーン」、「ビジネスエコシステム」の3つのCSVアプローチを紹介した。これら3つのCSVアプローチは、個別に推進することでも社会と企業に価値を生み出すが、新しいCSVビジネスを生み出すときなどは、3つのCSVアプローチを組み合わせることも有効だ。「製品・サービス」、「バリューチェーン」、「ビジネスエコシステム」が揃っていなければ、ビジネスは成り立たない。「製品・サービス」だけでなく、それを作り出すプロセスの総体である「バリューチェーン」、製品・サービスを受け入れる市場を形成する「ビジネスエコシステム」が必要だ。

SDGs／サステナビリティに貢献するビジネスは、既存の経済システムにおいて、外部不経済として取り残されている課題を解決しようとするものだ。SDGsなどの社会課題を解決する製品・サービスのアイデアがあったとして、実際にそれを普及させ、ビジネスとして成り立たせるには、既存のパラダイムにおける様々なハードルがある。そのハードルを乗り越えるためには、CSVの3つのアプローチを組み合わせて、市場を創ることを考えるべきだ（図14）。

図14　3つのCSVアプローチの統合

製品・サービス、バリューチェーン、ビジネスエコシステムが揃ってこそ、新しい事業・市場を創造することができる。

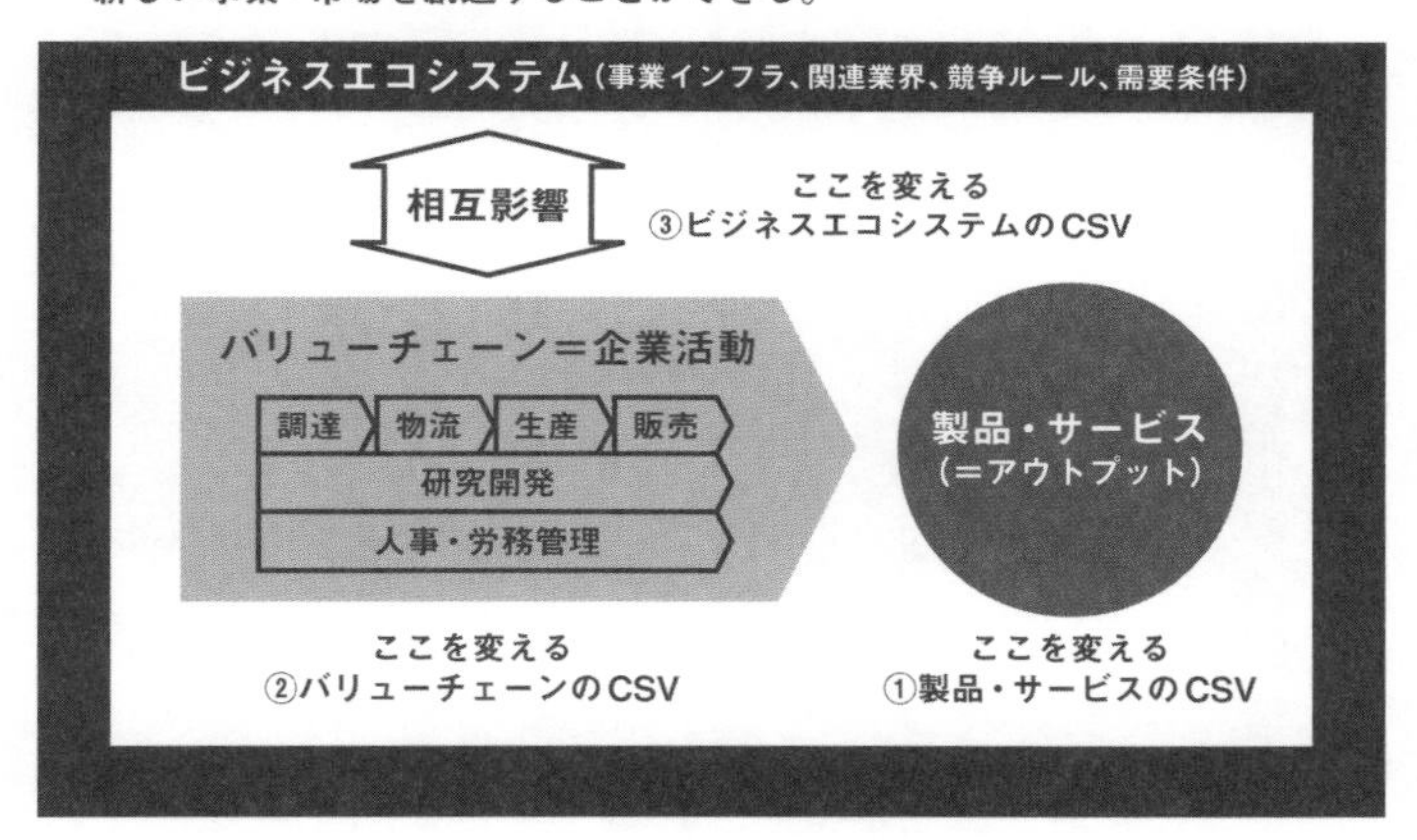

3つのアプローチの統合的推進について、テトラパックの事例を紹介する。テトラパックは、スウェーデンに本社を置く、常温長期保存が可能な食品・飲料用紙容器の充填包装システムを世界中に展開する企業だ。日本でも、乳業や飲料企業に供給した容器システムは年間数十億個の容器を生産している。

テトラパックは、「容器はそれにかかるコスト以上のメリットを社会に還元しなくてはならない」という創業者の言葉を行動指針として事業を推進しており、その紙容器は、環境面で優れる製品・サービスのCSVとなっている。[*13・14]

例えば、ガラス容器とテトラパックの紙容器を比較した場合、廃棄や輸送に関わる環境負荷は、紙容器のほうが圧倒的に小さくなる。ガラス容器で輸送する場合、重量の半分が瓶だが、テトラパックなら容器重量は、わずか数%となる。また、円柱形の瓶に比べ、角柱形テトラパックは、輸送時にスペースを無駄にせずに済む。さらには、テトラパックは、冷蔵せずに新鮮な状態を長時間保つことができるため、低温流通を行う必要がなく、冷蔵に関わる環境負荷も削減できる。

その紙容器のバリューチェーンは、非常にユニークだ。テトラパックは、顧客に紙容器の充填包装システムを提供する際に、食品加工と包装の専門チームを派遣し、顧客の工場の操業状態を検証、工場への製品の出入りや流れ、製造目標、輸送スケジュール、障害や機器の故障の原因、廃棄率などを詳細に調査し、無駄を排除する最適なシステムの導入を勧める。また、導入にあたっては、専門家による顧客企業の社員の訓練、継続的なモニタリングと必要に応じたグレードアップなどを提供する。こうした環境面でもムダのないプロセス構築を通じて顧客との関係を強化することは、バリューチェーンのCSVと言える。

また、テトラパックは、新市場の展開において、ビジネスエコシステムのCSVも展開している。テトラパックは、容器パックの用途として最も重要なものの一つである牛乳の需要をつくり出すため、世界各国で、政府機関、NPO、地元の乳業・酪農業者と連携して、学校給食プログラムを展開している。このプログラムにより、各国で「牛乳を飲む世代」をつくり出し、各国児童の栄養状態の改善に貢献するとともに、テトラパックと顧客のビジネスを切り拓いている。

例えば、中国では、子どもたちに学校で牛乳を飲ませる利点を栄養学的視点から家族や教師に指導しているほか、「乳製品学校」などで酪農家を教育し、中国で生産される原乳の品質を向上させるなどの活動をしている。

なお、学校給食プログラムは、途上国において、児童の栄養状態の改善に加え、現地で製品を製造するサプライチェーンを築くことにより、地元の雇用を創造し、地元経済の活性化にも貢献している。

テトラパックは、プラスチック問題が顕在化してからは、プラスチック問題に配慮した容器パックの開発に力を入れている。プラスチックのキャップ付きの製品については、キャップをサトウキビなど植物由来の材料のものにし、容易に取り外せてリサイクルしやすいものにした。また、フィルム部分も植物由来のものとし、紙については、FSC認証を受けたペーパーボードを使用している。さらに、顧客が容器パックを環境に配慮したものに変更しやすいよう、既存の充填システムをそのまま活用できるようにしている。*15

テトラパックは、こうした環境に配慮した製品開発と合わせて、持続可能な原材料調達に関するプロモーションビデオを作成するなど、顧客や消費者に環境問題を啓発するキャンペーンを行った。

テトラパックは、現在は、世界で最も持続可能な食品用紙容器、完全にリサイクル可能でカーボンニュートラルな、責任を持って調達された、再生可能またはリサイクル材のみで作られた紙容器の開発を進めている。そして、サステナブルな紙容器普及のためのビジネスエコシステムのCSVを併せて行っている。"Go Nature. Go Carton."と呼ばれるキャンペーンでは、各地域のパートナーと協働した紙容器のリサイクルインフラの整備、サステナブルな紙容器に関する消費者動向や企業の利用事例を通じたプロモーションなどを実施している。*16

テトラパックは、このように、製品・サービス、バリューチェーン、ビジネスエコシステムのCSVを組み合わせて、環境面で優れる自社製品の市場を創造している。特に、環境に配慮した製品の開発と需要創造のCSVの組み合わせは、多くの企業で検討すべきものだろう。

CSV実現に向けたコラボレーション

CSVの特長として、従来のビジネスより幅広いパートナーシップが構築可能であることがある。CSV実践のために、大義を掲げて、政府、国際機関、NGO／NPO、財団、投資家、他企業などとパートナーシップを構築することがある。社会課題を解決するという大義のあるCSVは、同じく社会課題解決をミッションとする政府、国際機関、NGO／NPO、財団などと目的を共通し、協働しやすい。政府、国際機関、財団などから資金提供が得られやすく、事業推進パートナーとして、政府、国際機関、NGO／NPOなどからの協力を得ることも可能だ。最近は、企業間の連携によるCSVも増えてきている。

コレクティブ・インパクト

CSV実現にも有効な、パートナーシップによる社会課題解決のコンセプトとして、「コレクティブ・インパクト」がある。コレクティブ・インパクトは、政府、企業、市民セクター、財団などが、互いの強みを活かして取り組むことで社会課題を解決しようという考え方だ。[*17・18]

コレクティブ・インパクトの事例として、ノルウェーの世界最大の無機肥料メーカー、ヤラが、タンザニアの食料生産性を高めるために、多様なパートナーとともに、農業インフラを整備している。ヤラは、多国籍企業、市民組織、国際支援団体、タンザニア政府など68組織を巻き込み、農業発展のための回廊地帯（インフラ等整備による都市間を結ぶ細長い人口密集地帯）をつくるための団体SAGCOT（Southern Agricultural Growth Corridor of Tanzania）を立ち上げた。世界経済フォーラム・アフリカで立ち上げられたSAGCOTは、34億ドルをかけて、港湾・道路・鉄道・電力等を整備、農業協同組合の機能化、関係業者・金融機関の誘致などを行っている。ヤラも6000万ドルを投資したが、同地域のヤラの売上は50％、EBITDAは42％増加している。

また、ウォルマートは、ステークホルダーとの対話を通じて、プラスチックなどのリサイクルが進まないのは、リサイクルのインフラが不足しているためだと理解した。そのため、リサイクルインフラへの投資を促進するために、コカ・コーラ、P&G、ユニリーバといった消費財企業などとパートナーシップを組んで、リサイクルインフラ投資のためのファンドを設立している。こうしたインフラ整備は、従来は政府が行うべきものと考えられてきたが、「コレクティブ・インパクト」で、企業主導で進める事例も増えてきている。

コレクティブ・インパクトの一形態として、企業が経営リソース、技術・ノウハウや資金調達力、NGOが社会的なネットワークや知見、低コストオペレーションを提供して、相互補完的なバリューチェーンを構築し、途上国に適したビジネスモデルを確立するハイブリッド・バリューチェーンというコンセプトもある。低所得者向けの医療市場、食品市場、エネルギー市場などにポテンシャルがあると考えられている。*19

社会課題解決のための資金調達において、不確実性が高く、民間企業だけでは十分な投資が行われないケースがある。そうした場合に、公的資金をまず投入して実現性を検証した上で、民間資金の投入を促そうという「ブレンデッド・ファイナンス」もコレクティブ・インパクトの一形態と言えるだろう。

なお、コレクティブ・インパクトを成功させるためには、以下の5つの要素が必要とされている。

①共通アジェンダ（Common Agenda）

すべての参加者が社会課題解決に向けた問題認識、アプローチ方法などのビジョンを共有すること。参加者間で問題やゴールの定義は少し異なるのが通常であるが、大きな方向性は共有しておく必要がある。

②評価システムの共有（Shared Measurement System）
共通アジェンダを実現するためには、成功をどう測定しどう報告するかに合意する必要がある。取り組み全体と各参加者の成果を合意された指標に基づき測定することは、全体の活動を整合させるだけでなく、各参加者が説明責任を果たし、互いに学び合うことを可能とする。

③相互の活動補強（Mutually Reinforcing Activities）
多様なステークホルダーが協働する中、参加者全員が同じことをするのではなく、各自がそれぞれの活動を推進しつつ、連動し互いに補完し合うことが必要。

④継続的コミュニケーション（Continuous Communication）
各参加者が互いに異なる活動をしながら、共通のモチベーションを認識し尊重するためには、定期的かつ継続的なコミュニケーションが必要となる。

⑤活動を支えるバックボーン組織（Backbone Support Organization）

コレクティブ・インパクトを創造しマネジメントするためには、活動全体の支えとなるにふさわしいスキルを持つ独立組織と専任スタッフが求められる。

コレクティブ・インパクトの形態を含め、競合同士、他業種、政府・国際機関、NGO／NPOなどの市民セクター、国内外など、SDGs実現に向けた様々なパートナーシップが生まれている。そうしたパートナーシップは、SDGsを実現しようと世界が動く中で、新しいパラダイムにおける競争力を培うことにもなる。従来の競争環境や、ステークホルダー間の役割分担を柔軟に見直す思考が必要だ。

社会課題解決のオープンイノベーション

社会課題解決に向けたパートナーシップとして、オープンイノベーションも重要だ。社会課題解決に向けたアイデア創出やその実現は、自社だけで対応するには限界があり、社外のアイデアや技術・ノウハウをうまく取り入れることが効果的だ。特に、社会課題解決イノベーションは、単なる収益目的のイノベーションよりも、幅広いパートナーの共感や協力を得られやすいものだ。イタリアの電力大手エネルは、世界中の38万人の研究者、スタートアップ企業などと協働できるクラウドプラットフォームのイノセンティブと協働し、エネルが重要課題として掲げるSDGsの4つのゴール、SDG4（教育）、7（手ごろな価格のクリーンエネルギー）、8（事業を展開するコミュニティでの働きがいと経済成長）、13（気候変動）に関して、SDGs実現に向けた50の技術的チャレンジを特定し、解決を目指す取り組みを始めた。

エネルでは、イノベーションとサステナビリティを同時に推進しており、それを「イノバビリティ（Innovability）」と呼んでいる。イノバビリティは、社会やステークホルダーとエネルの両方に価値を生み出すCSVそのものだ。エネルがイノセンティブとの協働による「オープン・イノバビリティ」で解決を目指す課題は、ウェブサイトに掲載されており、最適な解決策の提供者に対する報酬も示されている。*20

非競争分野における協働、コーペティション

最近は、競合同士が社会課題解決のためにパートナーシップを組む例も増えている。例

えば、事業では厳しい競争をしているキリンビールとアサヒビール、花王とライオンなどが、物流における共同配送やリサイクルの促進などで協働し、コスト削減、環境負荷軽減などWIN-WINの関係を構築している。競合同士が競争する分野、社会課題解決や業界全体の価値を高めるために協働する分野を分けるという考え方だ。これを「非競争分野における協働」と言う。または、競合企業同士がある部分において協調することで互いにメリットを享受するということで、協調（cooperation）と競争（competition）の2語を組み合わせて「コーペティション（co-petition）」とも呼ばれる。

コーペティションは、CSV実現の有効なアプローチだが、障壁の一つが、独占禁止法などの競争政策だ。競争政策は、企業間の公平かつ自由な競争を通じて資源を効率配分し、消費者の厚生増大、生産性向上、イノベーション促進などを実現しようとするもので、事業者が協調して自由競争を妨げることを取り締まる。これが、コーペティションの障害となることがある。実際、日用品企業が環境負荷軽減のために容器の小型化を目指して協力したことが、その普及のため値上げしないことで一致したことから、反トラスト法（独占禁止法）違反だと判断されたといった例がある。[*21]

企業は、コーペティションの実施にあたっては、競争政策に反すると見なされないよう気を付ける必要がある。例えば、ＫＤＤＩは、ソフトバンクと合弁企業を立ち上げ、５Ｇネットワークの基地局整備を進めているが、これを進めるにあたって、投資対効果が低く、基地局の整備が進みにくい遠隔地から始めている。遠隔地域のインフラを競合同士で整備することは、競争を阻害する要因にはならないことを公正取引委員会や総務省に丁寧に説明し、協調しても良い領域だというコンセンサスを得ながら進めているのだ。*22

規制当局は、競合同士の提携を懐疑的に見るものだ。協力して価格をつり上げる、市場シェアを分け合うといったケースはＮＧだ。ただし、協調によるコスト削減や需要創造などにより顧客にメリットがもたらされる場合は、規制当局は柔軟に対応する傾向がある。コーペティション実施にあたっては、規制当局の考え方を理解し、適切にアプローチする必要がある。

最近は、コーペティションが社会課題解決のために重要なアプローチであるという認識が広がり、競争政策を柔軟に運用しようとする動きもある。欧州では、気候変動対策として競争政策を柔軟に運用する可能性について議論が始まっている。欧州委員会で競争政策を担当するマルグレーテ・ベステアーは、グーグルやアップルに巨額の制裁金を科すなどそのタフさで知られているが、気候変動対策には柔軟な姿勢を示している。同氏が率いる事務局は、気候変動対策を推し進めるために、競争政策をどう対応させるべきか調査を始めている。競合同士がグリーン政策推進に協力できるよう、反トラスト法の例外を認めるなどの法的枠組みが必要との提案がなされている。[*21]

ビジネスによる社会課題の解決、CSVの促進には、競争政策における政府の対応も重要だ。グリーン社会実現に向け、公正取引委員会も「事業者等の活動に関する独占禁止法の考え方」を策定しているが、日本政府は、こうした動きにも先駆的に対応すべきだ。[*23]

6つの資本とは？

社会課題解決と企業価値向上を両立するための戦略を考えるフレームワークとして、もう一つ、「6つの資本」を紹介する。

6つの資本とは、2010年に英国で創設されたIIRC（International Integrated Reporting Council ＝国際統合報告委員会、現在は、IFRS財団に統合）が、企業が財務情報と非財務情報の両方を統合的に報告するための統合報告フレームワークの中で提示したものだ。

IIRCは、企業は、成功のために、多様な形態の資本に依存するとし、多様な形態の資本として、財務資本、製造資本、知的資本、人的資本、社会・関係資本、自然資本の6つを提示している。

財務資本は、企業が事業活動において利用するための資金を指す。

製造資本は、企業が事業活動のために利用する建物、設備など。外部の道路、港湾などの事業インフラも製造資本に含まれる。

知的資本は、知識ベースの無形資産で、知的財産やノウハウなどだ。

人的資本は、人材が持つ能力、経験、意欲などで、組織として力を発揮するための能力も含む。

社会・関係資本は、ステークホルダーとの関係性、関係を構築する能力などで、ブランドや評判を含む。

自然資本は、ビジネスの基盤となる空気、水、土地、鉱物、森林、生物多様性、生態系の健全性などだ。

これらの6つの資本は、企業の価値創造（保全、毀損の場合もある）の源泉となる（図15）。

20世紀後半までの産業資本主義社会（工業の時代）には、企業の差別化の源泉は、大規

図15　価値が創造、保全または毀損されるプロセスと6つの資本

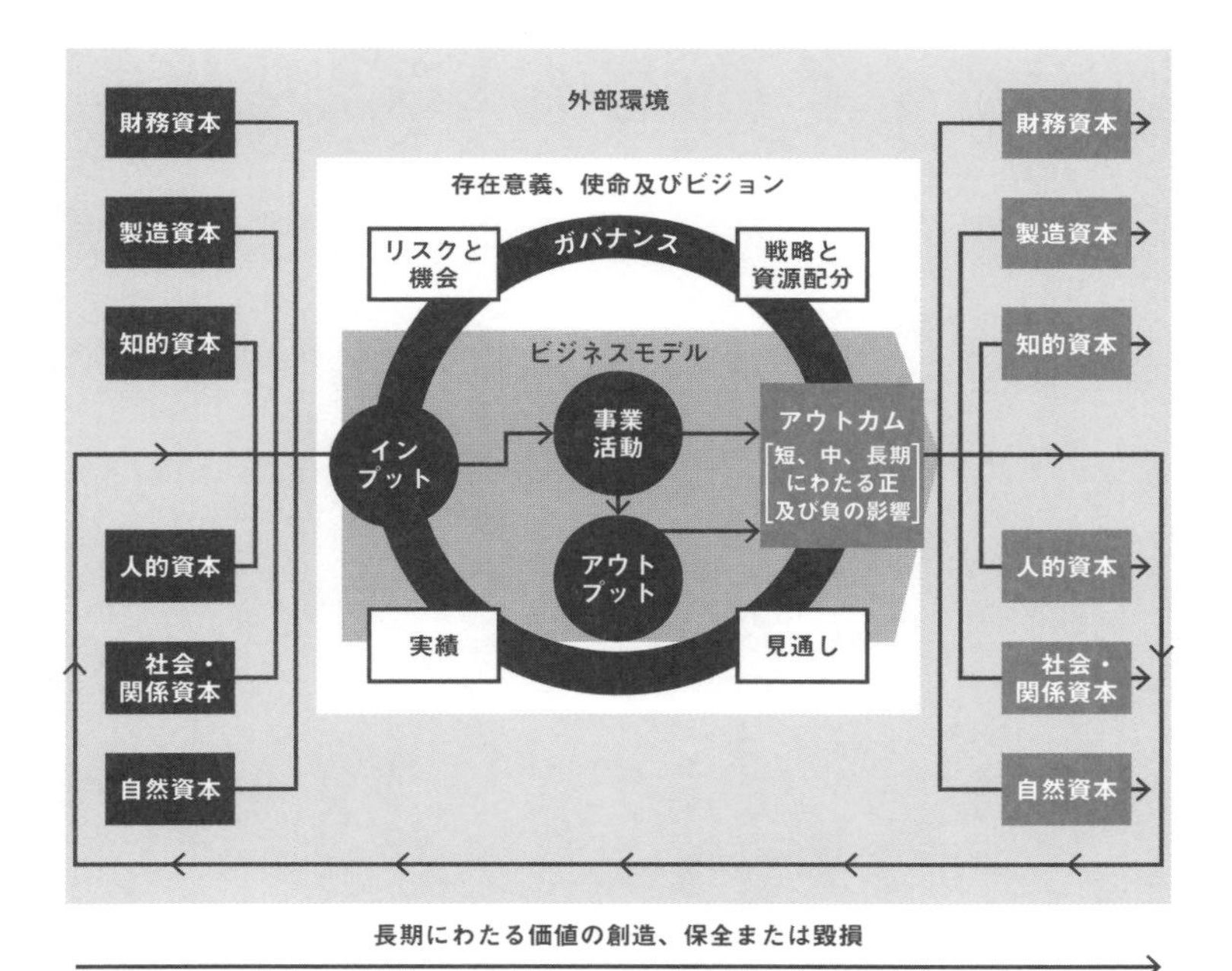

出所：「国際統合報告 フレームワーク」より、国際統合報告評議会（IIRC）、2021年1月

模設備などの製造資本と財務資本だった。労働力が豊富で、大量生産・大量消費で経済が発展している時代には、大量の資金を調達し、設備を大規模化し、規模の経済を確保することが、企業の成功要因だった。

1990年代くらいからのポスト産業資本主義社会（情報の時代）には、より高度な製品・サービスが求められるようになり、企業の差別化の源泉は知識となった。そのため、知的資本やそれを生み出す人的資本の重要性が高まった。それは、無形資産の価値増大に示されている。

最近は、企業価値の多くを無形資産が占めるようになっており、米国企業（S&P500）では、1975年に17%だった、企業価値に占める無形資産の割合が、2005年には80%、2020年には90%となっている。なお、日本企業（日経平均）の企業価値に占める無形資産の割合は、2020年でも32%で、無形資産が評価されていない。最近、人的資本を生かす必要性などが日本で注目されているのは、このためだ（図16）。

これからの時代は、さらに新しい差別化の源泉が必要となる。一つは、オープンイノベーションやコレクティブ・インパクトなど、社外のステークホルダーとの協働を通じた新たな価値の創造だ。社外のリソースを活用した価値創造には、幅広いステークホルダーと

図16　日米の企業価値に占める無形資産割合

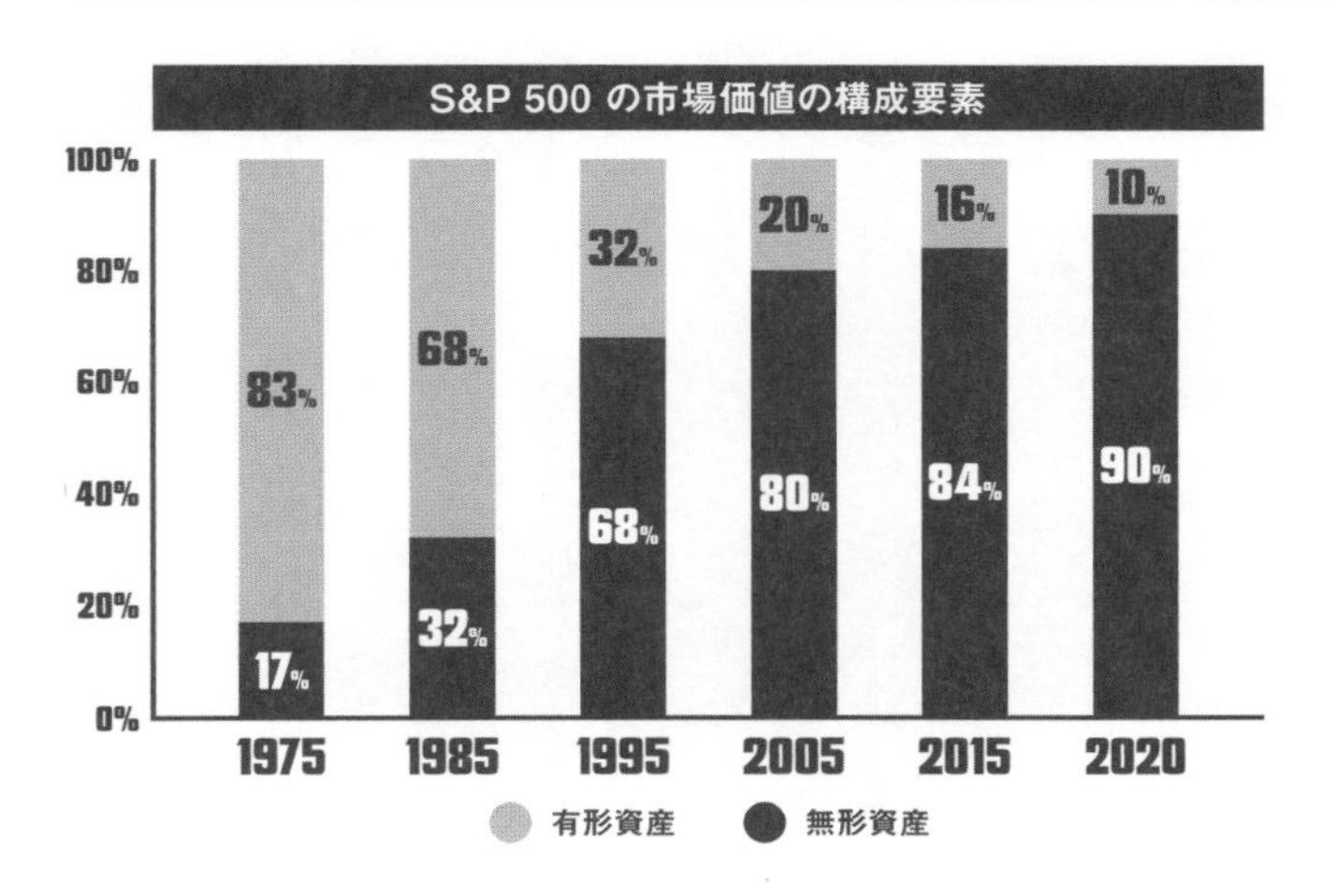

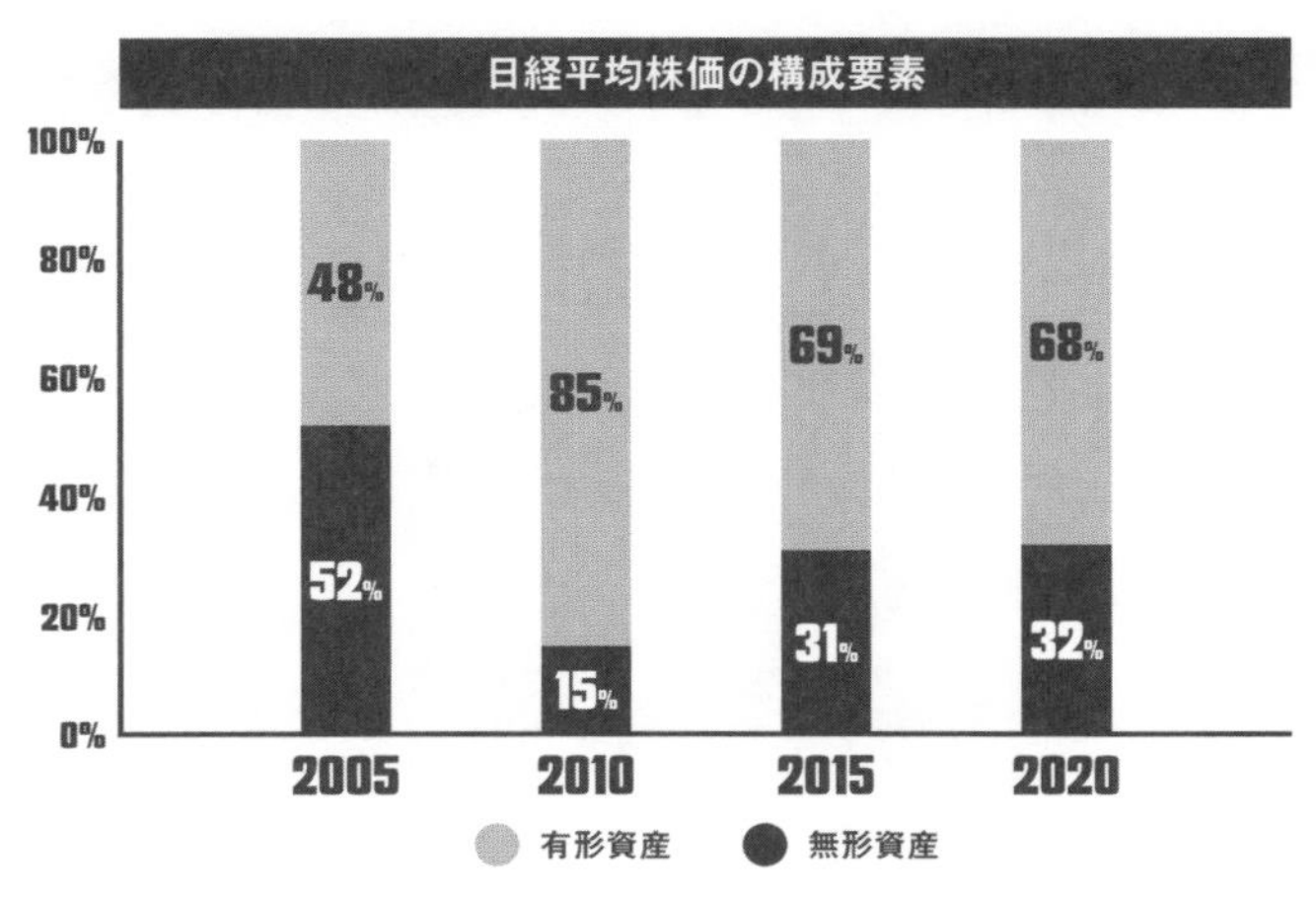

出所：「知財・無形資産の投資・活用戦略の開示及びガバナンスに関するガイドライン」より、知財投資・活用戦略の有効な開示及びガバナンスに関する検討会、令和4年1月28日

の信頼関係の構築、すなわち社会・関係資本の強化が不可欠となる。

また、経済成長の外部不経済として、生物多様性、水資源などの減少が明らかとなる中、こうした自然資本を持続的に活用できることが、企業の競争上重要となってきている。企業が競争力を維持・向上していくために、自然資本の重要性が高まっている。

なお、自然資本が人間社会や企業活動に提供する価値は、生態系サービスと呼ばれ、食料、水、原材料などを供給する「供給サービス」、大気質や気候の調整、災害の緩和、花粉媒介などの「調整サービス」、レクリエーションや観光の場を提供する「文化的サービス」、光合成による酸素の供給、水循環などの「基盤サービス」の4つに整理されている（図17）。

6つの資本のうち、重要度が増している知的資本、人的資本、社会・関係資本、自然資本は、企業価値向上の源泉となる非財務資本として、ESGの文脈で注目されている。自社のビジネスモデルにおいて、どのような非財務資本が重要で、それをどう強化・活用することが、企業価値の向上につながるか、因果関係を構造的に考えてみる価値はあるだろう。それを価値創造プロセスとして、統合報告で示し、投資家などに説明できれば、ESGの観点で評価されるだろう。

自然資本については、企業価値の創造とどう結びつくか、イメージが湧きにくいかもし

図17　自然資本による生態系サービス

「基盤サービス」の代わりに「生息・生息地サービス」を追加した分類

供給サービス (例：食料)	調整サービス (例：花粉媒介)	生息・生息地サービス (例：生息環境)	文化的サービス (例：レクリエーション)

生態系サービスの分類		
供給サービス	1	食料（例：魚、肉、果物、きのこ）
	2	水（例：飲用、灌漑用、冷却用）
	3	原材料（例：繊維、木材、燃料、飼料、肥料、鉱物）
	4	遺伝資源（例：農作物の品種改良、医療品開発）
	5	薬用資源（例：薬、化粧品、染料、実験動物）
	6	鑑賞資源（例：工芸品、観賞植物、ペット動物、ファッション）
調整サービス	7	大気質調整（例：ヒートアイランド緩和、微粒塵・化学物質などの捕捉）
	8	気候調整（例：炭素固定、植生が降雨量に与える影響）
	9	局所災害の緩和（例：暴風と洪水による被害の緩和）
	10	水量調整（例：排水、灌漑、干ばつ防止）
	11	水質浄化
	12	土壌浸食の抑制
	13	地力（土壌肥沃度）の維持（土壌形成を含む）
	14	花粉媒介
	15	生物学的コントロール（例：種子の散布、病害虫のコントロール）
生息・生息地サービス	16	生息・生息環境の提供
	17	遺伝的多様性の維持（特に遺伝子プールの保護）
文化的サービス	18	自然景観の保全
	19	レクリエーションや観光の場と機会
	20	文化、芸術、デザインへのインスピレーション
	21	神秘的体験
	22	科学や教育に関する知識

出所：『価値ある自然　生態系と生物多様性の経済学：TEEBの紹介』より、環境省自然環境局自然環境計画課生物多様性施策推進室、平成24年3月

れないので、サントリーの事例を示そう。

サントリーは、グループ企業理念の説明において、「自然や社会が輝いていなければ、人間は輝けません。だから、わたしたちは、この世界の恵みを生み出す自然の生態系を守ります[*24]」としている。また、コーポレートメッセージを「水と生きるSUNTORY」としている。このように、サントリーは、自然資本、特に水を重視している。

ウイスキー、ビールなど、サントリーの事業は「水」に支えられている。サントリーは、ビールやウイスキーすべてに「天然水」を使っているが、この「天然水」こそが、サントリーの源流であり、差別化の源泉になっている。創業者の鳥井信治郎が、各地の地下水を比較して、名水を生み出す山崎蒸留所の地を選んでから、ビール事業参入でも、地下水にこだわって武蔵野ビール工場の立地を決めるなど、企業の源流から水を重視している。

ビール事業のロゴを、水へのこだわりを表現する「天然水のビール工場から」とし、商品ラベルでも、「天然水」を強調し、「天然水」がサントリーの強みとして活かされている。

この天然水は、山間地に降り注いだ雨が、20年の歳月をかけて豊かな森と土壌に育まれたものだ。適切に整備された豊かな森や土壌がなければ、サントリーの強みである「天然水」は、創り出すことができない。水を活かした商品を根底から強化するには、天然水を育む森と土壌という自然資本を強化する必要がある。

サントリーは、自然資本の重要性に気づき、2003年から自社工場の水源地を「天然水の森」として、保護活動を始めた。森林整備の面積は、サントリーが国内で利用する地下水の量を将来にわたり賄うことができる7600haを超え、2020年までに12000haまで拡大するという目標を1年前倒しで達成した。[*25] サントリーは、この水源涵養活動を、トップの指令のもと、社員全員で取り組んでいる。これは、天然水という自社の強みである自然資本を強化し、企業価値を維持・向上する活動だ。併せて、自社の創業精神を思い起こさせ、社内に一体感を生み出すという意味で、人的資本も強化し、ブランド価値を向上するという意味で、社会・関係資本も強化している。

CSVのアプローチと非財務資本を組み合わせる

6つの資本のうち、財務資本を除く非財務資本を戦略的に強化するためには、CSVのアプローチ、特にバリューチェーンとビジネスエコシステムのCSVを組み合わせることが有効だ(図18)。CSVは、多様な資本を活用して企業価値を創造するための視点を提示する。

バリューチェーンのCSVは、製造資本、知的資本、人的資本といった社内リソースに加え、社会・関係資本であるサプライヤーや流通チャネルといった社外リソースを活用する新たな視点を提供する。

食品メーカーが、原材料農家に技術・ノウハウを提供し、高品質な原材料を安定的に調達する。途上国において、女性など従来活躍の場が限られていた人材を教育し販売員として活躍してもらい、新しい市場を開拓する。こうした活動は、社会・関係資本の強化を通じてバリューチェーンを強化し、企業価値を創造する。

ビジネスエコシステムのCSVは、人材、インフラ、規制や事業慣行、消費者の意識、自然資源など、外部リソースおよび外部リソースとの関係を強化することで、企業の競争力を高める。

ICT企業がICT人材を育成することで、ICT市場の拡大や自社リソースの継続的確保につなげる。途上国でものづくりなどに必要な人材を育成し、ものづくり力の底上げをする。自社製品や技術を広めるために必要な新たなルール整備を働きかける。消費者に新しい生活習慣を身につけてもらい、自社製品を普及させる。新しい市場で社会貢献活動を行いつつ、市場での成功要因を理解するとともに、ステークホルダーとの関係を構築す

図18　CSVアプローチによる非財務資本強化

○：関連の強い領域

		製造資本	知的資本	人的資本	社会・関係資本	自然資本
製品・サービス			○（知財戦略）	○（CSV人材育成）	○（オープンイノベーション）	
バリューチェーン	サプライヤーの育成		○（知財・ノウハウ供与）	○（サプライヤー人材育成）	○（サプライヤー協働）	○（原材料の持続可能性強化）
	資源・エネルギー利用の効率化	○（設備更新）	○（オペレーションノウハウ蓄積）		○（インフラ連結）	
	物流の効率化	○（モーダルシフト）			○（共同配送）	
	流通における地域人材の育成・活用		○（ノウハウ供与）	○（流通人材育成）	○（地域組織・人材協働）	
	従業員の生産性向上			○（生産性向上）		
ビジネスエコシステム	事業インフラ整備	○（インフラ整備）		○（将来人材育成）		○（生態系サービス維持・強化）
	関連業界育成		○（知財・ノウハウ供与）	○（関係業界人材育成）	○（関係業界協働）	
	ルールメイキング		○（知財解放）		○（イニシアチブ）	○（生態系サービス維持・強化）
	需要創造		○（知識啓発）	○（需要家育成）	○（NPO等協働）	
	ステークホルダーとの関係強化		○（市場ニーズ理解）		○（SH協働）	

る。こうした活動は、人的資本、知的資本、社会・関係資本の強化を通じてビジネスエコシステムを構築し、企業価値を創造する。

また、飲料メーカーが水資源を自社の競争力の源泉と位置付け、水資源の涵養・保全活動を推進する。食品メーカーが、水産資源の持続可能性を担保するため、認証制度などの水産資源保全のルールを普及させる。こうした活動は、自然資本の強化を通じて、ビジネスエコシステムとしての事業インフラを維持・強化し、企業価値を創造する。

このようにバリューチェーン、ビジネスエコシステムのＣＳＶと組み合わせることで、非財務資本を戦略的に強化する視点が得られる。これは、企業価値の向上につながるとともに、構造化して投資家などに示すことで、ＥＳＧの評価にもつながる。

第1章では、ＳＤＧｓ／サステナビリティの取り組みと企業価値を両立させる思考をサポートするフレームワークを紹介した。

第2章では、経営全体にＳＤＧｓ／サステナビリティを統合する方法、考え方を示す。

＊1　「共通価値の戦略」、マイケル・E・ポーター、マーク・R・クラマー、『DIAMOND ハーバード・ビジネス・レビュー』２０１１年6月号

＊2　『競争優位の戦略―いかに高業績を持続させるか』、マイケル・E・ポーター、ダイヤモンド社、１９８５年

＊3　「ネスレにおけるサステナビリティ」、ネスレ日本、https://www.nestle.co.jp/csv（２０２２年12月28日閲覧）

＊4　『知られざる競争優位―ネスレはなぜＣＳＶに挑戦するのか―』、フリードヘルム・シュヴァルツ、ダイヤモンド社、２０１６年

＊5　"BETTER BUSINESS, BETTER WORLD", Business & Sustainable Development Commission, 2017.

＊6　『持続可能な未来へ―組織と個人による変革』、ピーター・センゲ他、日経ＢＰマーケティング、２０１０年

＊7　「Better Life～より快適な生活～植物由来の代替肉の結着剤「メトローズ MCE-100TS」」、信越化学工業、https://www.shinetsu.co.jp/jp/sustainability/sp_comfortablelives/.（２０２２年12月29日閲覧）

＊8　「両利きの経営」、チャールズ・A・オライリー、マイケル・L・タッシュマン、東洋経済新報社、２０１９年

＊9　『世界標準の経営理論』、入山章栄、ダイヤモンド社、２０１９年

＊10　『知識創造企業』、野中郁次郎、竹内弘高、東洋経済新報社、１９９６年

＊11　「東レ：市場は後からついてくる」日覺昭廣、『DIAMOND ハーバード・ビジネス・レビュー』２０１５年10月号

＊12　「ＣＳＲ部門によるＣＳＲの推進―世界を変えるＣＳＶ戦略22」、水上武彦、オルタナ、２０１４年

＊13　『ザ・ディマンド―爆発的ヒットを生む需要創出術』、エイドリアン・J・スライウォツキー、日経ＢＰマーケティング、２０１２年

*14 「3つの市場を統合して市場をつくる―世界を変えるCSV戦略26」、水上武彦、オルタナ、２０１４年

*15 「製品＋啓発マーケティングで市場を創る：テトラパックの事例から」、水上武彦のＣＳＶ／シェアード・バリュー経営論、https://www.cre-en.jp/mizukami-blog/?p=1644#.ZESMYfzP25c.（２０２３年4月23日閲覧）

*16 "Go Nature. Go Carton.", Tetra Pak, https://www.tetrapak.com/ja-jp/campaigns/go-nature-go-carton/overview.（２０２３年4月22日閲覧）

*17 "Collective Impact", By John Kania & Mark Kramer, Stanford Social Innovation Review Winter 2011.

*18 「コレクティブ・インパクト」を実現する5つの要素」、マーク R・クラマー、マーク W・フィッツアー、『DIAMOND ハーバード・ビジネス・レビュー』２０１７年2月号

*19 「ハイブリッド・バリューチェーン」、ビル・ドレイトン、バレリア・バディニッチ、『DIAMOND ハーバード・ビジネス・レビュー』２０１１年8月号

*20 "Open Innovability", Enel, https://openinnovability.enel.com/.（２０２２年12月30日閲覧）

*21 「競争政策も温暖化に配慮　企業協力推進へ柔軟運用」、日本経済新聞２０２１年4月16日朝刊

*22 「5G競争を制するための協調戦略 利他の精神をもって持続的成長を実現する」、高橋誠、『DIAMOND ハーバード・ビジネス・レビュー』２０２１年5月号

*23 「グリーン社会の実現に向けた事業者等の活動に関する独占禁止法上の考え方」の策定について」、公正取引委員会、https://www.jftc.go.jp/houdou/pressrelease/2023/mar/230331_green.html.（２０２３年4月21日閲覧）

*24 「グループ企業理念」、サントリー、https://www.suntory.co.jp/company/philosophy/.（２０２３年4月13日閲覧）

*25 「サントリー天然水の森、活動の歩み」、サントリー、https://www.suntory.co.jp/eco/forest/essence/history.html.（２０２２年12月30日閲覧）

COLUMN 1: Nestlé

「長期視点と社員の参画がCSVのカギを握る」

ネスレ日本株式会社　執行役員　コーポレートアフェアーズ統括部長　嘉納未來

聞き手　水上武彦

嘉納未來氏

著者

ネスレは、スイスに本社を置く世界最大の食品・飲料会社で、多くの乳幼児が栄養不足で亡くなっているという問題を解決するためにアンリ・ネスレが創業した会社が母体となっている。同社はCSVの元祖としても知られる。ネスレ日本は、1913年に日本支店として開設された。今回は、「1．CSVの位置付け・意味合いについて」、「2．CSV実現に向けた仕組み・仕掛けについて」、「3．日本企業がCSVを進めて行く上で、重要なことは何か?」の観点から、ネスレ日本コーポレートアフェアーズ統括部長である嘉納未來氏にお話しいただいた。

1．CSVの位置付け・意味合いについて

ネスレでは、CSVは、"The way we operate"、「食の持つ力で、現在そしてこれからの世代のすべての人々の生活の質を高めていきます」というパーパスを実現するための"事業のやり方"と位置付けられている。

ネスレのパーパスは、英語では"Unlock the power of food to enhance quality of life for everyone, today and for generations to come"と表現される。これから発見される食の力も含めて、食の可能性をアンロックし、今だけでなく、これからの世代に貢献しようとしている。重点エリアは、人々やペット、コミュニティ(社員、農家、ビジネスパートナーなどを含む)、地球である。これらに良い影響を与えることをどう実現するかがネスレのCSVで、栄養の提供、資源保護・回復、コミュニティにおける持続可能な生産、人権保護、若年層支援などを展開している。CSVにより、社会課題を本業で解決し、それが社会に価値を生み出し、経済的価値も生み出している(図1)。

パーパス、CSVの下に中期的なコミットメントがある。また、新たに再生農業の推進などにより、例えば、コーヒー栽培をさらに持続可能なものとする包括的な計画「ネスカフェ プラン2030」(https://www.

コミュニティの強化

持続可能な生産
2030年までに、主要な原材料の100%を持続可能に生産することを目指しています

人権への取り組み
2022年末までに、10ある重要課題ごとに行動計画を公表、2025年までその進捗を報告します

若年層への機会提供
2030年までに、世界中の1,000万人の若年層が経済的機会にアクセスできるよう支援することが、ネスレの長期的な目標です

責任ある事業展開

良好なビジネス環境を構築し、従業員が持続可能なビジネス判断を行えるようにします

ネスレの従業員

ネスレはすべての従業員を尊重し、また鼓舞します。人種、民族、性別、国籍、宗教、性同一性、性的指向、年齢や能力の違いにかかわらず、その可能性を尊重します。

への貢献

図1　ネスレのCSV（共通価値の創造）

共通価値の創造　ネスレのパーパス（存在意義）の実現と価値観の実践

栄養価が高く、かつ持続可能な食生活への貢献

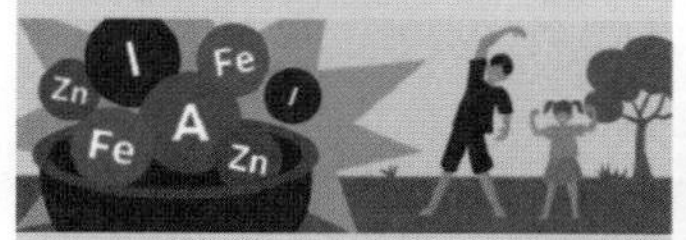

栄養

ネスレは、安全で美味しく 持続可能な食品を、栄養価が高く、手に入れやすい、また手頃な価格で提供することを目指しています。

ネスレ製品に関する正確な情報を提供し、責任を持って販売し、教育や栄養科学などの取り組みを通じて健康的な食生活を推進することが重要です。

資源の保護、再生、回復を支援

気候変動
遅くとも2050年までに、温室効果ガス排出量実質ゼロを達成します

自然と生物多様性
100%森林破壊ゼロを2022年末までに、パーム油、大豆、紙とパルプの一次サプライチェーンで、コーヒーとカカオについても2025年末までに実現します

水
ネスレ ウォーターズはその知見を活かして、地域の水循環の再生に取り組みます

包装材料とサーキュラリティ（資源循環性）
2025年までに、ネスレの包装材を100%リサイクル可能あるいはリユース可能にします

SDGs達成

出所：ネスレ日本

図2　ネスレの長期的な価値創造モデル

持続可能な一桁台半ばのオーガニックグロースを達成	継続的に緩やかな利益率改善を実現	資本を慎重に配分し、資本効率を高める
社会と株主への価値創造		

出所：ネスレ日本

nestle.co.jp/media/pressreleases/20221004_nescafe）を掲げ、環境再生可能な食料システムへの移行を加速していくこととしている。

2．CSV実現に向けた仕組み・仕掛けについて

長期視点での経営

ネスレの長期的な価値創造モデルは、「持続可能な一桁台半ばのオーガニックグロース（為替変動、M&A等の影響を除いた売上の対前年同期成長率）を達成する」、「継続的に緩やかに利益率を改善する」、「資本効率を高める」、「社会と株主に価値を創造する（＝CSV）」を基本としている。長期視点で持続可能に成長するという創業以来の方針が、CSVの考えにつながっている（図2）。

ネスレは、1962年にインドのモガという地域でミルク工場を建設した。インフラは全く整っていない地域だったため、冷蔵ミルク集荷場や流通の整備、専門家による技術指導など多面的な投資を行った。また、電機や水道などのインフラや医療の充実など地域への投資も行った。この「ミルク生産地区モデル」により、ネスレにとっては良質な牛乳を安定的に調達できるようになったのと同時にネスレ製品の市場も創りだすことにも繋がった。一方、地域の雇用を生み出し、インフラが整備されることで、地域全体の生活の質が向上した。ネスレは、このような長期的な視点に立って、農業開発や地域社会の課題の解決に取り組んできており、同様のアプローチは、ブラジル、タイ、中国など10数か国でも

展開している。

イノベーションアワード

ネスレは、"Think Globally, Act Locally"の考えのもと、基本的な方向性は共有しつつも、やり方は、現地に委譲している。

日本では、心の健康や人と人のつながりという課題に対して、健康的なコーヒー飲用習慣を提案している。コーヒーを通じてコミュニティづくりを支援するネスカフェ アンバサダーは、日本独自の取り組みだ。また、プラスチック問題への取り組みとしてプラスチックの削減や循環経済への取り組みにも注力している。

ネスレ日本では、イノベーションアワードという取り組みも進めている。2011年に、国内市場が少子高齢化のため厳しいなかで、成長するために、一人ひとりがイノベーションを考える必要があるとして、トップの発案で始まったものだ。

自分のお客様の抱える問題を「本業」で解決するもので、例えば、マーケティングや営業は消費者、人事なら社員が抱える問題を解決する。顧客は誰で、顧客を取り巻く新しい現実はどのようなものか、その新しい現実から生まれる顧客が抱える問題は何かを考え、解決策を提示して、1年間トライして結果を出す(成果が出るまでに数年かかるものもある)。さらに、このイノベーションアワードは人事評価にも組み込まれており、社員全員が取り組まなければならない。顧客の抱える問題の多くは社会課題に関連しており、結果としてCSVの実践につながっている。

3．日本企業がCSVを進めていく上で、重要なことは何か？

日本企業は、100〜200年と続く長寿企業が多い。「三方よし」という考え方に代表されるように、それは地域への貢献を重視しているからではないか。つまり、日本の多くの会社も、CSVからスタートしているはずだ。

ややアカデミックなCSVを社内に浸透させるために、創業のストーリーを振り返るとよいと考える。日本企業も自社の原点を活用できるのではないか。原点にCSVとしての強みがあれば、それを現代風に見直して、現代の問題を解決するCSVとして捉えなおすことができるのではないか。

自社の原点を見直して芯ができたら、そこに軸を定めて骨太に取り組むことができる。時代が変わっていれば、第二の創業として取り組むこともできる。パーパスを掲げることも有効だが、パーパスは、共感してもらえる、社員を自社のファンにするようなものである必要がある。

CSVを進めるには、社員がカギとなる。社員一人ひとりがCSVを実行し、会社を形作っていくからだ。社員を自社のファンにして、自社の考え方や製品に共感し、誇りをもってもらうことが必要だ。消費者のライフスタイルの変化も必要だが、消費者に同じ船に乗ってもらうためには、消費者がわくわくするような要素も必要だと考える。パッケージなどは、先に投資しても消費者が共感して生活のなかに取り入れないと、持続可能ではない。世界をサステナブルに変えることが、生活を楽しくすることにならないと広がっていかないだろう。

インタビューを終えて

ＣＳＶの専門家として、ネスレのことはよく知っているつもりだったが、今回のインタビューで新たな学びがあった。ネスレが、「持続可能な一桁台半ばのオーガニックグロースを達成する」といった、本書で述べている「20マイル行進」にも通じる長期視点の持続的成長を目指していることは、ＣＳＶ企業としての大きな成功要因の一つだと考える。ネスレ日本のイノベーションアワードで、社員一人ひとりが顧客の抱える問題を発見し、解決する思考を身につけることが、ＣＳＶにつながっているというのも秀逸な取り組みだ。社員一人ひとりが長期視点で本業を通じた社会問題の解決策を考えるようになれば、さらに素晴らしい。ネスレには、ＣＳＶ先進企業として、そうしたことにも期待したい。

（水上武彦）

2

SDGsを実現する経営のあり方

序章で述べた「目指すべきサステナブルな世界」を実現するためには、すべての企業が、SDGs／サステナビリティ経営を実践することが望ましい。

しかし、サステナビリティ経営とは何か、どう実践すれば良いのか、についての理解が進んでいるようには見えない。最近は、TCFD（気候関連財務情報タスクフォース）などの個別テーマの情報開示の要請に対応する、ESG評価を上げるために評価機関の要請項目に対応するといった形で、サステナビリティに関する情報開示要請などの動向を追って、それに受け身で対応する傾向が強まっているようにも思う。

しかし、企業が情報開示等の要請に受け身で対応するだけでは、「目指すべきサステナブルな世界」の実現に向けたドライバーとして期待される企業の対応としては、心もとない。企業にとっても、情報開示、ESG評価を少し上げるためにサステナビリティを行うというのでは、競争力の向上、イノベーション創出には、さほどつながらず、多くのリソースをかける価値はない。

「目指すべきサステナブルな世界」の実現に大きく貢献し、自社の長期的な競争力、企業価値も大きく向上する。そうしたサステナビリティ経営を目指すべきだ。そのために理解しておくべき基本的な考え、サステナビリティ経営の基本というものがある。

本章では、まず、サステナビリティ経営について理解しておくべき基本的な考えとして、「企業がサステナビリティに取り組む3つの原則」を示したうえで、サステナビリティ経営の基本である6つの活動について説明する。

企業がサステナビリティに取り組む3つの原則

サステナビリティに関して、情報開示やESG評価に加え、気候変動、自然資本、人権などに関し、様々なルールやイニシアチブが立ち上がり、企業のサステナビリティ担当者は、「すべてを理解してすべてに対応しようと思うと大変だ」、「何にどう対応すれば良いのか」と、悩んでいるかもしれない。

しかし、サステナビリティの本質的な原則を理解していれば、「自社はこのような考え方で、こういう対応を行っている」と、自信を持って、ステークホルダーなどに伝えることができる。すべてのルールやイニシアチブは、基本的に、序章で述べた「目指すべきサステナブルな世界」の実現に向けて、共通の原則のもとに策定・設置されており、サステナビリティ経営の本質を理解していれば、右往左往することはない。

繰り返しになるが、まずは、世界がどこに向かっているのか、ルールやイニシアチブは何を目指しているのかを理解する必要がある。「すべての人々が平和と一定の豊かさのもと潜在能力を発揮でき、地球への負荷が再生可能な範囲に収まっている」という、ドーナツ経済のような世界を目指していることを理解・共有すべきだ。

この世界が目指す方向性を理解した上で、企業がサステナビリティ経営において取り組むべきは、以下3つだ。これを「企業がサステナビリティに取り組む3つの原則」と言っても良い。

原則1：自社事業、バリューチェーンが及ぼしている負の影響に対して、責任をもって対応する。

原則2：世界の重要な課題に対して、何ができるかを考え、貢献できることがあれば実践する。

原則3：自社事業、バリューチェーンに影響を及ぼす課題に対して、戦略的に対応する。

原則1と2は、企業の社会的責任として、普遍的に対応が求められるものだ。後述するように、経営学者のP・F・ドラッカーが組織の社会的責任として述べている内容と同じだ。原則1は、CSR（Corporate Social Responsibility）の基本でもあり、原則2は、SDGsのような共通目標に向けて、すべての組織が同じ方向を向くために必要だ。さらに、世界の重要な課題解決への貢献と企業価値を両立させるCSVを実現することが理想的だ。原則3は、最近のESGの文脈において、企業価値を持続的に高めるために要請されている。

企業がサステナビリティ経営に取り組むということは、この3つの原則に対応することだ。これがしっかりできていれば、どのようなルール、イニシアチブが立ち上がっても、惑わされることなく、自信を持って、自社の考え、取り組みを伝えることができる。

そのためには、後述のマテリアリティ評価で、自社において3つの原則に対応するために、具体的にどの課題に対してどのように取り組む必要があるかを理解し、それをもとに、サステナビリティ経営を進めることが必要だ。これをしっかり実践するには、一定のサステナビリティに関するリテラシー、インテリジェンスが必要かもしれないが、本質を理解していれば、方向性を誤ることはない。

SDGs／サステナビリティに関連するコンセプト

序章で、SDGs、ESG、サステナビリティなどの言葉の違いを、専門家以外は気にする必要がないとしたが、本章の前半は、サステナビリティの実務家向けでもあるので、一旦、類似の言葉を整理してみよう。基本的には、「目指すべきサステナブルな世界」を実現するという方向性は、すべて共通しているが、そのアプローチが異なる（図19）。

SDGs（Sustainable Development Goals）：世界共通の目標を定めることにより、「目指すべきサステナブルな世界」を実現しようとするアプローチ。国連が持続可能な発展に向け、2030年までに実現すべき17ゴール、169ターゲットを定めている。

ESG（Environment, Social, Governance）：企業の非財務分野の活動を評価し、投資を促すことで、「目指すべきサステナブルな世界」を実現しようとするアプローチ。2006年にアナン国連事務総長（当時）の呼びかけに基づき発足したPRI（Principles for

図19　サステナビリティ関連用語の意味合い、関係性

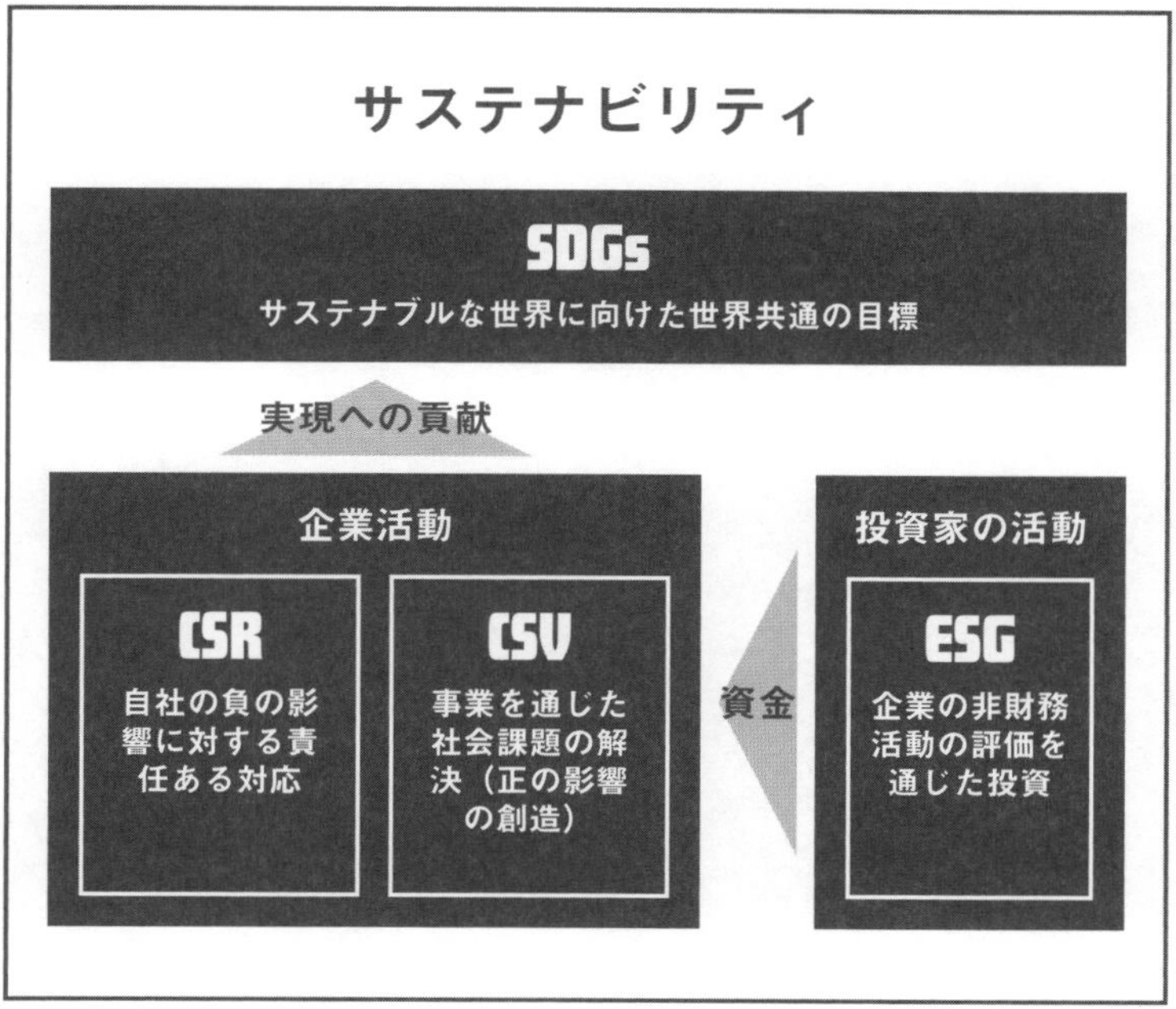

Responsible Investment ＝責任投資原則）が、機関投資家が実践する原則として提示したことにより、投資において考慮すべき分野、投資対象の企業に情報開示を求め評価する分野として、広まっている。

ＣＳＲ（Corporate Social Responsibility）：「企業は、自らが及ぼす負の影響に対して、責任をもって対応すべき」という考え方と具体的な取り組み項目を示し、企業の自主的なガバナンスを通じて「目指すべきサステナブルな世界」を実現しようとするアプローチ。ＧＲＩ（Global Reporting Initiative）などの情報開示フレームワーク、ＩＳＯ２６０００などで、具体的取り組み項目が定義されている。

ＣＳＶ（Creating Shared Value）：社会課題解決と企業価値を両立する戦略フレームワーク、実践事例を提示し、資本主義の力を生かしつつ、「目指すべきサステナブルな世界」の実現に向けて企業が能動的・戦略的に行動するよう促すアプローチ。マイケル・ポーターらが、競争戦略のフレームワークを応用して構想。

サステナビリティ：右のアプローチを包含するもの。1987年に国連のブルントラント委員会が示した「将来世代のニーズを損なうことなく、現代世代のニーズを満たす発展」という概念はあるが、特に明確な定義はない。

サステナビリティ経営の基本

サステナビリティに取り組む原則のもと、サステナビリティ経営を推進する際の基本は、以下となる（図20）。

1. 主要なサステナビリティ動向を理解する。
2. 自社事業、バリューチェーンと主要なサステナビリティ課題との関係性を把握し、マテリアリティ（重要課題）を特定する。
3. サステナビリティに関わる戦略を策定する。
4. サステナビリティ戦略実行のために、KPI／目標を設定し、PDCAを回す。
5. 自社の取り組み、進捗をステークホルダーに伝え、信頼を獲得する。
6. 右を支える組織体制を構築する。

図20　サステナビリティ経営の基本

サステナビリティ経営の基本	押さえどころ
サステナビリティに関連する動向を感度高く把握し、社内に共有する	●NGOやイニシアチブなど、先行的動向を理解する ●国際合意、政策、ソフトロー、テクノロジーなど、具体的影響を持つ動向を早めに押さえる ●経営・事業の言葉で、その意味合いを社内に伝える
自社事業、バリューチェーンとサステナビリティ課題との関係を理解し、重要課題を特定する	●自社事業、バリューチェーンの社会、環境影響を外部の視点で客観的に理解する ●サステナビリティ課題の自社企業価値への影響をファクトとロジックで理解する ●戦略と意思を持って重要課題を特定する
サステナビリティに関わる戦略を策定する	●長期的指針となるパーパスやビジョンを策定する ●サステナビリティ課題との関係性理解のもと、企業価値を高める、社会インパクトを創造する戦略を意思を持って策定する ●サステナビリティ戦略と経営戦略を統合する
戦略実行のためにKPI／目標を設定して、PDCAを回す	●サステナビリティ課題への取り組みが、企業価値、社会インパクトをどう創造するかのロジックをもとに戦略的にKPIを設定する ●イニシアチブ等の動向を理解して、ステークホルダーの期待に沿うレベルの目標を設定する
情報開示とコミュニケーションで、信頼を構築する	●サステナビリティに取り組む理由（WHY）を、ロジック、ファクトと意思により、適切に伝える ●ポジティブ面だけでなく、ネガティブ面を含め、戦略性に加え、透明性を持って真摯にコミュニケーションする
サステナビリティ経営を支える組織体制を構築する	●サステナビリティの動向を感度高くキャッチし、経営的意味合いを社内外に共有するサステナビリティ・インテリジェンス、実行能力を備える ●サステナビリティの知識、ネットワークを持ち、統合的に思考できる人材を獲得・育成する

図21　SDGコンパスの5つのステップ

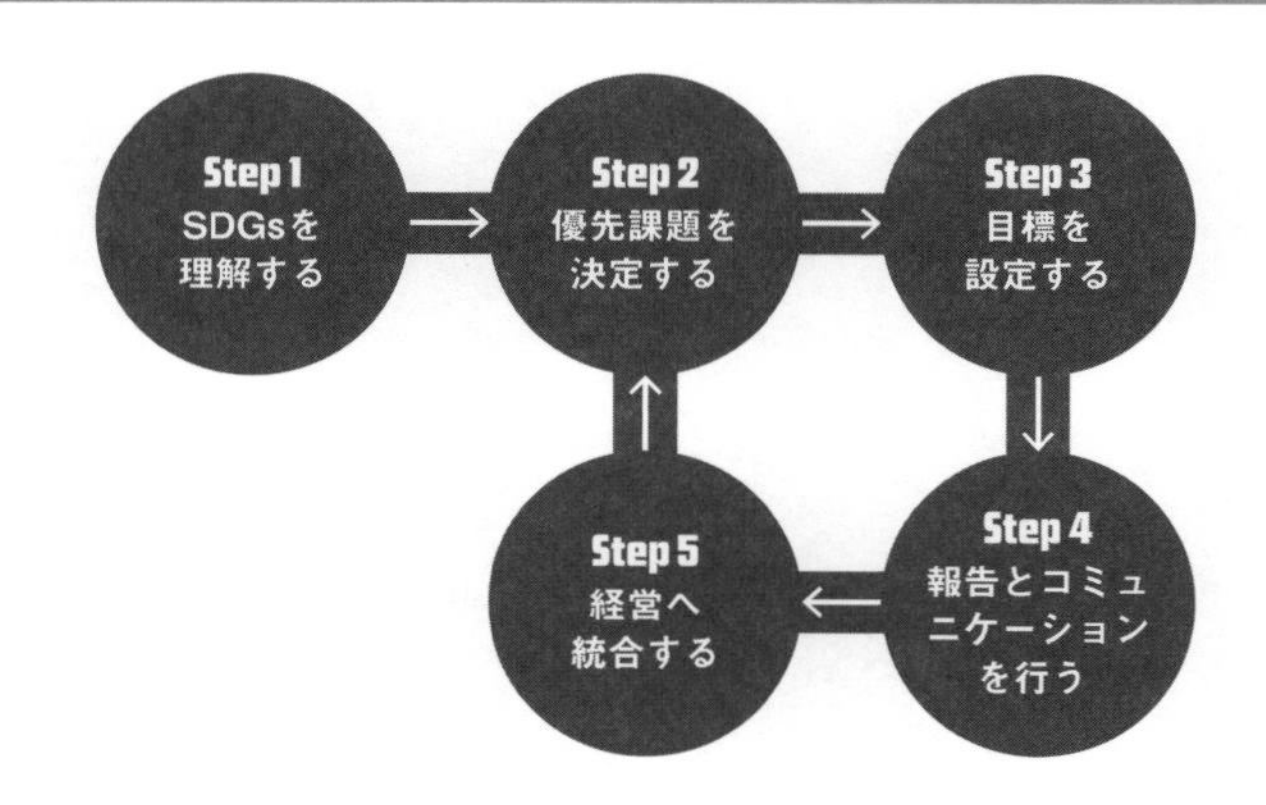

出所：「SDG Compass：SDGsの企業行動指針　SDGsを企業はどう活用するか」より、GRI、国連グローバル・コンパクト、WBCSD

これは、少しアレンジはしているが、SDGコンパス（図21）など、SDGs経営の基本フレームワークでも提示されているものだ。以下、それぞれについて説明しよう。

1．主要なサステナビリティ動向を理解する

サステナビリティ動向については、サステナビリティを推進する部門が先行的に理解し、次に、経営・事業の意思決定を行うマネジメント層、その後、現場の社員に知識を広げることが必要だ。

サステナビリティの知識を組織内で広げるには、まずは、背景として、これまで述べてきたようなパラダイムシフト、世界が

なぜ、どこに向かっているのかを理解してもらう。その上で、気候変動、人権など、私たちが直面しているグローバル課題に対して、どのような動きがあるのか、さらには、自社経営にどのように影響するのかを理解する必要がある。

サステナビリティを推進する部門では、後述のサステナビリティ・インテリジェンスを高め、先行的にサステナビリティの動向をキャッチし、その経営への意味合いを洞察することが望ましい。サステナビリティ課題が顕在化するまでの流れは、次のような形を取ることが多い（図22）。

①CO_2の温室効果、海洋でのマイクロプラスチックの増加などの現象を研究者などが発見し、サステナビリティ課題について警鐘を鳴らす。

②サステナビリティ課題の重要性を理解したNGOなどが、課題に対する啓発活動を推進する。

③課題の重要性を理解した感度の高い企業、投資家などを巻き込んだイニシアチブが立

図22　サステナビリティ課題顕在化の流れ

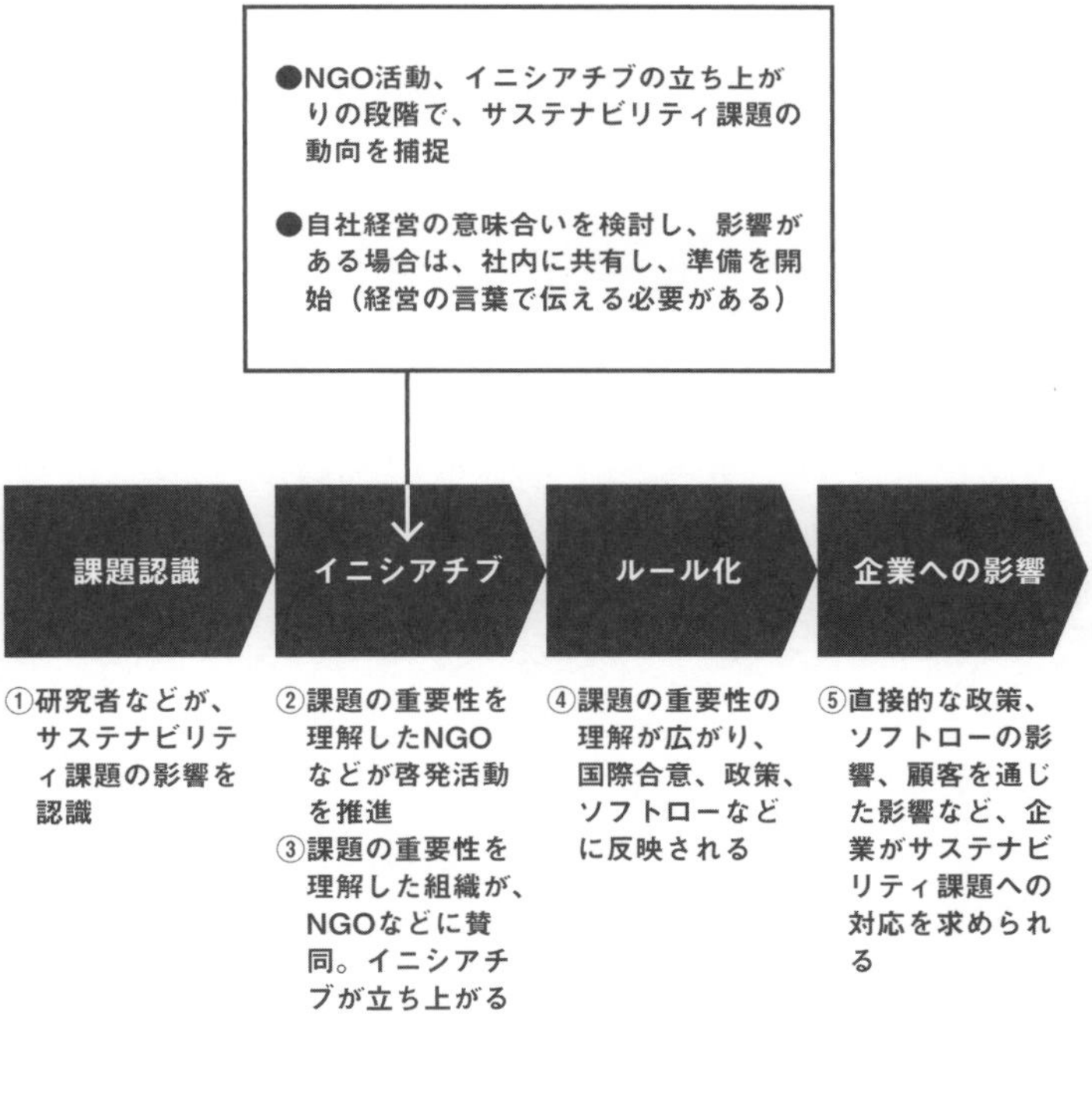

●NGO活動、イニシアチブの立ち上がりの段階で、サステナビリティ課題の動向を捕捉

●自社経営の意味合いを検討し、影響がある場合は、社内に共有し、準備を開始（経営の言葉で伝える必要がある）

課題認識 → イニシアチブ → ルール化 → 企業への影響

①研究者などが、サステナビリティ課題の影響を認識

②課題の重要性を理解したNGOなどが啓発活動を推進
③課題の重要性を理解した組織が、NGOなどに賛同。イニシアチブが立ち上がる

④課題の重要性の理解が広がり、国際合意、政策、ソフトローなどに反映される

⑤直接的な政策、ソフトローの影響、顧客を通じた影響など、企業がサステナビリティ課題への対応を求められる

ち上がる。

④課題の重要性の理解が広がり、国際合意、政策、ソフトローなどに反映される。

⑤直接的な政策やソフトローの影響、投資家からの要請、先行的に対応する顧客を通じた影響などにより、企業がサステナビリティ課題への対応を求められる。

こうした流れの中で、②のNGOの動向や、③イニシアチブの動向を感度高くキャッチし、政策などに反映される前に、経営への影響を把握し、社内理解を進めることで、先行的対応が可能となる。

サステナビリティ推進部門では、早期にサステナビリティ動向をキャッチする能力とともに、その経営的意味合いを洞察し、経営の言葉で、マネジメントや事業部門に伝える能力が必要だ。

サステナビリティ推進部門以外も、サステナビリティに関するマクロ的動向を理解し、新しい動向について、その意味合いを受け止められる一定のリテラシーを持つことが望ましい。そうすることで、サステナビリティ推進部門と連動した、早期の対応が可能となる。

2. マテリアリティを特定する

自社事業、バリューチェーンと主要なサステナビリティ課題との関係性を理解し、マテリアリティ（重要課題）を特定する。このマテリアリティ特定のプロセスは、サステナビリティ経営の最も基本的かつ重要なものだ。マテリアリティ特定とは、気候変動、水、廃棄物（サーキュラーエコノミー）、生物多様性／自然資本、人権など、様々なサステナビリティ課題がある中で、自社が重点的に取り組むべき課題を評価し、特定するものだ。

マテリアリティは、もともとは、投資家向けに企業価値に重要な影響を及ぼす要因を示すものだったが、サステナビリティの世界では、これに加え、企業活動が社会・環境、ステークホルダーに重要な影響を及ぼす要因という側面からの評価も併せて実施するのが一般的だ。

実際、企業のマテリアリティ特定プロセスでは、GRI、ISO26000、SASB、SDGsなどのサステナビリティ課題をリストアップしたスタンダードを参考に、評価対象となるサステナビリティ課題を整理し、「自社にとっての重要度」と「ステークホルダ

図23　マテリアリティ特定のステップ

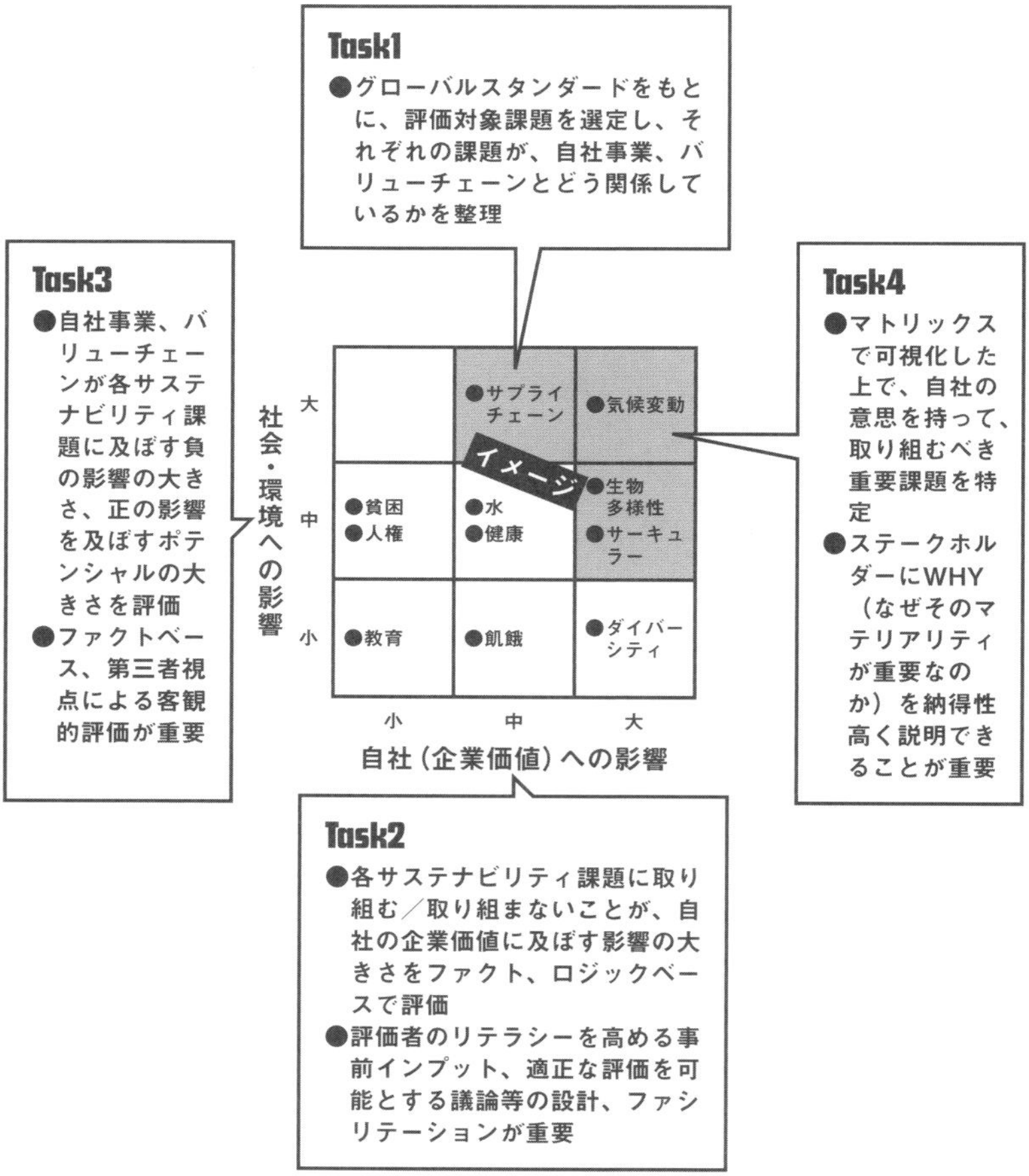

Task1

●グローバルスタンダードをもとに、評価対象課題を選定し、それぞれの課題が、自社事業、バリューチェーンとどう関係しているかを整理

Task3

●自社事業、バリューチェーンが各サステナビリティ課題に及ぼす負の影響の大きさ、正の影響を及ぼすポテンシャルの大きさを評価

●ファクトベース、第三者視点による客観的評価が重要

Task4

●マトリックスで可視化した上で、自社の意思を持って、取り組むべき重要課題を特定

●ステークホルダーにWHY（なぜそのマテリアリティが重要なのか）を納得性高く説明できることが重要

社会・環境への影響

	小	中	大
大		●サプライチェーン	●気候変動
中	●貧困 ●人権	●水 ●健康	●生物多様性 ●サーキュラー
小	●教育	●飢餓	●ダイバーシティ

イメージ

自社（企業価値）への影響

Task2

●各サステナビリティ課題に取り組む／取り組まないことが、自社の企業価値に及ぼす影響の大きさをファクト、ロジックベースで評価

●評価者のリテラシーを高める事前インプット、適正な評価を可能とする議論等の設計、ファシリテーションが重要

ーや社会・環境にとっての重要度」を評価し、マテリアリティ・マトリックスを描いた上で、上段右のマスに書かれた課題をマテリアリティとして特定することが基本的な方法となっている（図23）。

ここで、自社にとっての重要度＝企業価値に重要な影響を及ぼすサステナビリティ課題で、この観点だけで特定するマテリアリティを財務的マテリアリティ、こうした考えをシングル・マテリアリティという。投資家向けの情報開示を求めるTCFD、SASB／ISSBなどは、シングル・マテリアリティを重視している。

一方で、企業が社会・環境に及ぼす負の影響を軽減するためにCSRを推進してきたGRIなどは、ステークホルダーにとっての重要度＝社会・環境／ステークホルダーに重要な影響を及ぼすサステナビリティ課題を重視している。自社にとっての重要度に加え、ステークホルダーにとっての重要度を考慮してマテリアリティを特定する考え方をダブル・マテリアリティという。

多くの企業のサステナビリティの取り組みは、GRIベースのCSRからスタートしているため、現在行われているマテリアリティ特定も、多くはダブル・マテリアリティの考え方に基づいている（図24）。

図24　マテリアリティ評価例

持続的成長のための経営諸課題

●酒類メーカーとしての責任　●健康　●コミュニティ　●環境　●他の重要課題とガバナンス

ステークホルダーへのインパクト ＼ グループの事業へのインパクト	低		高
高	●ウェルビーイングを育むつながりと信頼の創出	●Unmet Medical Needsを満たす医薬品の提供 ●原料生産地と事業展開地域におけるコミュニティの持続的な発展 ●持続可能な生物資源の利用 ●持続可能な水資源の利用 ●容器包装資源の持続可能な循環 ●気候変動の克服	●アルコール関連問題への対応 ●食の安全・安心の確保 ●医薬品メーカーとしての安定供給と安全性・信頼性の確保 ●人権の尊重
	●脳機能のパフォーマンス向上と衰え予防の支援	●生活習慣病の予防支援 ●コンプライアンスの推進	●免疫機能の維持支援 ●労働安全衛生の確保 ●イノベーションを実現する人材育成 ●ダイバーシティ＆インクルージョンの推進 ●コーポレートガバナンスの実効性向上 ●リスクマネジメントの強化 ●個人情報の保護
低	●栄養へのアクセス向上 ●租税の透明性確保	●食に関わる経済の活性化 ●持続可能な物流の構築 ●サイバー攻撃への対策	●健康経営の実現 ●活力のある職場／風土の実現 ●グループガバナンスの強化

出所：キリンホールディングスHPより

投資家向け情報開示という観点からは、シングル・マテリアリティの考え方で、企業価値に重要な影響を及ぼすマテリアリティのみを特定することも考えられる。しかし、自社の企業活動が社会・環境／ステークホルダーに大きな影響を及ぼしている場合、長期的には、評判や規制、投資家や顧客からの選好を通じて、企業価値にも影響を及ぼす可能性がある。そうした観点や「3つの原則」を踏まえたサステナビリティ経営のあるべき姿を考えると、マテリアリティ特定は、ダブル・マテリアリティの観点から行うことが望ましい。

一方で、現在のほとんどの企業のマテリアリティ特定においては、シングル・マテリアリティに関連する「自社にとっての重要度」評価を十分に精査できていない。「サステナビリティ課題が、自社ならではの強み、自社ならではのビジネスモデルに長期的にどのような影響を及ぼすか？」、「それがもたらす重要な機会とリスクは何か？」そうした論点を整理して、ファクトベースでしっかり精査できているケースは、ほとんどない。

マテリアリティ特定は、各サステナビリティ課題と自社ビジネスとの相互影響関係を精査し、サステナビリティ課題の動向、その経営への意味合いを理解するプロセスで、サステナビリティ経営において必須の取り組みと言える。この重要性は、いくら強調しても、し過ぎることはない。

マテリアリティの「自社にとっての重要度」評価

マテリアリティ特定における「自社にとっての重要度」評価は、企業がサステナビリティに取り組む3つの原則で言えば、「原則3：自社事業、バリューチェーンに影響を及ぼす課題に対して、戦略的に対応する」の観点で、取り組むべき課題を評価するものだ。サステナビリティ課題およびその動向が自社の経営にどのような影響を及ぼすか精査するもので、企業経営の観点で最も重要とも言える。しかし、ほとんどの企業のマテリアリティ特定においては、この精査が十分できていない。

多くの企業のマテリアリティ特定において、「自社にとっての重要度」は、自社の経営層や社員の議論、アンケートなどで評価されている。その際には、自社のパーパス、ビジョン、戦略との整合性などの観点から評価がなされる。しかし、サステナビリティ経営やサステナビリティ課題に対する十分な理解、リテラシーがないまま、表面的な理解のみで経営層や社員が、サステナビリティ課題の自社事業への影響を議論しても、適切なマテリアリティ評価にはならない。通常は、それほど議論が深まらず、多数の意見や声の大きい人の意見が反映され、既存の取り組みを追認するような評価結果となる。そこからは、何ら新しい取り組みは生まれない。

マテリアリティ特定の「自社にとっての重要度」評価にあたっては、評価者のリテラシーを高めるための事前のインプット、リテラシーが限られる中でも適切な思考・判断ができる評価の枠組み設計などが重要となる。

なお、こうした場合、議論の準備、ファシリテーター役を担うコンサルティング会社などの役割が重要となるが、サステナビリティ、ビジネスの両方をしっかり理解し、適切な議論の設計、ファシリテーションができる人材は、コンサルティング会社などのアドバイザー側にも限られる。適切なコンサルティング会社、アドバイザーの見極めが重要だ。

マテリアリティ特定では、アウトプットだけでなく、そのプロセスを通じて、経営層や事業部門責任者など、サステナビリティ経営推進のキープレイヤーに、サステナビリティ課題の自社経営にとっての意味合いを理解してもらうことも大事だ。そのためには、サステナビリティ推進のキープレイヤーを評価者に選定し、事前インプットとして、それぞれのサステナビリティ課題について、その背景、政策やイニシアチブ、先進企業の取り組み、自社のバリューチェーンとの関係性などを理解してもらう。最初はレクチャーなどでインプットするが、その後のマテリアリティ特定の議論を通じて、理解を深めてもらう。

また、評価の枠組みの適切な設計・共有も欠かせない。サステナビリティ課題の自社にとっての意味合いとしては、事業機会、リスクに加え、課題に取り組むことが、ブランド価値、優秀な人材獲得、原材料の安定調達などの非財務資本強化につながるということがある。この機会、リスク、非財務資本強化の観点を考慮して、評価の枠組みを設計する必要がある。この辺は、第1章で述べた、CSVのフレームワークや6つの資本の考え方が応用できる（図25）。なお、評価の観点を明確にするため、評価軸を「自社（企業価値）への影響」として、評価基準を設定することも有効だろう。

サステナビリティ課題を理解し、評価の枠組みを適切に設計・共有し、「サステナビリティ課題がもたらす重要な機会とリスクは何か？」、「サステナビリティ課題は、自社ならではの強み、自社ならではのビジネスモデルに長期的にどのような影響を及ぼすか？」を議論することで、サステナビリティ課題の自社経営・ビジネスへの意味合いについての理解が深まり、適切なマテリアリティが特定できる。

事前のインプット、評価の枠組みの適切な設計、そして議論を深めるファシリテーション、それらを意識して、マテリアリティ特定の「自社にとっての重要度」評価を行ってもらいたい。

図25 「自社にとっての重要度」の評価観点

社会・環境への影響

自社（企業価値）への影響

●各課題がもたらす重要な機会とリスクは？
——製品・サービスの機能で価値を生み出せるか？
——バリューチェーンが及ぼす影響がリスクとならないか？
——ビジネスエコシステムの変化がリスクとならないか？

●各課題が自社の強み、ビジネスモデルにどう影響するか？
——自社の重要資本の強化・毀損に影響しないか？
——バリューチェーンの生産性に影響しないか？

マテリアリティの「社会・環境への影響」評価

マテリアリティ特定における「社会・環境への影響」評価は、企業がサステナビリティに取り組む3つの原則で言えば、「原則1：自社事業、バリューチェーンが及ぼしている負の影響に対して、責任をもって対応する」＝マイナスの影響の軽減、「原則2：世界の重要な課題に対して、何ができるかを考え、貢献できることがあれば実践する」＝プラスの影響の創出の観点で、取り組むべき課題を評価するものだ。

世の中の長期トレンドとしては、企業の利益追求と社会・環境のサステナビリティを両立させる方向に政策や市場が変化すると見込まれ、社会・環境にマイナスの影響を及ぼしている場合は長期的なリスクとなり、プラスの影響をもたらすポテンシャルがあれば、長期的な機会になると想定される。すなわち、長期的には、「社会・環境への影響」は、「自社にとっての重要度」と一致することとなる。しかし、そこには時差があるので、通常のマテリアリティ評価の時間軸である2、3年程度では、「社会・環境への影響」と「自社にとっての重要度」は、別の観点の評価と見て良い。

マテリアリティ評価では、この部分を「ステークホルダーにとっての重要度」として、ステークホルダーへのアンケートやヒアリングで評価することもある。「ステークホルダーにとっての重要度」とした場合、ステークホルダーには、株主・投資家、顧客、従業員、取引先、地域社会などの一般的なステークホルダーに、サステナビリティ経営の場合は、環境や将来世代も含める。このうち、環境や将来世代にとっての重要度は、長期視点での「社会・環境にとっての重要度」の評価となる。

株主・投資家にとっての重要度は、自社にとっての重要度＝企業価値への影響とした場合、「自社にとっての重要度」と一致する。

顧客にとっての重要度は、顧客ニーズと直結しており、「自社にとっての重要度」と強く関連する。

従業員にとっての重要度は、最近人的資本が注目されているように、企業の競争力、イノベーション創出力に影響し、「自社にとっての重要度」に関連する。

取引先、地域社会などにとっての重要度は、企業のビジネスモデルによって影響の度合いが異なり、時間軸も少し長いものになることが多いが、「自社にとっての重要度」に関連する。

こうして考えると、マテリアリティ評価において、株主・投資家、顧客、従業員、取引先、地域社会などにとっての重要度を評価することは意味があるが、これら一般的な個別ステークホルダーにとっての重要度は、「自社にとっての重要度」評価に反映するのが良いのではないかと思う。

すなわち、マテリアリティ特定のために、マテリアリティ・マトリックスを描画する場合、各サステナビリティ課題に関して、「自社バリューチェーンが及ぼす（マイナスの）影響の大きさ」、「課題に取り組んだ場合の自社ビジネスが及ぼす（プラスの）影響の大きさ」といった観点から「社会・環境への影響」を評価し、それと、一般的ステークホルダーの期待も考慮した「自社（企業価値）への影響」評価で描くのが適切なのではないか、ということだ。

なお、「社会・環境への影響」は、バイアスがかからないよう、できれば、外部専門家などの意見も踏まえつつ、客観的なファクトをもとに評価することが望ましい。

最終的にサステナビリティ経営の軸となるマテリアリティを特定するにあたっては、マテリアリティ・マトリックスの上段右に来たものを、デジタルにマテリアリティとして特定するのではなく、自社への影響が低いと評価されても、自社事業・バリューチェーンが社会・環境に影響を及ぼすポテンシャルが大きいものは、マテリアリティとして特定するなど、自社ならではの思想や意思を持って決定すべきだ。

3．サステナビリティに関わる戦略を策定する。

マテリアリティを特定した後は、マテリアリティにどう取り組むか、施策、戦略を考える必要がある。ここでも「企業がサステナビリティに取り組む3つの原則」が基本となる。

原則1への対応：自社事業、バリューチェーンが及ぼしている大きな負の影響を軽減する。

原則2への対応：世界の重要な課題で、自社が大きく貢献できるポテンシャルを持つものに対し、インパクトを創出する。

原則3への対応：自社事業、バリューチェーンに影響を及ぼす課題に対して、戦略的に対応し、企業価値を創造する。

サステナビリティ経営の軸となるマテリアリティは、3つの原則のいずれか、または複数の原則に対応する課題が特定されているはずだ。

原則1の観点から特定されたマテリアリティは、自社が大きなマイナスの影響を及ぼしているものであり、そのマイナスの影響を軽減する施策が必要となる。できれば、社会的責任としてコストを負担するだけでなく、自社にとっても価値を生み出す形で取り組みたい。そうすることで、社会価値と企業価値を両立させ、取り組みを拡大することができる。

例えば、マイナスの影響を軽減するにあたって、CSVの観点で、自社のバリューチェーンの生産性向上につなげられないか、業界を巻き込むルールメイキングを働きかけられないか、コレクティブ・インパクトで対応できないかなどを検討する。そして、マイナスの影響を自社・社会にとって最適な形で軽減する。

原則2の観点から特定された課題は、自社が課題解決のポテンシャルを持つものだ。CSVのフレームワークなどを踏まえて、戦略的に社会インパクトを創出することが期待される。自社のコア・コンピタンスをぶつけて、社会課題解決ビジネスの大きな市場を創造・獲得できると判断すれば、事業戦略の軸に据えるべきものだ。

自社が課題解決のポテンシャルを持つものは、収益化がすぐには難しいと判断する場合でも、R&D戦略において検討すべきだ。

また、社会貢献活動や、社会課題の解決に専念する「損失なし、配当なし」の利他的なソーシャル・ビジネスとして取り組むことも考えられる。その場合は、「知の探索」として、将来のイノベーション創出を見据えて、ノウハウを蓄積する。

原則3の観点から特定された課題は、当該課題に取り組む／取り組まないことが、企業価値に直結するものだ。マテリアリティ評価の際に想定した自社企業価値への影響に対して、戦略的に対応し、企業価値を創造する、または企業価値の毀損を防ぐ施策を検討する。

原則3に関する課題は、人材の生産性に影響する、ブランド価値に影響する、原材料調達に影響するなど、6つの資本に関連するものが中心となるだろうが、CSVの観点を組

図26　サステナビリティに取り組む3つの原則への戦略的対応

3つの原則		戦略的対応イメージ
原則 1	自社事業、バリューチェーンが及ぼしている負の影響に対して、責任をもって対応する。	●負の影響の軽減を通じて、バリューチェーンの生産性を向上する。 ●業界を巻き込む、負の影響を軽減するルールメイキングを仕掛ける。
原則 2	世界の重要な課題に対して、何ができるかを考え、貢献できることがあれば実践する。	●自社強みの機能の可能性を広く捉え、社会課題解決ビジネスを創造する。 ●「知の探索」としての社会貢献活動を展開し、将来イノベーションのノウハウを蓄積する。
原則 3	自社事業、バリューチェーンに影響を及ぼす課題に対して、戦略的に対応する。	●社会課題への先行的対応を通じて、ブランド、評判を維持・強化しつつ、競争優位を構築する。 ●自社事業にとって重要な自然資本を強化する、毀損を防ぐ。

み合わせて、自社の競争力を維持・強化するための課題対応の施策を検討すべきだ（図26）。

3つの原則に対応する施策は、サステナビリティの観点からの施策だが、事業機会、リスク、企業価値創造に向けた重要資本強化など、経営戦略・事業戦略と密接に関連する。経営戦略に統合して、経営レベルで推進すべきものだ。

経営戦略とサステナビリティ戦略を統合するパーパスの策定

サステナビリティの経営戦略への統合は、本質的に社会価値と財務価値の創造を一致させるものだが、従来のパラダイムの慣性が働く中では、トレードオフになるとの考えも根強い。そのため、「社会価値を追求すると、利益が犠牲になるのでは？」と、抵抗感を持つ人も社内にいるかもしれない。社会価値と財務価値の創造を一致させるため、それを強く推進していくための組織としての拠り所があることが望ましい。それが、パーパスやビジョンであり、「なぜ、わが社が社会課題解決に取り組むのか？」の答えになるものだ。

パーパスは、「自社は、社会にどのような価値を生み出す存在か？」を掲げるのが基本だが、本質的なサステナビリティ経営の観点から言えば、企業がパーパスを掲げる場合、「目指すべきサステナブルな世界」の実現に貢献するものであるべきだ。そのためには、パーパス設定にあたっては、「自社は、人類が目指すべきサステナブルな世界にいかに貢献する存在か？」を問うて欲しい。「目指すべきサステナブルな世界」という目標は、世界のパーパスとも言える。世界のパーパスとすべての企業のパーパスがつながれば、サステナブルな世界が創られるだろう。

パーパスの設定には、「遡及的アプローチ」、「将来的アプローチ」の二つがある。「遡及的アプローチ」は、企業の現在の存在理由に立脚した方法だ。過去を振り返り、組織的・

文化的なDNAを体系化し、会社の歴史をよく理解、社内的な状況にフォーカスし、我々はどこから来たか、どうやってここまで来たか、すべてのステークホルダーにとっての自社の独自性は何かなどを議論し、パーパスを設定する。「将来的アプローチ」は、自社の存在理由をつくり変えるものだ。将来に目を向け、影響力を発揮する可能性を評価し、社外に焦点を当てる。我々はどこに行くことができるか、どのトレンドがビジネスに影響するか、どんなニーズや機会、課題がこの先に待っているか、我々が信じる将来的なチャンスを切り開くために、我が社はどんな役割を果たすことができるかなどを議論し、パーパスを設定する。基本的には、この両方のアプローチを組み合わせるべきだ。「目指すべきサステナブルな世界の実現にいかに貢献できるか」という将来的アプローチの議論、「そのために自社が培ってきた、自社ならではの価値をいかに生かせるか」という遡及的アプローチの議論を組み合わせて、パーパスを設定するのが良いのではないかと思う。[*1]

パーパスを組織に浸透させるには？

最近は、パーパスの重要性が共有され、パーパスを掲げる企業が増えているが、パーパスが本当に根付いていると言える企業は、少ないように思う。それらしいパーパスを掲げても、社員やステークホルダーが腹落ちし、共感し、行動に反映されるものでなければ、意味がない。SDGs／サステナビリティに本質的に貢献することもないだろう。

パーパスが組織にしっかり浸透しているか、マネジメントは、「自社と競合他社のパーパス・ステートメントを並べた場合、従業員は自社のステートメントが分かるか」、「従業員にアンケートを実施した場合、パーパスを答えられる者はどのくらいいるか」などを常に問うべきだろう。[*2]

"The Purpose Revolution: How Leaders Create Engagement and Competitive Advantage in an Age of Social Good"（以下、『パーパス革命』）という書籍には、CEOがパーパスを企業に根付かせるためにどのような行動をすべきか、4つの方法が示されている。[*3]

①メッセージの比率を変える

CEOが社内で発するメッセージは、重要だ。CEOが発するメッセージのうち、パーパスに関するものと、利益に関するものの比率がどうなっているかを変えるだけで、社内へのパーパスの浸透度が変わる。『パーパス革命』の著者らの調査によれば、多くの企業において、CEOは利益について語ることが、パーパスについて語るよりも4倍多くなっている。ある企業で、利益に関するメッセージとパーパスに関するメッセージの比率を同じにしたところ、その後4カ月で、従業員の意識が大きく変わり、会社は利益以上に重要な価値に基づき活動していると認識するようになったということだ。CEOは、自らのメッセージが従業員にどう影響するか、より意識する必要がありそうだ。

②パーパスを個人的なものとする

CEOが自らの意思、自らの経験に基づきパーパスを語れば、従業員はそれが本物であると感じる。CEO自らが、途上国で見た、ビジネスが社会に与える影響を語ったり、自らの個人的パーパスと結び付けて企業のパーパスを語ることで、従業員の心に訴えかけることができる。

③質問を変える

メッセージと同様に、CEOが発する質問にも注意が必要だ。「測定できることは、実行できる」とされるが、「質問し、関心を集めるものは、実行できる」というのも真実だ。例えば、職場の安全風土は、職場のリーダーが、安全についていかに口にして質問しているかで分かる。安全な航空会社として世界的に有名なカンタス航空では、リーダー層が、常に、安全について語り、質問している。パーパスについても同様で、3Mのインゲ・チューリン元CEOは、現場に行くと必ず、最初にサステナビリティについてどのような活動をしているかを質問することにしていたそうだ。

④すべての意思決定をパーパスに基づいたものとする

企業のすべての意思決定は、パーパスに基づいたものであるべきだ。特に、企業が重要な意思決定をパーパスに基づいて行うとき、パーパスは本物となる。ホールフーズのウォルター・ロブ元共同CEOは、ホールフーズでは、サステナブルでないシーフードの販売を止めると意思決定したときがそのときであったとしている。ジョンソン・エンド・ジョンソンのタイレノール事件での意思決定などは、パーパスが会社に真に浸透するきっかけとなっている。CEOは、意思決定にあたり、パーパスを判断基準とすることを、常に心掛けておく必要がある。

最後に、CEOは、チーフ・パーパス・オフィサーであるべきだ。

コカ・コーラのムータ・ケント元CEOは、「CEO自らがサステナビリティのヘッドでなければならず、他の誰にも委ねることはできない」と言っているが、企業の各リーダーがパーパスに基づくカルチャーを醸成するとしても、CEOの声ほど影響のあるものはない。多くのCEOは、パーパスの重要性を理解している。しかし、CEOは、自らのメッセージや質問が、社内のパーパスの浸透にどう影響するかを、もっと意識する必要がある。様々なコミュニケーションや意思決定の積み重ねにより、パーパスを本当に根付かせることができる。それは、CEO自らの仕事であり、他の誰にも委ねることが出来ない。CEOは、チーフ・パーパス・オフィサーであるべきだ。

社会価値と企業価値を両立させるビジョンの策定

組織が、サステナビリティと経営戦略を統合させて推進しているための方向性を示すものとして、パーパスと似た概念としてビジョンがある。パーパスは、企業の存在目的を示したもので、企業の使命や存在意義、企業が何のために存在しているかを示すミッションと、ほぼ同じ意味で使われている。これらは、企業のあり方が時代にマッチしてないときなどは、「第二の創業」などとして見直すこともあるが、基本的に普遍的で長期的に維持すべきものだ。

一方、ビジョンは、企業がある時点までにこうなっていたいという達成像を示すものだ。パーパスをどう実現するかを具体的なゴールとして示すもので、パーパスに生命を与えるものとも言える。

通常は、2030年ビジョンなど、具体的な達成期限とともに示される。フィリップスは、「私たちは、有意義なイノベーションを通じて人々の健康とウェルビーイングを向上させる」というパーパス実践に向けて、「2030年までに、年間25億人の生活を改善する」というビジョンを掲げている。[*4]

ビジョンの策定は、パーパス策定とも基本的に共通しているが、通常、3つのステップで行われる(図27)。

第1のステップは、「将来市場の洞察」。社会や市場が長期的にどう変化していくかを、STEEP(Social, Technological, Economic, Environmental, Political)などのフレームワークを用いて整理し、変化を洞察する。この場合、幅広いステークホルダーや有識者などとの議論も有効だ。

第2ステップは、「自社DNA・強みの洗い出し」。自社が綿々と培ってきた、自社なら

図27　パーパス／ビジョン策定のステップ

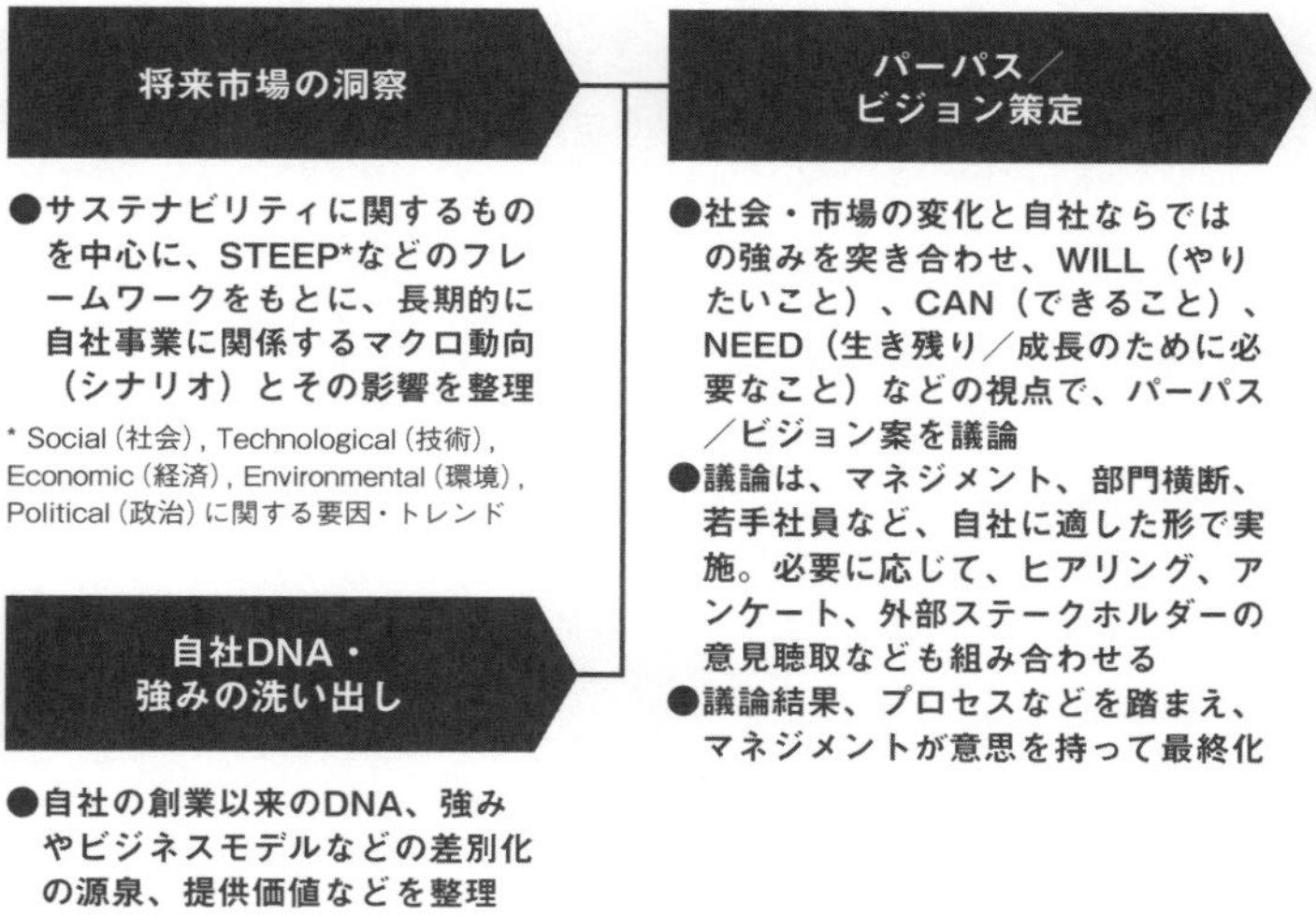

将来市場の洞察

- **サステナビリティに関するものを中心に、STEEP*などのフレームワークをもとに、長期的に自社事業に関係するマクロ動向（シナリオ）とその影響を整理**

* Social（社会）, Technological（技術）, Economic（経済）, Environmental（環境）, Political（政治）に関する要因・トレンド

自社DNA・強みの洗い出し

- **自社の創業以来のDNA、強みやビジネスモデルなどの差別化の源泉、提供価値などを整理**

パーパス／ビジョン策定

- **社会・市場の変化と自社ならではの強みを突き合わせ、WILL（やりたいこと）、CAN（できること）、NEED（生き残り／成長のために必要なこと）などの視点で、パーパス／ビジョン案を議論**
- **議論は、マネジメント、部門横断、若手社員など、自社に適した形で実施。必要に応じて、ヒアリング、アンケート、外部ステークホルダーの意見聴取なども組み合わせる**
- **議論結果、プロセスなどを踏まえ、マネジメントが意思を持って最終化**

ではの強み、提供価値について、社内議論を中心に改めて整理する。

そして、第3のステップがビジョン策定だ。「社会・市場の変化」と「自社ならではの強み」を突き合わせ、自社の将来の姿を描き出していく。今後重要となる社会課題と自社ならではの解決策をマクロ的に組み合わせる作業と言っても良い。ここでは、パーパスとも共通しているが、「自社ならではの強みを活かした提供価値を通じて、社会をどう変えたいか？」を問うことが重要だ。

なお、ハーバード・ビジネス・スクールのジョン・コッターは、優れたビジョンの6条件として、以下を挙げている。ビジョンを練り上げていく段階では、こうした視点にも留意すべきだ。[*5]

・将来の姿が明確であること
・ステークホルダーの長期的利益に訴えるものであること
・実現性が現実的であること
・意思決定をガイドする明確な方向性を持っていること
・適度な柔軟性を持っていること
・シンプルであること

サステナビリティに向けたビジョンは、「ムーンショット」であるべき

SDGsやサステナビリティの文脈では、「ムーンショット」という言葉がよく使われる。ムーンショットは、米国第35代大統領ジョン・F・ケネディが、1962年に「1960年代が終わる前に、月面に人類を着陸させ、無事に地球に帰還させる」という目標を掲げ、実現したことに由来する「困難だが、実現によって大きなインパクトがもたらされる、壮大な目標・挑戦」のことで、最近は、イノベーション創出の文脈などで、ビジネス用語として使われている。
企業のイノベーション推進支援をしているスコット・D・アンソニーは、優れたムーンショットには3つの要素があるとしている。一つ目は、人を魅了し、奮い立たせるものであること（inspire）、二つ目は、信憑性（credible）、三つ目は、創意あふれる斬新なものであること（imaginative）だ。[*6]
企業のサステナビリティに関連するビジョンは、「目指すべきサステナブルな世界」の実現に貢献する野心的なムーンショットを掲げることが期待されるが、上記3つの要素を持っているかにも留意して、検討を進めるべきだ。サステナビリティに関連する既存の長期ビジョンでは、特に、「信憑性」が弱いものが多い印象がある。
ケネディ大統領のムーンショットは、発表前に、ジョンソン副大統領に命じて基礎となる技術トレンドを詳細に調査させ、目標達成の可能性があることを確認した信憑性のあるものだった。信憑性を得るために、実現性を重視し過ぎると、そもそもムーンショットにならないという矛盾があるが、ビジョンを必ず実現するという姿勢を示すことで、野心的なものであっても信憑性を高めることができる。企業のリーダーが、サステナビリティに関するビジョンを掲げ、それを必ず実現するという強いコミットメントを示せば、信憑性が高まり、さらには、人を魅了し、奮い立たせるものになる。

4．サステナビリティ戦略実行のために、ＫＰＩ／目標を設定し、ＰＤＣＡを回す

サステナビリティ経営推進のためには、マテリアリティを特定し、マテリアリティに対する戦略を策定し、ＫＰＩ／目標を定めて、ＰＤＣＡを回していくことが基本だ。ここでも、サステナビリティ経営の３つの原則に立ち戻る必要がある。

原則１の観点で特定されたマテリアリティに関するＫＰＩは、自社が社会に対して大きなマイナスの影響を及ぼしている課題に対し、マイナスの影響をいかに軽減するかを測定するため、マイナスの影響そのものに対するアウトカム指標としてのＫＰＩを設定する。さらには、マイナスの影響を軽減する施策が進捗していることを測定するプロセス指標としてのＫＰＩの設定も検討すべきだ（図28）。

原則２の観点で特定されたマテリアリティに関するＫＰＩは、自社ビジネスが創出する社会インパクトに関するアウトカム指標に加え、社会インパクトを創造する施策の進捗を測定するためのプロセス指標の設定を検討する。

原則３の観点で特定されたマテリアリティに関するＫＰＩは、６つの資本などに関連す

図28　プロセス指標、アウトカム指標

	プロセス指標	アウトカム指標
説明	社会課題の解決に向けた取り組みがどのくらい進捗しているか、活動の進捗を測定する指標	社会課題に向けた取り組みの結果として、社会課題をどの程度解決・軽減したかなど、成果を測定する指標
例	●再エネ設備設置数 ●サプライチェーンの人権デューデリジェンスにおけるSAQ実施数、実地訪問数	●GHG（温室効果ガス）排出削減量 ●サプライチェーンの児童労働削減数

る施策が、どのように自社の競争力、企業価値につながるかのロジックを可視化し、ロジック上の重要ポイントにプロセス指標を設定することが重要だ。

すなわち、非財務の活動が、どのように自社の重要資本を強化し、財務価値につながるかのロジック、因果関係を構造化し、効果的な非財務活動の進捗を測定するプロセス指標を設定する。さらに、非財務活動、重要資本強化、財務価値向上の相関関係（効果）が測定できると、よりKPIの信頼性・実効性が高まる。重要な非財務活動については、因果関係から効果の定量化ロジックを構築し、データを収集して検

証し、その精度を上げていくことを検討すべきだ（図29）。

設定したKPIに対する目標は、イニシアチブ等の動向を理解して、ステークホルダーの期待に沿う／超えるレベルの目標を設定する。サステナビリティ経営の長期目標は、SMARTよりSMARTERが望ましいとの考えがあるが、こうした観点も考慮する。[*7]

SMARTは、Specific（明確で具体的）、Measurable（達成度が測定可能）、Achievable（達成可能）、Relevant（経営目標に関連）、Time-bounded（達成期限を設定）というKPI／目標設定の必要要素を示したフレームワークで、広く使われている。一方SMARTERは、Science-based（科学的知見に基づく）、Moving the pack（行動に結びつく）、Ambitious（野心的）、Relevant（経営に関連・サステナビリティのスタンダードに関連）、Timely（時機を失しない）、Earth-bound（地球のことを考える）、Reaching out（手を伸ばして届く）だ。

SMARTERなKPI／目標を設定するには、プロセスも重要だ。サステナビリティ担当部門だけで検討するのではなく、事業部門も納得し、経営層の強い意思のもと設定する必要がある。経営層や事業部門が、野心的な長期サステナビリティ目標の必要性を十分理解した上で、アクションプランまで落とし込み、マネジメントしていかなければならな

図29　原則3に対応するKPIのイメージ
（飲料メーカーの自然資本強化の例）

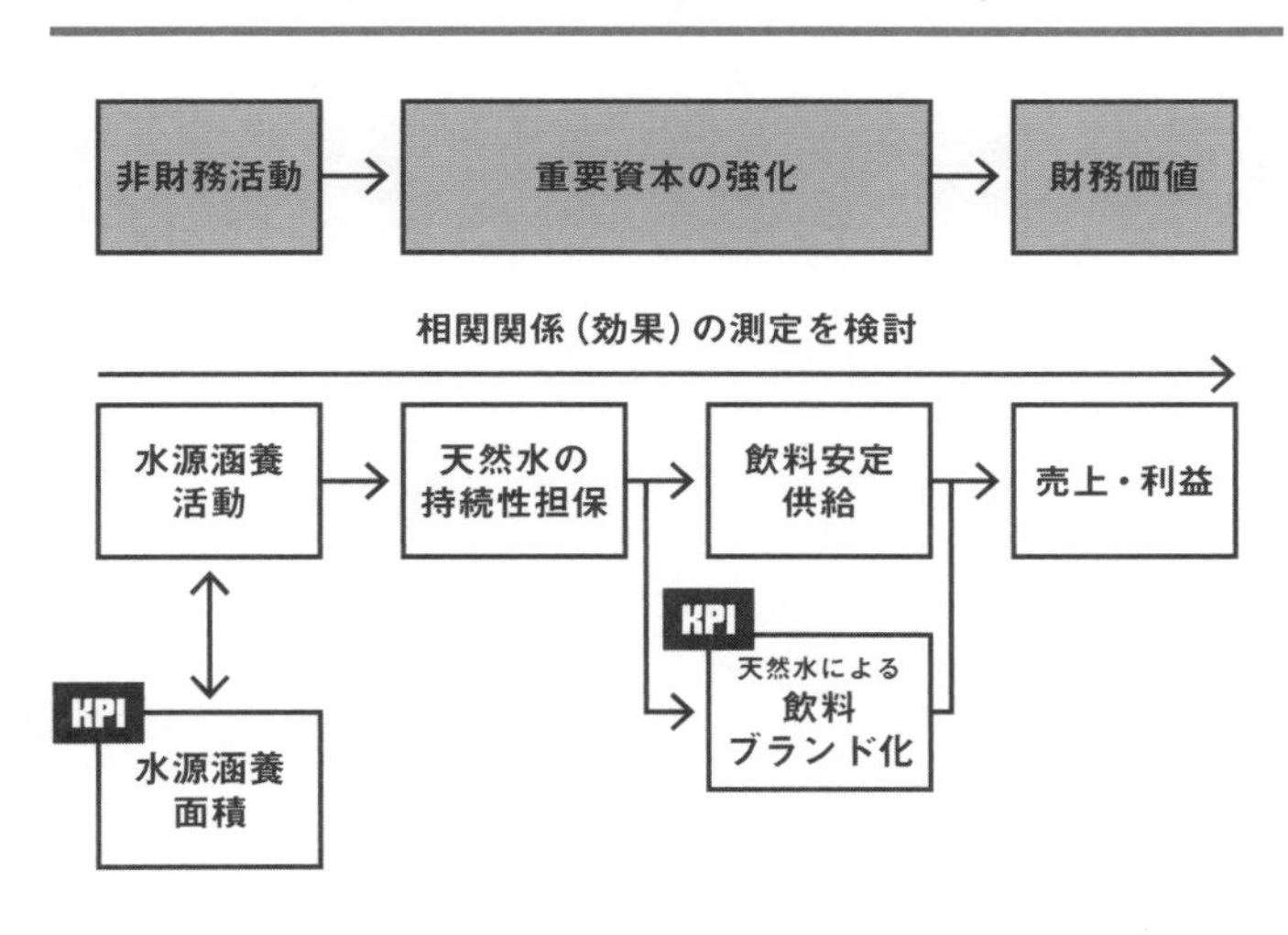

い。そのためには、ファクト、ロジックをベースに経営層や事業部門を巻き込んで議論し、ＫＰＩ／目標を設定する（図30）。

ＳＭＡＲＴＥＲな長期目標を設定することは、どのようなメリットがあるだろうか。パリ協定に則した温室効果ガス排出削減目標（Science Based Targets／ＳＢＴ）を設定している企業に対するアンケートによると、ＳＢＴ設定企業は、ＳＢＴ設定のメリットを6つ挙げている。「ブランドの評判」、「投資家の信頼」、「規制に対するレジリエンス」、「イノベーションの促進」、「コスト削減」、「競争優位」で、企業は実際にこうしたメリットを感じているとのことだ。[*8]

また、サステナビリティの目標設定について、ESG投資研究で著名なハーバード大学のジョージ・セラフェイムの調査によると、「穏当な目標よりも、とてつもない目標のほうが達成できる可能性は高い」とのことだ。気候変動に関する800以上の企業目標を分析して結論を得ている。別の研究でも、1000以上の企業の分析から、気候変動に関して相対的に野心的な目標を掲げた企業は、同業他社よりも大きな投資を行い、オペレーション分野で重要な変革に乗り出し、その過程でイノベーションを推進したことが判明しているとのことだ。中途半場な目標ではなく、トップマネジメントが強くコミットした野心的な目標のほうが、社員も真剣に取り組み、実現性が高くなるというのは、理解できる。[*9]

KPI／目標を設定した後は、それを実現するための具体的な計画を策定し、取り組みを実践しつつ、PDCAを回すことになる。これに関して、目標だけあっても計画がなければ、バラバラの取り組みが積み重ねられたとしても、目標の実現性は担保できない。

KPI／目標実現に向けて具体的計画を策定してPDCAを回すことの重要性に関して、製鉄企業で2020年に同様に2050年までにカーボン排出実質ゼロを目標に掲げた日本製鉄とアルセロール・ミタルを比較すると、具体的な計画を策定していたアルセロ

図30　KPI／目標設定のプロセス

経営層が事業部門を巻き込んだ議論が重要

社会インパクト、企業価値創造ロジック整理	KPI設定	目標設定
●自社事業・バリューチェーンとKPI設定対象サステナビリティ課題の関連性を整理（通常は、マテリアリティ特定時に整理） ●自社事業・バリューチェーンが、サステナビリティ課題にどう影響を与えているか、与えるポテンシャルがあるかを、ファクトとロジックをもとに整理（インサイドアウト） ●サステナビリティ課題に取り組む／取り組まないことが、企業価値にどう影響するかを、ファクトとロジックをもとに整理（アウトサイドイン）	●社会インパクトに関するKPI：サステナビリティ課題への取り組みが、ポジティブな社会インパクトをどう創造するか、ネガティブな社会インパクトをどう軽減するかのロジック／構造をもとに、効果的なポイントにKPIを設定 ●企業価値創造に関するKPI：サステナビリティ課題への取り組みが、企業価値をどう創造するか、企業価値の毀損をどう防ぐかのロジック／構造をもとに、効果的なポイントにKPIを設定 ●アウトカム指標、プロセス指標を適切に組み合わせる	●社会インパクトに関するKPIについては、関連するイニシアチブ等の動向を理解して、ステークホルダーの期待に沿う／超えるレベルの目標を設定 ●企業価値創造に関するKPIについては、ビジョンや経営目標実現に十分なレベルの目標を設定

ール・ミタルのほうが、目標を掲げた後の株価上昇率が高かったとのことだ。アルセロール・ミタルは、水素などを活用したカーボン排出ゼロの鉄鋼のコストは3〜8割増となるが、需要は今後20倍になるなどの成長見通しを示し、金融のサポートの重要性、実現のための国をまたいだルール形成、再生可能エネルギーを潤沢に使える環境整備など、実現に向けて何が必要かの説明をしていた。[*10]

5. 自社の取り組み、進捗をステークホルダーに伝え、信頼を獲得する。

サステナビリティ経営においては、自社の考えや取り組み、PDCAの進捗状況を、ステークホルダーに伝えることも必要だ。企業のサステナビリティ推進を後押しするため、NGOや投資家向け評価機関が、企業の開示する公開情報やアンケートへの回答に基づき、企業を評価している。CDP（Carbon Disclosure Project）などが代表例だが、こうした評価は、投資家によるポートフォリオの組み入れに直結する。NGOが、自社が解決を目指す特定の課題に対する企業の取り組みを評価、ランク付けする動きもあり、こうした評価は、企業の評判、社会・関係資本に影響する。政府による情報開示の義務付けの動きもあり、対応に追われているサステナビリティ担当も多いだろう（図31）。

図31　人権NGOによるランキングの例
“2022 Corporate Human Rights Benchmark”

外部評価は、ステークホルダーの期待を理解し、自社の取り組み方向性が間違っていないか確認するツールともなる。

	Total score out of 100	Governance and policy commitments out of 10	Embedding respect and human rights due diligence out of 25	Remedies and grievance mechanisms out of 20	Performance; Practices out of 25	Performance; Responses out of 20
50-60% 1 companies						
1 **Unilever** Food and agricultural products	50.3	5.3	18.2	9.5	10.7	6.6
40-50% 2 companies						
2 **Wilmar International** Food and agricultural products	43.5	4.1	10.3	13.5	6.9	8.7
3 **PepsiCo** Food and agricultural products	40.1	6.4	16.2	9.0	5.4	3.1
30-40% 20 companies						
20-30% 23 companies						
10-20% 40 companies						
0-10% 41 companies						

出所：‘Corporate Human Rights Benchmark’ より, World Benchmarking Alliance, https://www.worldbenchmarkingalliance.org/publication/chrb/.（2023年1月9日閲覧）

企業が社会課題に、法令順守ではなく自発的に対応する必要性が明らかになった2000年頃から、GRIなどのサステナビリティの情報開示フレームワークが作られ、ステークホルダー視点での情報開示を通じて、企業の適切なサステナビリティの取り組みを促進しようという流れができている。企業にサステナビリティの情報開示を求める動きは、投資家視点が強いTCFD、ISSBなどにも引き継がれている。こうした動きもあり、サステナビリティ経営の基本の一つが、情報開示、ステークホルダーとのエンゲージメントとなっている。

情報開示やステークホルダーとのエンゲージメントにあたっては、マテリアリティ特定の考え方などを中心に、企業がサステナビリティに取り組む考え方（WHY）を、3つの原則への対応を中心に、ロジック、ファクトに基づき、自社の意志を反映し、適切に伝えることが重要だ。自社が社会・環境に与えるポジティブな影響の側面だけでなく、ネガティブな影響の側面も含めて、戦略性に加え、透明性を持って真摯にコミュニケーションすることも必要だ。

サステナビリティの情報開示への要請は、今後も高度化していくだろう。これに真摯に対応することは必要だが、世界が目指すべきサステナビリティの方向、企業がサステナビリティに取り組む原則を理解し、自らがなぜ（WHY）、何に（WHAT）、どのように（HOW）取り組んでいるのかをしっかり伝えることができれば、情報開示の要請が高度化しても、右往左往することはない。本質を理解し、対応し、それを伝えることができれば、ステークホルダーには必ず評価される。

ステークホルダー・エンゲージメント

サステナビリティ経営においては、ステークホルダー・エンゲージメントが重視されている。サステナビリティ経営の原則1は、企業の意思決定や活動が社会や環境に及ぼす影響に対して責任を果たすことだが、自社の意思決定や活動が社会や環境に対してどのような影響を及ぼしているのか、それに対してどう対応することが期待されているのかは、自社だけではなかなか分からないものだ。特に、経済がグローバル化する中、企業活動の影響もグローバルに広がっているが、世界の各地域におけるステークホルダーの期待・要請は、日本人の感覚とは異なる場合もある。ステークホルダーやサステナビリティの専門家との対話を通じて、社会の期待・要請をしっかり理解しなければ、企業にとってのリスクとなる。

日本企業においても、ステークホルダー・ダイアログ、サステナビリティの専門家などとの対話を通じて社会の期待・要請を理解しようという動きは進んできている。ステークホルダー・ダイアログは、サステナビリティの取り組みの方向性が間違っていないか、確認するという意味でも重要だが、ダイアログを通じて、自らのサステナビリティの取り組みの考え（WHY）などを伝えることは、ステークホルダーからの信頼獲得にもつながるだろう。

価値創造ストーリーの描画

サステナビリティと経営、非財務と財務を統合して情報開示するツールとして、統合報告がある。統合報告は、サステナビリティ経営に取り組む原則3「自社事業、バリューチェーンに影響を及ぼす課題に対して、戦略的に対応する」を中心に、社内外のステークホルダーにサステナビリティに取り組む経営的意味合いを伝えるために活用すべきものだ。

統合報告の作成プロセスも、経営層をはじめ、社内の様々なステークホルダーとコミュニケーションする機会であり、サステナビリティ経営の意味合いを伝える良い機会だ。特に、価値創造ストーリーの描画は、そのために活用できる。

統合報告においては、企業がどのように財務・非財務を統合して長期的な価値を創造していくかをシンプルに表現した「価値創造ストーリー」が描かれるケースが多い。統合報告のガイドラインとなっているIIRCのフレームワークにおいて、価値創造ストーリーの考え方が示されていることがその背景にある（図15）。

しかし、現時点では、企業の本質をしっかり表現できている「価値創造ストーリー」を描画できている企業は少ない。企業・経営の本質をシンプルに表現する、しかも財務・非財務を統合した形で行うというのは、かなり難度の高い作業だ。しかし、「価値創造ストーリー」を描画することは、企業の目指す姿、サステナビリティに取り組む考え（WHY）を社内外に示し、その方向に経営を舵取りしていく上で、非常に重要であり、チャレンジする価値がある。

価値創造ストーリーの描画にあたっては、まず自社の強み（重要資本）、ビジネスモデル、理念体系などの価値創造のベースを描く。そして、価値創造のベースに戦略、すなわちリソース配分を掛け合わせることで、価値が創造される。創造される価値は、社会価値、財務価値、非財務価値だ（図32）。

社会価値は、理念体系におけるパーパス、ビジョンの実現に関わる。財務価値は、リソ

図32　価値創造ストーリーで描くべき基本要素

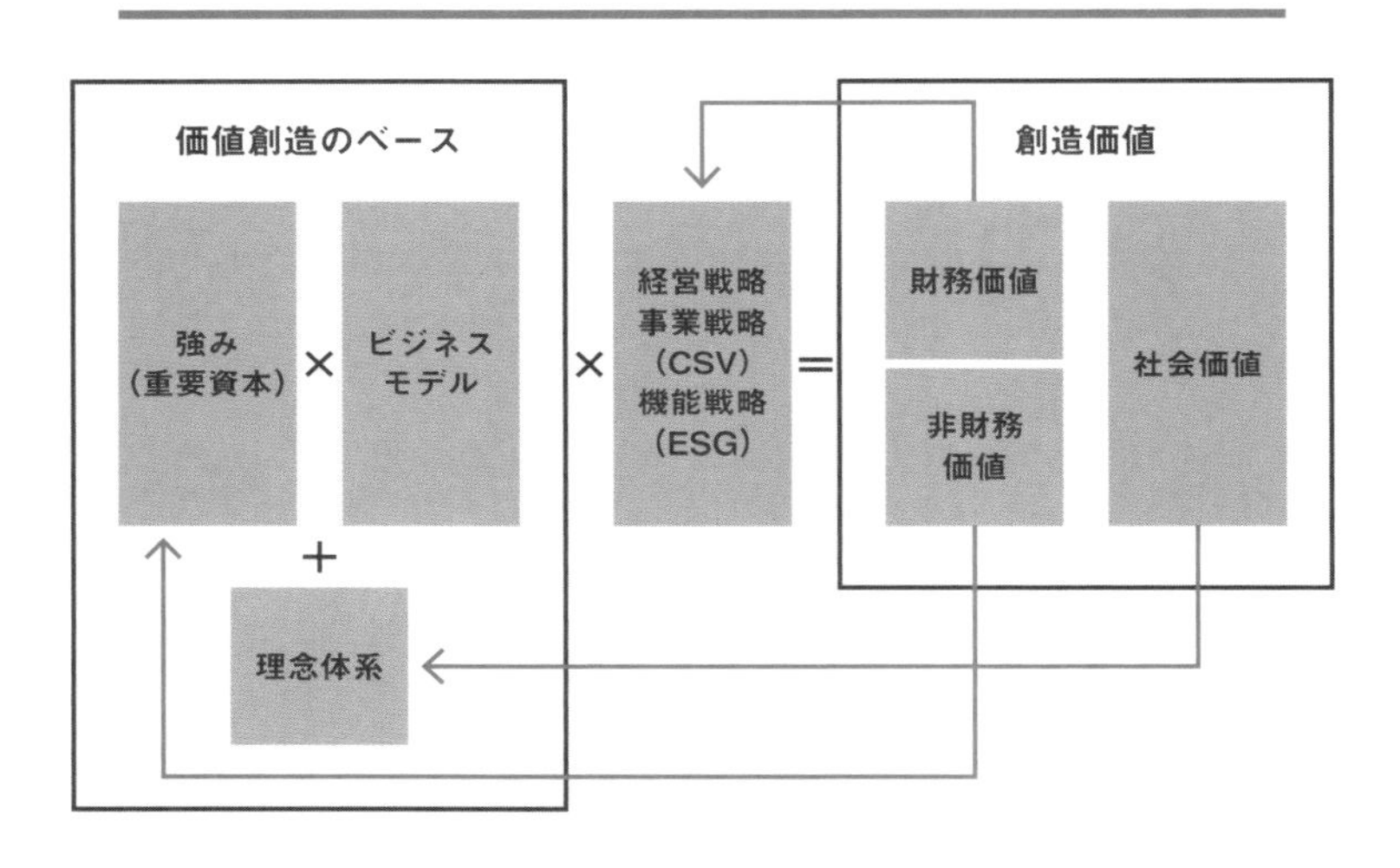

ース配分の原資となる。そして、非財務価値が強み（重要資本）の強化につながる。社会価値⇕理念体系、財務価値⇕戦略、非財務価値⇕重要資本、この３つの価値の循環をストーリーで表現することが重要だ。

ＣＳＶや６つの資本を強化するＥＳＧ戦略は、この価値循環を促進する。製品・サービスのＣＳＶは、社会価値と財務価値を生み出す。バリューチェーン、ビジネスエコシステムのＣＳＶは、社会価値と財務・非財務価値を生み出す。６つの資本を強化するためのＥＳＧ戦略は、非財務価値を生み出すものだ。

上記のような財務・非財務を統合した

価値創造ストーリーを描くことは、経営戦略、事業戦略、機能戦略（人材戦略、R&D戦略など）を統合し、企業全体の縦割りを排除した「組織の統合」にもつながる。統合報告作成にあたっては、できるだけ、本質的な価値創造ストーリーを描くことを目指すべきだ。

6．サステナビリティ経営を支える組織体制を構築する。

サステナビリティ経営を進めていくためには、そのための組織体制がいる。サステナビリティ委員会やサステナビリティ推進部などを設置して、サステナビリティ推進の役割を与えることが多いと思うが、重要なのは、組織として必要な役割が果たせるかどうかだ。Carola Wiidoogen "7 Roles to Create Sustainable Success"[*11]は、サステナビリティ推進のためには、組織に以下の7つの役割が求められるとしている。

①ネットワーカー

サステナビリティ推進のためには、二つのネットワーキング、ステークホルダー・エンゲージメントと社内のネットワークが求められる。この二つのネットワーキングで、ステークホルダーの期待・要請を社内に浸透させ、サステナビリティでフォーカスすべきってのネットワークの質を高め、領域を特定する。また、ネットワーカーは、社会の動きを早期にキャッチし、企業にとっての機会とリスクを把握する。

②ストラテジスト
企業にとってサステナビリティがどのような意味を持つのか、財務的利益をもたらすのか、リスクを軽減するのか、評判を高めるのか、イノベーションを促進するのかといった問いに答え、サステナビリティの経営にとっての意味合いを理解した上で、サステナビリティビジョンや戦略を策定する。

③コーディネーター／イニシエーター
サステナビリティのミッション、戦略、計画、そして、企業の組織構造やプロセスにサステナビリティをどう組み込むべきかをよく理解し、組織におけるサステナビリティの実践をサポートし、促進する。

④スティミュレーター／コネクター

コーディネーターがサステナビリティ推進の組織やプロセスを整備してお膳立てをした後、スティミュレーターは、社内の人材をサステナビリティの活動に巻き込む。サステナビリティのアンバサダーとして、組織文化に影響を与え、望ましい行動を浸透させる。

⑤メンター

メンターは、社内の人材をエンパワーする。サステナビリティが各組織にどう関係するのか、各個人の役割やキャリアにどう関係するのかを理解させ、人材を行動に駆り立てる。

⑥イノベーター

サステナビリティの観点を組み込むことで、新たな製品・サービス、設計プロセス、新たなビジネスモデルなどでイノベーションを生み出すことができる。イノベーターは、サステナビリティがいかに企業に機会を生み出すかについて、社内の理解を促進する。

⑦モニター

サステナビリティの成果を測定し、報告し、分析し、企業のサステナビリティの取り組みが成功しているのか、失敗しているのかを示す。そのために、サステナビリティのフレームワークを活用する。

サステナビリティ推進のためには、確かにこれらの役割が必要だ。1人で複数の役割を担うことができる人もいるだろうが、基本的には、サステナビリティ推進チームでこれらの役割を担うことになる。サステナビリティ推進に向けた組織体制の構築にあたって、こうした役割を果たせる組織となるよう役割を定義し、適切な人材を配置・育成する必要があるだろう。

サステナビリティ推進に必要な人材

企業がサステナビリティ経営を推進し、サステナビリティ推進組織が必要な役割を果たそうとする場合、どのような人材が必要だろうか。多くのビジネスリーダーは、自社のサステナビリティ人材のスキルが不十分だと考えているのではないだろうか。サステナビリティの知識やスキルは、今後、サステナビリティに関わるリスクが高まることが想定される中、それを感知し適切に対応するために必要となる。また、CSVの機会を捉え、他社に先んじて新しい市場を開拓するためにも必要となる。サステナビリティ推進に必要な人材のコンピテンシーを理解し、それを強化することは、長期的な競争力を維持・強化するために、不可欠と言える。

サステナビリティを推進する人材に関して、ストランドバーグというビジネスとサステナビリティに関するコンサルティング会社が、サステナビリティ・リーダーに求められる3つのスキルと2つの知識の5つのコンピテンシーを提唱している。その5つとは、「システム思考」、「外部コラボレーション」、「ソーシャル・イノベーション」の3つのスキルと「サステナビリティ・リテラシー」、「アクティブ・バリュー」の2つの知識だ[12・13](図33)。

なお、コンピテンシーは、ハーバード大学の心理学者であるデイヴィッド・マクレランドが、成果を上げる人たちの行動特性を調査して生み出した概念である。仕事に関する人間の能力を因数分解し、成果に影響する因子を取り出し、これをコンピテンシーと呼んだものだ。コンピテンシーを使って人材を分析することで、その仕事に必要なコンピテンシーを十分に持っているか、足りないコンピテンシーは何で、それを教育などでどう開発するか、などが理解できる。[14]

「システム思考（Systems thinking）」とは、「概念的思考」、「統体的思考」とも呼ばれる、様々な事柄の断片でなく全体像を捉え、そこから問題点を発見し、解決していく思考様式だ。サステナビリティやCSVおいては、バリューチェーン、ビジネスエコシステムなどを時間軸も含めて俯瞰的に理解する思考様式は、基本的スキルと言える。

「外部コラボレーション（External collaboration）」について、サステナビリティやCSVにおいては、顧客やサプライヤーだけでなく、競合や他業界とのコラボレーション、政府やNGO／NPOとのコラボレーションなど、外部とのコラボレーションが重要であることは、「CSV実現に向けたコラボレーション」のところで述べたとおりだ。外部とのコラボレーションを積極的に行おうとする行動様式は、必要な資質だろう。

「ソーシャル・イノベーション（Social innovation）」とは、ここでは、様々なサステナビリティ課題をビジネスにとっての成長機会と捉える思考様式、行動様式のことだ。固定観念に囚われず、社会価値と企業価値を両立しようとする、社会起業家的なコンピテンシーと言える。

「サステナビリティ・リテラシー（Sustainability literacy）」とは、社会・環境のトレンドを感度高く捉え、機会やリスクなどビジネスとの関連性を理解するものだ。ビジネスが

図33　サステナビリティ人材に必要なスキル・知識

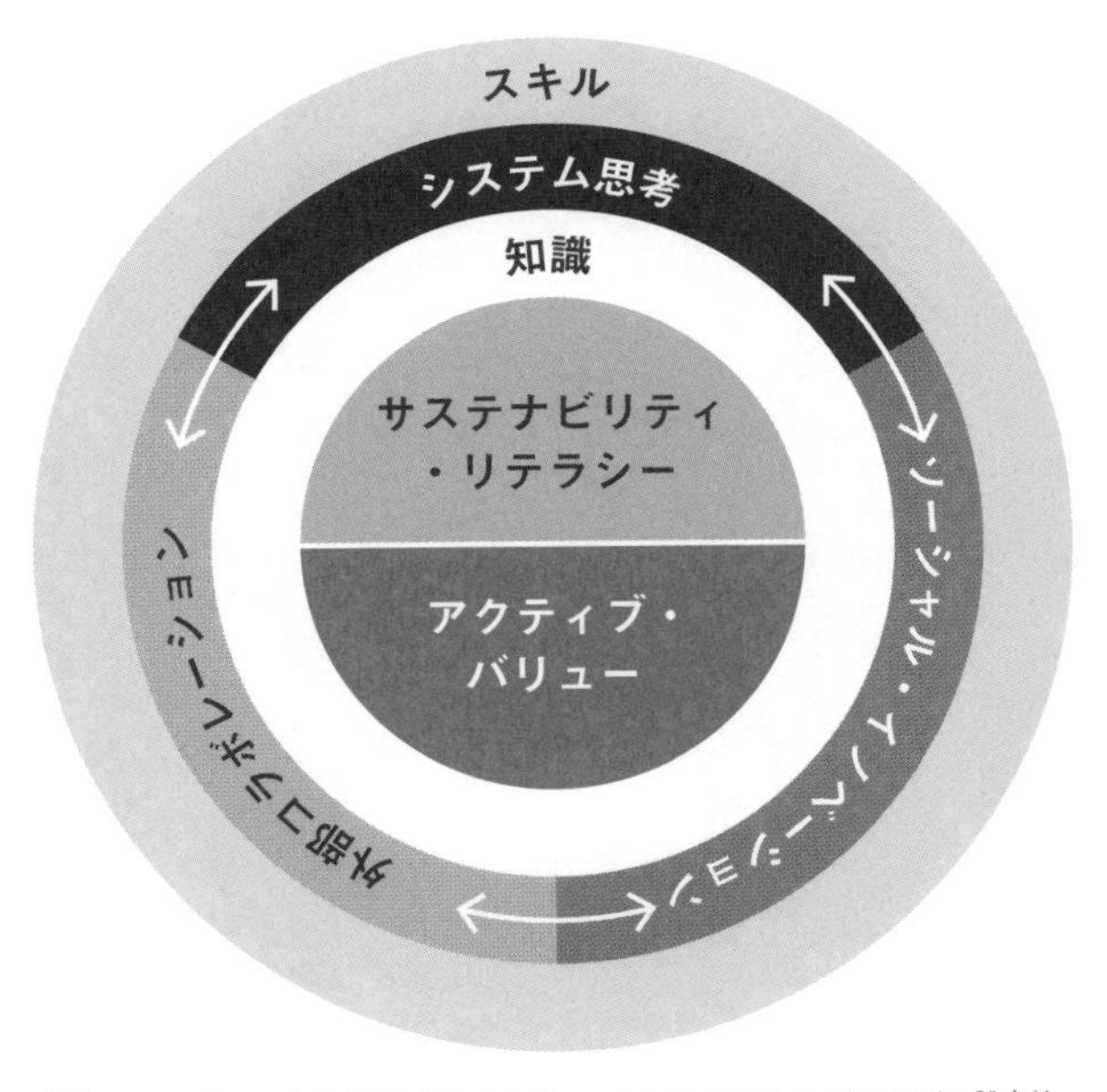

出所："Managing sustainability talent: Lofty goal or new business imperative?" より，Greenbiz.com, https://www.greenbiz.com/article/managing-sustainability-talent-lofty-goal-or-new-business-imperative.

社会に対して果たすマクロ的役割の変化から、個別の社会・環境に関する動きがどのようにビジネスに影響するかのミクロ的視点まで、社会・環境とビジネスの接点に関する知識は、サステナビリティの基本だ。

「アクティブ・バリュー（Active values）」を持つ人は、自分および他者の感情やモチベーションに敏感だ。また、自らを大きな目的の一部と考え、社会を良くするためにビジネスを活用することにモチベーションを持っている。こうした大きな目的を見据えつつ、他者の感情に理解を示すことで、共有目的を持った社内外の人々を共感を得て巻き込み、サステナビリティ経営を実現することができる。「大きな目的に向けた多様性の受容」という言い方でも良いかも知れない。

これら5つのコンピテンシーが、サステナビリティの推進において重要なのは、間違いない。サステナビリティを本格的に推進する場合は、こうしたコンピテンシーを持つ人材が、組織のリード役となることが望ましい。

こうした人材を内部で育成するのは、難しいかもしれない。サステナビリティ経営の本格的推進にあたって、海外では、外部からサステナビリティ領域のリーダー人材を採用し、チーフ・サステナビリティ・オフィサーなど、役員クラスに据えるということがよく見られる。

アップルは、サプライヤーを巻き込んだ再生可能エネルギー100%を推進するなど、すっかりサステナビリティの先進企業になっているが、それをけん引しているのは、元米国環境保護庁長官のリサ・ジャクソン環境・政策・社会イニシアチブ担当副社長だ。2009年から2013年までオバマ政権で環境保護庁長官として、温室効果ガス削減政策等を進めたジャクソンは、その知識やネットワークを活用して、アップルを本格的なサステナビリティ企業に変革させている。

「日本にはそんな人材はいない」という声も聞こえてきそうだが、企業以外にも目を向ければ、ある程度のコンピテンシーを持った人材はいる。また、その気になれば海外からも採用できる。

トライセクターリーダーを活用する

リサ・ジャクソンのような、政府、企業などの複数のセクターで活躍する人材は、民間、公共、市民社会の3つのセクターの垣根を越えて活躍、協働するリーダーとして、「トライセクターリーダー」と呼ばれる。サステナビリティの領域では、企業、政府、NGOなどによる社会課題解決のイニシアチブが進められているが、そうした取り組みも活用しつつ、サステナビリティを推進するには、複数のセクターのことを理解するマルチセクターリーダーがふさわしい。

グローバル企業では、アップル以外でも、トライセクターリーダーをサステナビリティの責任者として採用するケースも多く、実績もあげている。以前、コカ・コーラがインドで大量の水を使用しているとして政府、NGOの反発に遭い、清涼飲料水の製造を禁止されたとき、コカ・コーラは、国務省やUSAIDなど公共での経験が豊富なジェフ・シーブライトを外部から招聘して責任者に据えて、水資源の持続可能な利用に向けた戦略を構築した。シーブライトは、政府の環境関連部局でよく使われる地理情報システムを利用し、世界のコカ・コーラの工場の39%が水不足が深刻な地域に立地していることを明らかにし、鉱物・資源会社のリオ・ティントに依頼し、コカ・コーラの20の事業部を対象とした水資源に関わるリスク分析を実施した。そして、USAIDやWWFなどと水資源保全に向けた協働プロジェクトを推進した。シーブライトは、その後、ユニリーバのチーフ・サステナビリティ・オフィサーなども務めている。*15

トライセクターリーダーは、複数のセクターでの経験から、マクロ・ミクロの両方のレベルで世界を俯瞰する「システム思考」を持つ傾向がある。また、政府、NGO／NPOなどを含めた「外部コラボレーション」を推進するスキル、マインドを持つのは言うまでもないが、トライセクターリーダーは、多様なネットワークも持っている。そして、幅広い人脈、各セクターの行動メカニズム理解のもと、社会課題に対応する取り組みを推進するため、イニシアチブに参画したり、トライセクターのコラボレーションを実現したりする。

サステナビリティ領域で活躍し、企業経験もあるトライセクターリーダーは、サステナビリティ課題が企業経営にどのような影響を及ぼすかを理解している。また、多様な組織での経験から、サステナビリティ課題の重要性をどう伝えれば、社内の人々を納得させることができるかのノウハウも持っている。「ソーシャル・イノベーション」のスキルがあると言える。

また、多面的視点からサステナビリティ情報を収集しており、情報ソースに対するアクセスもある。「サステナビリティ・リテラシー」は、基本的に高い。社会課題を解決しようとする大きな目標に共感でき、多様なセクターでの経験から多様性を受容する用意ができている。「アクティブ・バリュー」も持つと言える。

日本企業と海外企業のサステナビリティの取り組みにおけるダイナミズムの差には、トライセクターリーダーのような人材の有無も大きく影響していると考えられる。しかし、国内でもトライセクターリーダーは少しずつ増えており、人材の流動性が高まれば、海外からの人材も含め、サステナビリティ領域で幅広く活躍するトライセクターリーダーは、さらに増えていくだろう。

日本でも、トライセクターリーダーが活躍し、サステナビリティの取り組み、イニシアチブ、コラボレーションがダイナミックに進んでいくことを期待したい。

組織としてのサステナビリティ・インテリジェンスを高める

サステナビリティ推進組織には、前述の人材のところで述べた「サステナビリティ・リテラシー」を組織として持つ必要がある。これをサステナビリティ・インテリジェンスと呼んでも良いかもしれない。

インテリジェンスとは、物を考える能力とそのために利用する情報が揃って適切に機能するといった概念だが、企業の強みとして、市場に関する知識や洞察力（＝マーケット・インテリジェンス（ＭＩ））、技術に関する知識や洞察力（＝テクノロジー・インテリジェンス（ＴＩ））といった言葉を使うことがある。

ただ、ＭＩとＴＩは非常に重要だが、実際にビジネスで継続的に成功していくには、市場と技術を結節してビジネス化する能力やそれに関わる知識が必要で、それをビジネス・インテリジェンス（ＢＩ）と呼ぶ。企業が持続的に成長していくには、ＭＩ、ＴＩ、ＢＩが揃っていることが必要だ。

最近は、これに加え、世界の持続可能性に向けた動きとそのビジネスとの関連性を洞察する能力が必要となっている。これをサステナビリティ・インテリジェンス（ＳＩ）と呼ぶ。ＭＩには、サステナビリティ関連を含む、社会の中長期的トレンドが市場にどう影響を及ぼすかといったことも含まれるし、ＢＩには、社会の動向が企業経営にどう影響するかも考慮してビジネス戦略を描くといったことも含まれるが、あえてＳＩとして切り出すことで、より戦略的に強化することができる（図34）。

企業がＳＩを高めるためには、サステナビリティ部門の役割が重要だ。逆に言えば、企業のＳＩ機能を持ち、それを組織全体として高めることが、サステナビリティ部門の重要なミッションの一つと言える。

「1．主要なサステナビリティ動向を理解する」で述べたとおり、サステナビリティ経営

図34 サステナビリティ・インテリジェンス機能

●サステナビリティ関連の重要課題について、基本動向を把握

●サステナビリティに関する最新動向、変化の兆しを感度良くキャッチ

●サステナビリティ動向の経営・事業への影響を理解し、経営の言葉でマネジメント、事業部門に伝える

推進にあたっては、気候変動、生物多様性／自然資本、サーキュラーエコノミー、人権といった、最近のサステナビリティ課題に関する動き、NGOなどの関心や動き、イニシアチブの動向などを先行的に把握し、その経営にとっての意味合いを洞察し、経営や事業部門に適切なフィードバックをする必要がある。

そのためには、常にサステナビリティ課題に関連する情報を収集し、サステナビリティ課題の専門家やNGOとリレーションを築き、幅広いステークホルダーとエンゲージするなどして、サステナビリティ課題に関する感度を高めておく必要がある。積極的にNGOや社会課題の専門家と対話し、イニシアチブに参加する、社会課題の現場に赴くなども有効だろう。

CSVや6つの資本など、サステナビリティと経営・事業を結節するフレームワークに精通し、サステナビリ

ティ課題をビジネスに統合する知識・能力を磨くことも求められる。これには、BIも必要だ。社内に必要なフィードバックを行い、組織を動かす社内人脈や調整能力も必要だろう。

また、企業全体のSIを高めるために、企業の適切な部門に対して、サステナビリティの研修を実施する、重要な社会課題の現場に社員を連れ出し、個々の社員に体験してもらうことなども必要だろう。

サステナビリティ課題と企業経営との相互影響が強まる中、SIの強さは、中長期的に大きな競争優位を生み出す。サステナビリティ部門もSIとBIを高め、経営にとって重要な役割を果たすことが求められている。

フォーカシング・イベントの影響への感度を高める

サステナビリティ・インテリジェンスの一つに、フォーカシング・イベントへの感度の高さがある。

日本の脱炭素に向けた動きが加速したのは、菅義偉政権が、「2050年までに温室効果ガス実質ゼロ」を宣言して以降だ。サステナビリティの動きは、何かをきっかけとして急速に動くことがある。日本における脱炭素に向けた急速な動きは、日本における首相交代と、米国において気候変動問題への取り組みに積極的なジョー・バイデンが大統領選で勝利したことがきっかけだった。

マスコミや市民、政策担当者が急速に社会課題に注目し、対策を進めるきっかけとなる出来事を〝フォーカシング・イベント（Focusing Event）〟と言う。米国の政権交代もフォーカシング・イベントの一つだが、サステナビリティの領域は、様々なフォーカシング・イベントで急速に動くことがあるので、担当者は感度が求められる。2010年代をふり返るだけでも、毎年のように大きなフォーカシング・イベントが起きているので列挙してみよう。

比較的最近の動きでは、2019年には、環境活動家のグレタ・トゥーンベリの気候変動ストライキが世界的に広がり、欧州を中心に気候変動に関する政策、取り組みが加速した。

2018年には、鼻にストローが突き刺さったウミガメの動画、餓死したクジラの胃の中から大量のプラスチックごみが出てきた画像などがSNSで広く共有されたことで、海洋プラスチック問題が急速に注目されるようになった。

2017年には、フォルクスワーゲンのディーゼル不正問題を受けて、欧州自動車メーカーが、ディーゼル車でCO_2規制に対応する戦略が崩れ、EVシフトを進めざるを得ない状況になったため、欧州で、2030年または2040年までにガソリン車・ディーゼル車の販売を禁止する方針が示されるなど、急速に自動車の脱化石燃料化、EV化の動きが進んだ。

2015年には、渋谷区で、同性カップルに対して「結婚に相当する関係」と認める「パートナーシップ証明書」を発行するという、日本で初めての条例が可決・成立し、LGBTが急速にマスコミで報道されるようになり、注目されるようになった。

2013年には、バングラデシュのラナ・プラザ崩落事故で、アパレル業界のサプライチェーンにおける劣悪な労働環境が明らかになったことで、アパレル業界を中心に、サプライチェーンの人権問題対応への要請が強まり、取り組みが急速に進んだ。

2010年には、グリーンピースのネスレに対する、キットカットを子どもが食べると血が滴るオランウータンの指になるショッキングなビデオを活用したキャンペーンがきっかけで、インドネシアやマレーシアの森林破壊につながるパーム油の問題に注目が集まるようになった。

それ以前にも、ナイキの東南アジアの委託工場での強制労働・児童労働がNGOに指摘され不買運動に発展するという事件をきっかけに企業のサプライチェーンにおける人権問題に関心が集まるなど、サステナビリティ領域では、様々なフォーカシング・イベントが起こっている。

サステナビリティ担当者は、次にどのような動きが来るか想定し、社会やNGO等の動向をウォッチしつつ、フォーカシング・イベントには感度を高くし、政策やステークホルダーの変化に先んじて備える必要がある。

サステナビリティをいかに組織に浸透させるか

SDGs、ESG、脱炭素など、企業のサステナビリティ推進を促すトレンドが広まり、以前に比べ企業のマネジメントの関心は高まっている。しかし、脱炭素などの影響を大きく受ける企業を除き、大部分の企業においては、サステナビリティは、情報開示や外部からの要請に対する受け身の対応として、実質的には、まだまだ「担当部署が取り組むべきもの」にとどまっているように思う。そして、担当部署にとっては、「サステナビリティの組織への浸透」が大きな課題になっている。

「なぜ、サステナビリティに取り組むことが必要か」については、リスクマネジメント、イノベーションの促進、人材の獲得など、様々な理由が語られており、適切にサステナビリティに取り組むことにより、そうしたメリットは、実際に得られるだろう。しかし、短期的利益の追求を求められてきた多くのビジネスパーソンにとっては、なかなか腹落ちするのが難しいのが現実だ。

「サステナビリティをいかに組織に浸透させるか?」という問題について、P&Gのチーフ・サステナビリティ・オフィサー（CSO）、ヴァージニー・ヘリアスが、5つのポイントを挙げている。以下に紹介しよう。*16

①ビジネス価値をファクトで示す

サステナブルなブランドがビジネス価値を生み出すことをファクトで示す。P&Gでは、ヘリアスがCSOに就任した頃は、アリエールくらいしかサステナビリティでビジネス価値を生み出していると言えるブランドがなかったため、ナイキやテスラなど、他社の事例を活用していた。その後、P&Gの事例も増え、ファクトを示しやすくなっている。他社事例も活用しながら、サステナビリティがビジネス価値を生み出すことを伝えることで、社内の理解を深めることができる。

②ハートに訴えかける

社員、顧客、ビジネスリーダーなどに合理的な説明をすることは必要だが、ハートやマインドに訴えかけることで、変革を促進することができる。多数の人々のハートに訴えるにはストーリーテリングが、少人数のハートに訴えかけるには、彼らが生み出すことができるインパクトの現場を実際に見せることも有効だ。

③消費者としての従業員のマインドセットを変化させる

サステナビリティの本質的な推進には、消費者の変化を促すことが必要だが、従業員の変化を促すことも重要だ。P&Gブランドは毎日何百万人もの消費者と接しているが、同時に直接話ができる9万5000人の社員も抱えている。彼らを変化させることができれば、サステナビリティが製品やブランドに組み込まれる。まず自分自身を変え、社員を変えることができなければ、消費者を変えることはできない。そういう視点を持って、消費者としての顔も持つ社員に働きかける。

④サステナビリティチームはスリムにしておく

多くのサステナビリティの担当者が、サステナビリティチームが小さいと不満を言う。しかし、P&Gでは意識的にチームを小さくしている。組織が大きくなると縦割りになってしまう。P&Gの他の事業部門からサステナビリティチームに加わりたいという直接の要請がよくある。そうした人々は、サステナビリティの熱意に溢れているが、ヘリアスはそうした人たちに、サステナビリティチームに加わるのではなく、今の場所で変化を起こしてほしいと伝えている。サステナビリティチームは小さいままで、事業部門にサステナビリティ推進者がいることが、サステナビリティを組織に根付かせるために重要だ。

⑤小さな一歩を積み重ねる

サステナビリティの推進には、こうすればうまくいくというシンプルな答えがあれば良いが、残念ながらそう簡単ではない。小さな一歩から始めるしかない。企業の変化はすぐには起こらず、毎日の小さい一歩の積み重ねしかない。まずは始めること。そして、一つの成功事例を創り出すこと。それに向けて小さな一歩を重ね、ハードワークするしかないのだ。

「サステナビリティを戦略の柱とすべき理由」を社内に浸透させる

ヘリアスのあげているポイントは、サステナビリティを社内に浸透させる上で参考になる。ヘリアスも言っているように、社内浸透には、サステナビリティに取り組むメリットをファクトで伝えることが有効だが、「持続可能性を戦略の柱とすべきもっともな理由」という論文に、サステナビリティに取り組む基本的な6つのメリットが、ファクトも交えつつ示されているので、紹介する。*17

①利害関係者を巻き込んだ競争優位の向上

ステークホルダーとの対話を通じて経済、社会、環境、規制等の動向に対する感度を高め、信頼関係を構築し事業運営をスムーズにすることは、競争優位につながる。金鉱業界を対象とした研究では、ステークホルダーとの関係性が、用地使用許可、課税、規制環境などに大きく影響する可能性があり、金を株主資本に変える権利を獲得できるかを大きく左右することが分かっている。

②リスク管理の向上

気候変動、水資源、労働環境など、事業に影響を及ぼす社会・環境面のリスクは多くあり、かつ影響が長期にわたる。マッキンゼーの調査によれば、サステナビリティに関する懸念により危機に瀕する価値は、EBITDAの70％に及ぶ恐れがあるとされている。

③イノベーションの促進

サステナビリティの観点によるイノベーションの事例として、3Mの3P（Pollution Prevention Pays）によるサステナビリティとイノベーションの連動、ナイキのシューズのアッパー部分を一体成型することで製造プロセスの廃棄物を削減できるフライニット、P&Gの冷水でも洗浄力を発揮する洗濯洗剤などがある。

なお、3Mの3Pは、企業がなるたけ最低限の対応で済ませようと守りの姿勢をとっていた1970年代に、「環境対策は儲かる――Pollution Prevention Pays」として、製品の開発段階まで遡って、積極的に環境対策を推進したものだ。これにより、3Mは、約20年間で70万トンの汚染物・廃棄物を削減しつつ、8億ドルの経費削減に成功している。

④財務パフォーマンスの改善

企業は競争優位、リスク管理、イノベーション促進に加え、環境対応の効率化によるコスト削減等により、サステナビリティを通じて財務パフォーマンスを向上できる。企業による低炭素投資の平均ＩＲＲは27～80％に達するという推計もある。ダウ・ケミカルが20億ドルの資源効率への投資で98億ドルのコスト削減をした事例など、企業がサステナビリティへの投資で大幅にコスト削減している事例も多くある。サステナビリティと企業業績に関する２０００にのぼる調査研究では、90％が「優れたＥＳＧ基準は資本コストの低減につながる」、88％が「優れたＥＳＧ慣行は業務成果の向上をもたらす」、80％が「株価はサステナビリティの優れた慣行と正の相関関係にある」としている。また、２００８年の景気後退時には、サステナビリティに配慮した企業は金融市場において「平均を上回る」パフォーマンスを示し、時価総額の差分は１社当たり平均６億５０００万ドルに達した。

⑤顧客ロイヤルティの構築

世界６大市場の消費者を対象とした調査では、「自分には、環境と社会にとって好ましい製品を購入する責任がある」という回答が3分の2近くとなっている。ユニリーバのサステナブルなブランドは、それ以外のブランドの2倍で成長している。社会的責任を果たす企業は、製品価格を2割高めに設定できるという推計もある。S&Pグローバル100種株価指数を構成する企業のうち、12社について調べたところ、2010年から2013年にかけて、環境に優しい製品やサービスの売上は全体の6倍の伸びを示している。

⑥従業員の忠誠や士気

サステナビリティへの取り組みに熱心な企業はそうでない企業に比べ、従業員の士気が55%、忠誠心が38%、それぞれ高い。環境基準を導入した企業の生産性は、サステナビリティの取り組みをしていない企業を16%上回っている。また、社会的責任をよく果たす企業は、人材回転率を25~50%抑えられ、年間の退職率も3~3・5%低減でき、人材補充費用の節減効果は、残留した従業員の年俸の90~200%に相当する。

これらは、サステナビリティの世界ではよく言われていることだが、この論文では、データとともによく整理されている。「なぜサステナビリティが必要なのか？」を説明するときに役立つだろう。

サステナビリティの社内浸透のためには、さらに、気候変動、サーキュラーエコノミー、生物多様性／自然資本、人権といったサステナビリティの主要課題に関するイニシアチブなどの動向、自社事業やバリューチェーンがこうした課題にどう関わっているかを把握し、ファクトとロジックをもとに、自社にとっての具体的な機会やリスクを提示すると、より納得性が高まる。映像やストーリーなどを活用する、さらには、サステナビリティ課題が顕在化している現場を訪問するなどすれば、感情に訴えかけることもできる。

データを含むファクト、サステナビリティ課題が企業価値にどう影響するかのロジックで、「理」に訴えかけ、映像やストーリーなどにより、「情」に訴えかける。そうすることで、社内に広くサステナビリティに取り組む納得性を高めることができるはずだ。

経営理論とサステナビリティの関係性

第2章の最後に、サステナビリティ経営が従来の経営理論、経営フレームワークと密接に関連していることを示そう。著名な経営学者の考えは、サステナビリティ経営と整合し

ている。サステナビリティが経営と切り離されたものではなく、統合すべきものだという
ことが、分かるだろう。

ポーターとサステナビリティ経営

マイケル・ポーターは、すでに述べたように、CSVの生みの親であり、ポーターのバリューチェーン、クラスターといった経営コンセプトが、CSVの土台となっている。

それ以外に、マイケル・ポーターは、1991年に、「適切に設計された環境規制が企業の効率化や技術革新を促し、規制を実施していない地域の企業よりも競争力の面で上回る可能性がある」という考え方（「ポーター仮説」）を提示している。ポーター仮説には反論も多いようだが、「適切に」設計された環境規制がイノベーションを促進するというのは、当然のように思う。その環境規制が他地域にも広がることで、イノベーションのマーケットが拡大すれば、イノベーションを生み出した企業にとって大きな収益をもたらす。

この考えは、サステナビリティに関する規制・政策に広く適用可能で、ビジネスエコシステムのCSVの一つである「ルールメイキング」を仕掛けるときの、思想的土台となる。

ドラッカーとサステナビリティ経営

ピーター・ドラッカーの経営思想には、サステナビリティ経営の考え方のベースとなるものが多い。

企業は、なぜ、サステナビリティに取り組むのか？　これは、企業がサステナビリティを推進するにあたり、まず問わなければならない質問だ。ドラッカーの答えは、以下のとおりだ。[*18]

「企業にとって、社会との関係は自らの存立に関わる問題である。企業は社会と経済のなかに存在する。ところが企業の内部にあっては、自らがあたかも真空に独立して存在していると考えてしまう。事実マネジメントの多くも、自らの事業を内部から眺めている。

しかし企業は、社会と経済のなかに存在する被創造物である。社会や経済は、いかなる企業をも一夜にして消滅させる力を持つ。企業は、社会や経済の許しがあって存在しているのであり、社会と経済が、その企業が有用かつ生産的な仕事をしていると見なすかぎりにおいて、その存続を許されているにすぎない。

社会性に関わる目標は、単なる良き意図の表明ではなく、企業の戦略に組み込まなければならない。社会性の目標が必要となるのは、マネジメントが社会に対して責任を負っているためではない。それは、マネジメントがまさに企業に対して責任を負っているためである」。

企業は、社会に役に立ってこそ存在を許されるもので、社会に価値を生み出さなければならないということだ。そのためには、マネジメントは社会性に関わる目標を企業の戦略に組み込む必要がある。より具体的には、何をする必要があるのか。ドラッカーは、こう言っている。[*18]

「マネジメントには、自らの組織をして社会に貢献させる上で三つの役割がある。

①自らの組織に特有の使命を果たす。マネジメントは、組織に特有の使命、すなわちそれぞれの目的を果たすために存在する。

②仕事を通じて働く人たちを生かす。現代社会においては、組織こそ、一人ひとりの人間にとって、生計の資、社会的な地位、コミュニティとの絆を手にし、自己実現を図る手段である。当然、働く人を生かすことが重要な意味を持つ。

③自らが社会に与える影響を処理するとともに、社会の問題について貢献する。マネジメントには、自らの組織が社会に与える影響を処理するとともに、社会の問題に貢献する役割がある」。

多くの企業は、ミッションやパーパスを掲げている。その自社固有のミッション／パーパスを実現することが第一の役割、組織の中で働く人を生かす、人的資本を生かすことが第二の役割だ。これらもサステナビリティに関わることだが、第三の役割として、より直接的にサステナビリティ推進を求めるものとして、「社会的責任を果たす」ことを掲げている。具体的には、どういうことか。ドラッカーは、こう言っている。[*18]

「社会的責任の問題は、企業にとって二つの領域において生ずる。

第一に、自らの活動が社会に対して与える影響から生ずる。第二に、自らの活動とは関わりなく社会自体の問題として生ずる。

故意であろうとなかろうと、自らが社会に与える影響については責任がある。これが原則である。組織が社会に与える影響には、いかなる疑いの余地もなく、その組織のマネジメントに責任がある。

企業をはじめあらゆる組織が、社会の深刻な病気のすべてに関心を払わなければならない。できれば、それらの問題を、組織の貢献と業績のための機会に転換しなければならない。それができなくとも、少なくとも問題がどこにあり、どう取り組むべきかを検討しなければならない。関心を払わないことは許されない。この組織社会においては、彼ら組織のほかに、諸々の社会の問題について関心を払うべきものがいないからである」。

お気づきだと思うが、これは、企業がサステナビリティ取り組む原則1、原則2と同じことを言っている。原則1と同じ内容の「自らが社会に与える影響への対応」は、CSRの考え方だ。そして、原則2に関係する「社会の深刻な病気」というのは、今で言えばSDGsに当たる。すべての企業は、SDGsに関心を持たなければならないとしている。さらに、「組織の貢献と業績のための機会に展開」というCSVの考えを述べている。企業は、CSRに基本として取り組まなければならず、SDGsには関心を持たなければならず、できればSDGsをCSVの機会とすべきであると言っている。これは、企業がサステナビリティ経営を推進する上での基本思想であり、原則1、原則2のベースになっている。

コトラーとサステナビリティ経営

マーケティングの大家フィリップ・コトラーは、企業がマーケティングを通じて社会価値を創造するためのコンセプトを提唱している。「社会的責任のマーケティング」では、社会課題解決にマーケティングを応用するコンセプトを示している。具体的には、コーズ・プロモーション、コーズ・リレーテッド・マーケティング、ソーシャル・マーケティングだ*19（図35）。

コーズ・プロモーションは、特定の社会課題（＝コーズ）に対する社会や消費者の関心を高めるために宣伝などを行うものだ。コーズ・リレーテッド・マーケティングは、商品やサービスの販売などと社会課題への対応を関連付けるもので、商品やサービスの売上の一部を特定の社会課題解決に取り組むＮＧＯ／ＮＰＯに寄付するなどが典型的な活動だ。ソーシャル・マーケティングは、社会課題解決に向けた行動変化に焦点を当て、特定の社会課題に関する行動変化のキャンペーンの企画や実施を支援するものだ。

また、コトラーは、製品志向のマーケティング１・０、顧客志向のマーケティング２・０に対し、社会志向のマーケティング３・０、自己実現志向のマーケティング４・０、テクノロジーの進化を反映したマーケティング５・０を提唱している。このうち、マーケテ

図35　社会課題解決を目的としたマーケティング

方法	概要
コーズ・プロモーション	特定の社会課題（コーズ）に対する世の中の意識や関心を高めることに主眼を置いたマーケティング活動
コーズ・リレーテッド・マーケティング	製品・サービスの売上の一定割合を特定の社会課題解決のために寄付することを約束するマーケティング
ソーシャル・マーケティング	社会課題解決に向けた行動変化に焦点を当て、特定の社会課題に関する行動変化のキャンペーンの企画や実施を支援

ィング3・0がサステナビリティ経営にとって重要な考え方だ。[*20]

経済が成長し、需要が拡大し、競争が限定的な中では、製品志向のマーケティング1・0で十分市場を創り出すことができる。製品(Product)、価格(Price)、流通(Place)、プロモーション(Promotion)の4Pを考えれば十分事業が成り立つ。「いかに製品を販売するか？」を考えることが中心となる。

しかし、市場が成熟し、競争が激しくなってくると、顧客ニーズにしっかり応え自社の製品を選択し、継続的に購入してもらうことが必要になる。市場創造のためには、顧客志向のマーケティング2・0が求められる。市場をセグメント化し(Segmentation)、ターゲット顧客を選定し(Targeting)、顧客ニーズに対応して自社製品のポジションを定める(Positioning)、STPなどが求められる。ここでは、「顧客ニーズに応え、顧客をいかにつなぎとめるか?」を問う必要がある。

近年は、市場がさらに進化し、消費者が製品に対する知識や経験を持つようになり、それがソーシャルメディアなどを通じ幅広く共有されるようになっている。こうした消費者が力を持つ時代には、製品・サービスの開発や販売において、消費者の共感を得て協力してもらい、その力を活用することが求められる。

また、グローバル経済が発展する一方で、人々が人間的なつながりを求めたり、自己実現などの精神的充足を求めたり、環境や社会の持続性に不安を覚えたりしている。こうした人々の欲求に応えるには、人々を単に消費者とみなすのではなく、マインドとハートと精神を持つ全人的な存在と見なすことが必要だ。

このように消費者の知識や意識が高度化した時代には、企業のほうも一段高い視座を持って、自社がいかに社会に価値を提供しているかを伝える必要がある。企業はパーパスを掲げて自社の社会的価値を明確にすることが求められる。また社会に価値を生み出す製品・サービス、社会貢献活動、消費者との対話を通じ、消費者のハートに訴えかけ、感情的な結びつきと長期的な信頼を獲得し、協力者となってもらうことが求められる。これを実践するのが社会志向のマーケティング3・0だ。「いかに社会（人々）の共感を得るか？」が重要となる。

サステナビリティ経営の実践には、マーケティング3・0の考え方を持つことが必要だ。社会にとっての価値と消費者にとっての価値を明らかにする。自社が生み出す社会価値をストーリーにして消費者の問題意識、貢献意識、感情に訴えかける。共感してくれる消費者との協働で社会に価値を広げていく。「世界をよりよい場所にする」ことを目的とするマーケティング3・0の考え方を通じてサステナビリティ経営を実践することが企業の成功をもたらす時代になっている。

クリステンセンとサステナビリティ経営

イノベーションの大家クレイトン・クリステンセンは、イノベーションのジレンマなどの優れた洞察に基づく研究や著作で、多くのビジネスパーソンに影響を及ぼしている。また、クリステンセンは、人格者としても、多くの人々の生き方に影響を与えている。

クリステンセンのイノベーションのジレンマの考え方は、短期的視点で既存の顧客、ステークホルダーの声に従うがゆえに、中長期的な失敗を導くという意味で、サステナビリティとも共通しているところがある。[*21]

イノベーションのジレンマの考え方は、こうだ。優良企業は、顧客の意見に耳を傾け、顧客が求める製品を増産し、改良するために新技術に積極的に投資するがゆえに、また、市場の動向を注意深く調査し、最も収益率の高そうなイノベーションに投資するがゆえに、その地位を失う。その原因となるのが、「(ローエンド型)破壊的イノベーション」だ。「破壊的イノベーション」は、低価格、低性能のローエンド市場向け製品・サービスとして現れる。ハイエンド市場の顧客向けに高性能で収益率の高い製品・サービスを提供する優良企業は、これを無視する。いや、高性能や高利益率を求める顧客や投資家の要求、それに適応した社内プロセスのために無視せざるを得ない。しかし、「破壊的イノベーション」は新しい製品・サービスであるがゆえにその進化も早く、短期間に十分な性能を持つに至る。「破壊的イノベーション」が十分な性能を持つに至ったときは時すでに遅く、十分な性能と価格競争力を持った製品・サービスが既存企業の顧客とその地位を奪ってしまうというものだ。

サステナビリティに関しても、同様なことが起こっている。短期的な視点で顧客や株主の声に従ってサステナビリティに背を向けると、長期的な競争力を失う可能性がある。それを克服するには、リーダーシップが重要だ。

第1章で紹介したイノバビリティを推進しているイタリアの電力大手エネルは、将来的に100％再生可能エネルギーで電力を供給することにコミットしている。しかし、顧客は安価で安定した既存のインフラを生かしたエネルギー供給を求め、株主も既存資本の効率利用によるキャッシュの最大化を求める。その中では、再生可能エネルギーに大胆にシフトするのは難しい面もあるが、エネルのフランチェスコ・スタラーチェCEOは、「世界にはエネルギーにアクセスできていない人が沢山いて、そうした人々にエネルギーを提供するにはイノベーションが必要」、「サステナビリティがイノベーションをドライブする」と考え、再エネシフト、サステナビリティ推進にリーダーシップを発揮している。

エネルギーのほか、モビリティの電動化、代替肉などの新たな食品、プラスチック代替素材、CO_2回収・利用など、サステナビリティ領域でも様々なイノベーションが生まれている。これらは、イノベーションのジレンマにおける破壊的イノベーションとは異なり、高価格で低性能なものが多いが、早く進化するものもあり、ある程度の時間軸で、十分な競争力をもつに至るものもある。それが、大胆にサステナビリティに向けてポートフォリオをシフトできない企業の顧客とその地位を奪うことは、十分考えられる。

こうしたサステナビリティにおけるイノベーションのジレンマを克服するには、パーパス、長期的視点、リーダーシップが必要だが、「既存の意思決定プロセスや価値基準により長期的視点での取り組みが阻害されないよう、独立した組織に、経営資源を与えて運営を任せる」などのクリステンセンが提唱するイノベーションのジレンマの克服方法も有効だろう。

クリステンセンの理論は、社会課題解決イノベーションにも応用すべきだ。故クリステンセンも、自らの理論が持続可能な社会の発展に貢献することを願っているだろう。

ジム・コリンズとサステナビリティ経営

ドラッカーの後継者とも言われるジム・コリンズのビジョナリー・カンパニーシリーズは、経営書として特に人気・評価の高いものだが、サステナビリティ経営の観点でも優れた示唆をいくつも与えてくれる。これまで4つのシリーズ書籍が刊行（ZEROや特別編などを除く）されており、最初の『ビジョナリー・カンパニー① 時代を超える生存の法則』は、経営者が入れ替わっても長期にわたって成長し続ける企業の特徴を洗い出しており、まさに長期的に持続する経営のエッセンスを示している。2作目の『ビジョナリー・カンパニー② 飛躍の法則』は、ある時点から急に業績を伸ばした企業を分析し、飛躍のために何が行われたのか、その法則をまとめたものだ。3作目の『ビジョナリー・カンパニー③ 衰退の五段階』は、過去に偉大だったが転落したり消滅したりした企業を分析し、その衰退の法則を示したものだ。「ビジョナリー・カンパニー④ 自分の意志で偉大になる」は、不確実な時代に外部環境に惑わされず自らの意志で長期的に成長し続け偉大になった企業を分析しており、1作目とは異なる視点で、持続的に成長する企業のエッセンスを示している。[*22・23・24・25]

このビジョナリー・カンパニーシリーズ①②④から、サステナビリティ経営に示唆を与えてくれる法則をいくつか紹介する。

ビジョナリー・カンパニー①で示されたサステナビリティ経営に関連する重要な概念は、「ORの重圧をはねのけ、ANDの才能を活かす」、「基本理念を維持し、進歩を促す」、「社運をかけた大胆な目標(BHAG)」だ。まず、ビジョナリー・カンパニーは、利益を超えた目的と現実的な利益の追求は両立できないという「ORの抑圧」に屈することなく、両方を手に入れようとする。ビジョナリー・カンパニーにとっては、利益は存続のための必要条件・手段であり、目的としてもっと意義のある理想を追求している。ビジョナリー・カンパニーは、業種を問わず理念と利益を同時に追求している。そして、この基本理念を維持しつつ、基本理念以外は、時代に応じてすべてを進化させている。

また、ビジョナリー・カンパニーは、進歩を促す強力な仕組みとして、ときとして社運を賭けた大胆な目標、BHAG（Big Hairy Audacious Goals）を掲げる。BHAGは、明確で説得力があり、集団の力を結集し、全社一丸となった爆発的なエネルギーを生むものだ。今の時代、サステナビリティに関する大胆な目標は、BHAGとして、社員の力を結集し、イノベーションを生み出すものになる。

ビジョナリー・カンパニー②で、サステナビリティ経営に関して重要なのは、針鼠の概念だ。「自社が世界一になれる部分」、「経済的原動力になるもの」、「情熱を持って取り組めるもの」の3つの円が重なる部分を理解し、その領域にこだわる。これは、サステナビリティに関して言えば、マテリアリティやCSV戦略に関連する部分で、「自社が社会課題解決に大きな価値を生み出せるか?」、「自社事業と関わりが大きく、企業価値も生み出せるか?」、「自社が本当にやりたいこと（やるべきこと）か?」という観点で対象とする社会課題を特定し、その解決のためにリソースを集中する。それが、社会と自社の両方に価値を生み出す。

ビジョナリー・カンパニー④で重要な概念は、「10X型リーダー」、「20マイル行進」、「銃撃に続いて大砲発射」だ。ビジョナリー・カンパニー④では、経営基盤が脆弱な状況でスタートしたにもかかわらず、不安定な環境下で目覚しい成長を遂げ、偉大になった企業を「10X（10倍）型企業」と命名し、こうした企業を率いるリーダーを「10X型リーダー」と呼んでいる。10X型リーダーは、カリスマ性の有無など、性格はいろいろだが、共通しているのは、「自己を超越した大儀のために全身全霊をささげている」ことだ。10X型リーダー全員が大儀を思い描いている。カネ、名誉、権力ではなく、「世界を変えたり、社会に貢献したりする」ことが10X型リーダーの原動力になっている。

10X型企業は、規律と創造力を併せ持っている。規律に関しては、順風でも逆風でも着実に一定の速度で成長する「20マイル行進」を行っている。「20マイル行進」のためには、厳しい状況下でも断固として高い成果を出すことと、快適な状況下でも行き過ぎないように自制することが必要だ。こうした規律は、着実に環境負荷を改善し続ける、社会課題解決に向けた一定の投資を続けるなど、長期的視座に立って、社会課題解決を通じて成長するためには、非常に重要なことだ。

創造力に関しては、10X企業は、大きくリスクを取るのではなく、実証的に創造力を発揮している。そのための手法が「銃撃に続いて大砲発射」だ。いきなり大きな賭けにでるのではなく、低コスト・低リスクで事業などの有効性を実証した上で、成功の見込みがあるものに大きな投資をする。10X型企業は、リスクに対しては非常に敏感で、常に慎重かつ冷静な対応を怠らない。社会課題解決型のビジネスの場合は、まず社会貢献活動やソーシャル・ビジネスとして始めてみて、ビジネスとして展開可能という見込みが立った上で事業化するというやり方が、「銃撃に続いて大砲発射」に近いだろう。

10X型企業は、良い意味でマイペースだ。自らの掲げる大儀を実現するため、株主・投資家や顧客などからのプレッシャーに左右されることなく、自らの信念のもと、長期的視座に立って、自らのペースで着実に前進する。従来の概念に囚われない社会課題解決型のビジネスを成功させるには、こうした信念と規律をもったマイペースさは、極めて重要だ。

＊1 「パーパスを戦略に実装する方法」、トーマス・W・マルナイト、アイビー・ブッシュ、チャールズ・ダナラジ、『DIAMONDハーバード・ビジネス・レビュー』2020年3月号

＊2 「パーパスを実践する組織」、サリー・ブラント、ポール・レインワンド、『DIAMONDハーバード・

ビジネス・レビュー』２０２０年7月号

＊3 “The Purpose Revolution: How Leaders Create Engagement and Competitive Advantage in an Age of Social Good”, John Izzo&Jeff Vanderwielen, Berrett-Koehler Publishers, 2018. 解説John Izzo, “4 Ways CEOs Can Truly Drive Purpose in Companies”, https://sustainablebrands.com/read/leadership/4-ways-ceos-can-truly-drive-purpose-in-companies より

＊4 「パーパスのためのアクション」、フィリップス、https://www.philips.co.jp/a-w/about.html.（２０２３年5月19日閲覧）

＊5 『21世紀の経営リーダーシップ』、ジョン・P・コッター、日経BP社、１９９７年

＊6 「ムーンショット――未来から逆算した斬新な目標」、スコット・D・アンソニー、『DIAMOND ハーバード・ビジネス・レビュー』（オンライン版）、２０１３年

＊7 “Science-driven goals: what businesses want to know”, Charlotte Bande, https://www.greenbiz.com/article/science-driven-goals-what-businesses-want-know-sponsored.（２０１９年閲覧）

＊8 “Six business benefits of setting science-based targets”, Dexter Galvin, Global Director of Corporates and Supply Chains, CDP, SCIENCED BASED TARGETS, 2018.

＊9 「ESG戦略で競争優位を築く方法」、ジョージ・セラフェイム、『DIAMOND ハーバード・ビジネス・レビュー』２０２１年1月号

＊10 「『脱炭素』市場が値踏み」、日本経済新聞２０２０年12月15日朝刊

＊11 “7 Roles to Create Sustainable Success”, Carola Wijdoogen, Amsterdam University Press, 2020.

＊12 “5 core competencies of sustainability leadership”, Greenbiz.com, https://www.greenbiz.com/article/5-core-competencies-sustainability-leadership.（２０１５年閲覧）

＊13 “Managing sustainability talent: Lofty goal or new business imperative?”, https://www.greenbiz.com/article/managing-sustainability-talent-lofty-goal-or-new-business-imperative.（２０１５年閲覧）

*14 『社員力革命』、綱島邦夫、日本経済新聞社、２００６年

*15 「トライセクター・リーダー：社会問題を解決する新たなキャリア」、ニック・ラブグローブ、マシュー・トーマス、『DIAMOND ハーバード・ビジネス・レビュー』２０１４年2月号

*16 "Embedded:5 Factors for Rooting Sustainability in Your Organization", https://sustainablebrands.com/read/organizational-change/embedded-5-factors-for-rooting-sustainability-in-your-organization.（２０１９年閲覧）

*17 「持続可能性を戦略の柱とすべきもっともな理由」、テンシー・ウィーラン＆カリー・フィンク、『DIAMOND ハーバード・ビジネス・レビュー』２０１９年2月号

*18 『マネジメント【エッセンシャル版】基本と原則』、P・F・ドラッカー、ダイヤモンド社、２００１年

*19 『社会的責任のマーケティング―「事業の成功」と「CSR」を両立する』、フィリップ・コトラー、ナンシー・リー、東洋経済新報社、２００７年

*20 『コトラーのマーケティング３・０　ソーシャル・メディア時代の新法則』、フィリップ・コトラー、ヘルマワン・カルタジャヤ、イワン・セティアワン、朝日新聞出版、２０１０年

*21 『イノベーションのジレンマ　技術革新が巨大企業を滅ぼすとき』、クレイトン・クリステンセン、翔泳社、２０００年

*22 『ビジョナリーカンパニー　時代を超える生存の法則』、ジェームズ・C・コリンズ、ジェリー・I・ポラス、日経BP出版センター、１９９５年

*23 『ビジョナリーカンパニー②　飛躍の法則』、ジェームズ・C・コリンズ、日経BP社、２００１年

*24 『ビジョナリーカンパニー③　衰退の五段階』、ジェームズ・C・コリンズ、日経BP社、２０１０年

*25 『ビジョナリーカンパニー④　自分の意志で偉大になる』、ジム・コリンズ、モートン・ハンセン、日経BP社、２０１２年

3

SDGs課題と解決策の結節
――SDGs17ゴールへの具体的取り組み

SDGs／接続可能な開発目標

目標 **1** 貧困をなくそう
No Poverty

目標 **2** 飢餓をゼロに
Zero Hunger

目標 **3** すべての人に健康と福祉を
Good Health and Well-Being

目標 **4** 質の高い教育をみんなに
Quality Education

目標 **5** ジェンダー平等を実現しよう
Gender Equality

目標 **6** 安全な水とトイレを世界中に
Clean Water and Sanitation

目標 **7** エネルギーをみんなに、そしてクリーンに
Affordable and Clean Energy

目標 **8** 働きがいも経済成長も
Decent Work and Economic Growth

目標 **9** 産業と技術革新の基盤をつくろう
Industry, Innovation and Infrastructure

目標 **10** 人や国の不平等をなくそう
Reduced Inequalities

目標 **11** 住み続けられるまちづくりを
Sustainable Cities and Communities

目標 **12** つくる責任　つかう責任
Responsible Consumption and Production

目標 **13** 気候変動に具体的な対策を
Climate Action

目標 **14** 海の豊かさを守ろう
Life Below Water

目標 **15** 陸の豊かさも守ろう
Life on Land

目標 **16** 平和と公正をすべての人に
Peace, Justice and Strong Institutions

目標 **17** パートナーシップで目標を達成しよう
Partnerships for the Goals

第1章の冒頭で述べたとおり、SDGsが2015年に採択されて以降、SDGsの認知度は高まってきているが、ビジネスでの取り組みはまだ限定的だ。メディアなどで紹介される事例は、社会貢献的なものか、既存ビジネスの「ラベル貼り」にとどまっている。

SDGsは、既存の社会・経済システムにおいて未解決の問題の集合体であり、従来のビジネスのやり方では解決が難しいのは確かだ。しかし、世界的な解決ニーズがあり、新たなビジネス機会のポテンシャルを持つフロンティアでもある。チャレンジする価値は大いにある。

SDGsをビジネスで解決するには、従来とは異なる新たなレンズ(=ものの見方、解決のフレームワーク)が必要だ。これまでに紹介したCSVや6つの資本なども、SDGsビジネスを構想するためのレンズとなる。

とは言え、概念論だけでは、具体的イメージが湧きにくいだろう。本章では、CSVや6つの資本などのコンセプトも交えつつ、SDGsの17ゴールそれぞれについて、企業はどう取り組むべきかについて、具体的な考え方や事例を紹介し、その中で、SDGsビジネスを構想する際に活用できる新たなレンズについても考察していく。

SDGs 目標 1

ＳＤＧｓの最重要課題「貧困」に対応する途上国ビジネスの課題と解決策

ＳＤＧｓ目標１「貧困をなくそう」は、ＳＤＧｓの象徴的課題だ。ＳＤＧｓの採択文書「２０３０アジェンダ」の冒頭で「貧困を撲滅することが最大の地球規模の課題」とされており、ＳＤＧｓの中でも特別な位置付けにある。貧困問題に対応するビジネスは、ＳＤＧｓビジネスの中でも、最優先のものと言える。

貧困問題解決の中心的ターゲットは、極度の貧困層の85％が暮らす南アジア、サブサハラ（サハラ砂漠以南）・アフリカ地域などの途上国になる。*1 しかし、途上国には、消費者の購買力不足、現金の当日入手、市場が分散しており流通が未整備、消費者が商品・サービスを受け入れる知識・習慣を持っていない、社会インフラの不足などの特有の課題があり、他で成功したビジネスモデルがそのまま通用するわけではない（図36）。

こうした途上国特有の課題に対しては、ＣＳＶのフレームワークに基づく対応が有効だ

図36　途上国でのSDGsビジネスにおける課題

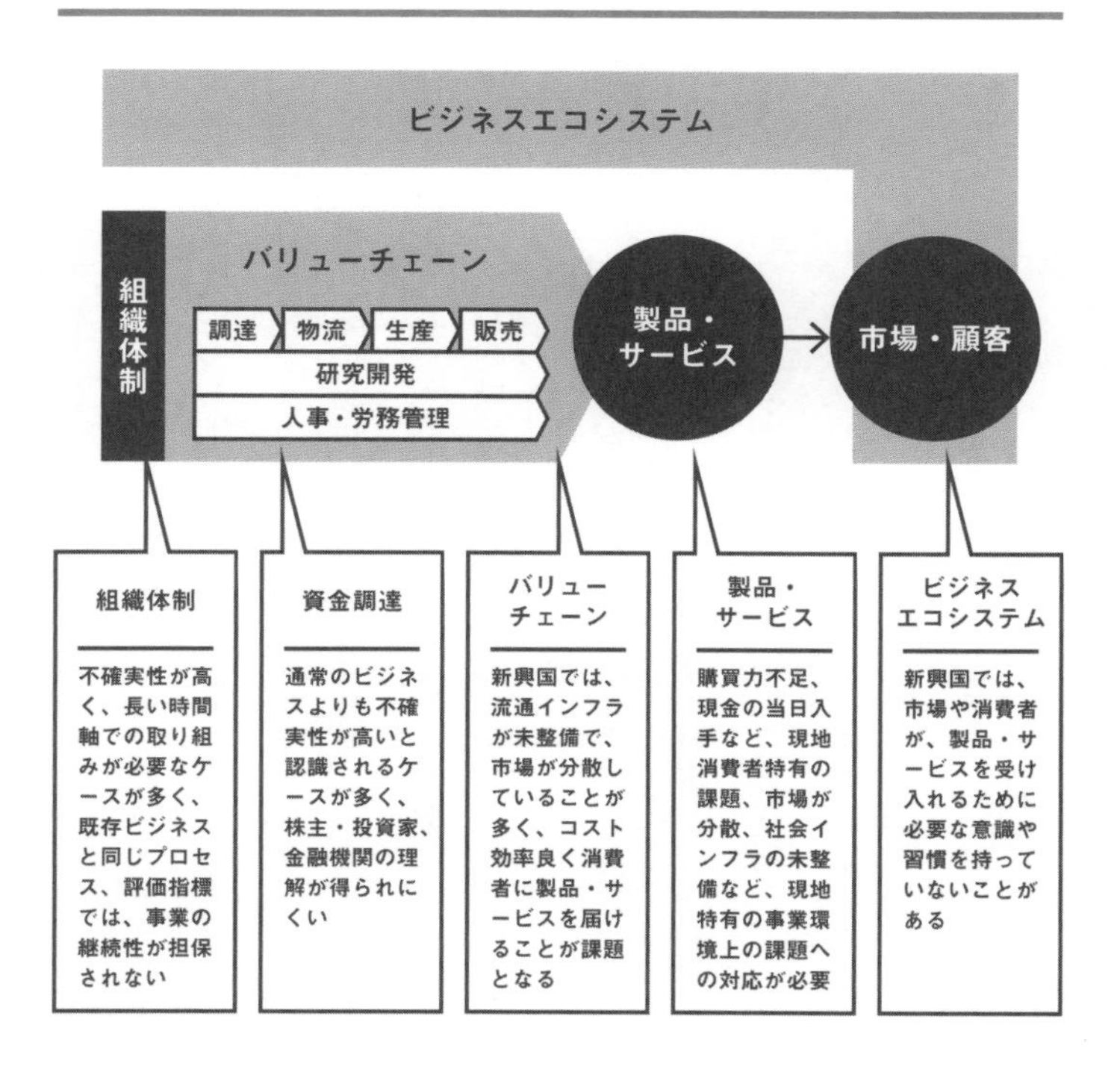

（図37）。

製品・サービスに関しては、シンプルで堅牢、容易な操作・メンテナンス、手に入れやすい価格、電力不要など、現地のニーズに合った製品の開発が考えられる。一人ひとりの購買力が小さく、幅広い地域にユーザーが分散している市場において、ＩＣＴにより多くのユーザーとつながり、使用量に応じた少額課金を可能としているサービスなどもある。

バリューチェーンに関しては、ＮＧＯ等と協働した、現地の有力者との提携、現地の女性や起業家育成によるチャネルの構築などが考えられる。

ビジネスエコシステムについては、ＮＧＯ等と協働した、消費者の意識、行動習慣の変化を促す啓発活動による市場創造が考えられる。

その他、不確実性の高い途上国ビジネスでは、資金調達において開発系金融機関の資金を活用する、長期視点での取り組みを可能とする組織体制構築などの検討も必要となる。

貧困問題を抱える市場は、将来の成長ポテンシャルを持つ市場でもある。そうした市場の創造にチャレンジすることこそが、ＳＤＧｓビジネスの本丸だ。「わが社はＳＤＧｓに取り組んでいます」という企業は、是非、そうしたチャレンジをして欲しい。

図37　途上国でのSDGsビジネスの課題への対応策

	ビジネス展開上の課題		対応策
ソリューション（製品・サービス）開発	●購買力不足、現金の当日入手など、現地特有の消費者に関する課題が存在 ●市場が分散、社会インフラ不足など、現地特有の事業環境上の課題が存在	→	●シンプルで堅牢、容易な操作・メンテナンス、手に入れやすい価格、電力不要など、現地のニーズに合った製品の開発 ●ICTを活用した多数の個人にアクセスできる、分散した市場をつなげるビジネスモデル開発
資金調達	●通常のビジネスよりも不確実性が高いと認識されるケースが多く、株主・投資家、金融機関の理解が得られにくい	→	●開発系金融機関の資金活用を検討 ●最初は社会貢献の意味合いも含め、限られた予算でパイロットプロジェクトとして始め、実績を積み上げてビジネスを拡大する
バリューチェーン構築	●新興国では、流通インフラが未整備で、市場が分散していることが多く、コスト効率良く消費者に製品・サービスを届けることが課題となる	→	●NGO等との協働、現地の有力者との提携、現地の女性や起業家を育成して、チャネルとして活躍してもらうモデルの構築など
ビジネスエコシステム整備	●新興国では、市場や消費者が、製品・サービスを受け入れるために必要な意識や習慣を持っていないことがある	→	●NGO等と協働し、社会課題の解決に向けて、消費者の意識、行動習慣の変化を促すための啓発活動を実施
組織体制構築	●不確実性が高く、長い時間軸での取り組みが必要なケースが多く、既存ビジネスと同じプロセス、評価指標では、事業の継続性が担保されない	→	●社会価値の創造という観点から、長期的視点での取り組みができるよう、特別な組織体制構築、評価指標設定等を実施

SDGs 目標 2

「飢餓をゼロに」とだけ理解されるが、しっかりSDGsに取り組むなら、さらに内容を読むべき

SDGsは、「貧困をなくそう」、「飢餓をゼロに」といったシンプルなキーワードとカラフルなロゴで示されることが多い。これが親しみやすさにつながり、SDGsの広がりに貢献している。一方で、シンプルなキーワードだけでは、SDGsの内容が十分に伝わらない面もある。

SDGs目標2は、「飢餓をゼロに」と表現されるが、正式には、「飢餓を終わらせ、食料安全保障及び栄養改善を実現し、持続可能な農業を促進する」だ。また、ターゲットには、2030年までの飢餓の撲滅、栄養不良解消、小規模農家の生産性・所得倍増、持続可能な食料生産システム構築などが含まれる。

「飢餓をゼロに」とだけ理解していると、途上国への食料支援、フードバンクといった限られた活動のイメージしか湧かず、企業が取り組む場合には、社会貢献活動として行うこ

図38　SDGs目標2「飢餓をゼロに」のターゲットへの対応

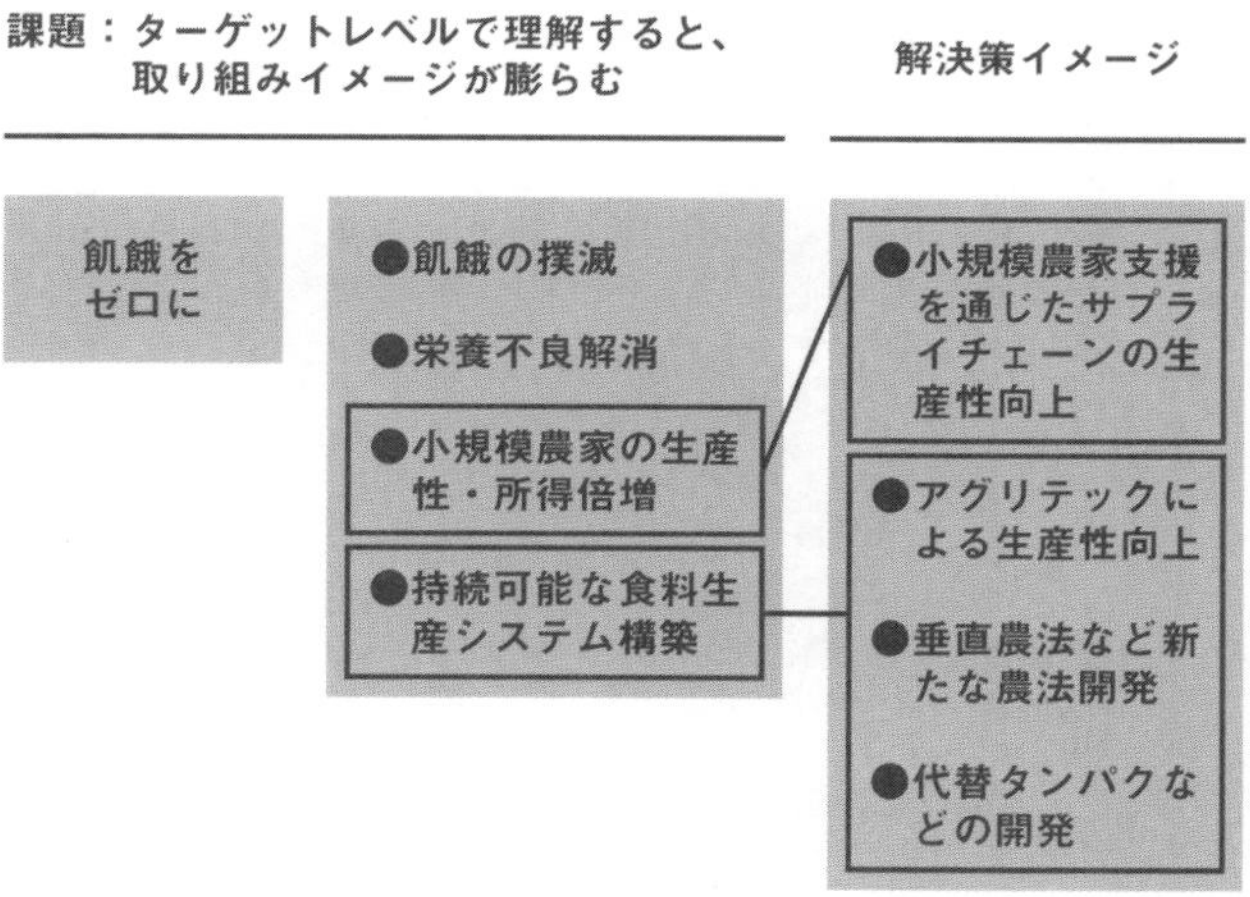

課題：ターゲットレベルで理解すると、取り組みイメージが膨らむ

解決策イメージ

飢餓をゼロに

- 飢餓の撲滅
- 栄養不良解消
- 小規模農家の生産性・所得倍増
- 持続可能な食料生産システム構築

- 小規模農家支援を通じたサプライチェーンの生産性向上
- アグリテックによる生産性向上
- 垂直農法など新たな農法開発
- 代替タンパクなどの開発

とになる。しかし、ターゲットレベルまでしっかり理解すれば、企業として取り組めることがたくさんあることが分かる（図38）。

例えば、食品企業であれば、「小規模農家の生産性・所得倍増」に関して、サプライチェーンにおいて小規模農家に依存している農作物を中心に、小規模農家に品質向上のノウハウや必要な資金を提供するなどの支援を行い、それにより高品質な原材料の安定調達を実現するといったバリューチェーンのCSVの取り組みが考えられる。

「持続可能な食料生産システム構築」については、より幅広い企業が取り組むことができる。広大な土地や莫大な水を利用し、メタンなどの温室効果ガスを排出する食料生産を持続可能なものとするため、様々な取り組みが考えられる。

ＩＣＴなどのテクノロジーを用いて、効率的な農業を実現しようとするアグリテックでは、センサー、ドローンなどを用いた水利用や農薬散布の効率化、衛星画像やＩｏＴデバイスからのデータを用いた生産性向上、収穫ロボットなど、様々なテクノロジーが農業に応用されている。垂直農法／植物工場など、土地を使わない農業の開発も進められている。

世界の人間活動由来の温室効果ガス排出の約14・5％を占めるなど、特に環境負荷の大きい食肉生産に関しては、植物肉が普及し、培養肉の開発も進んでいる。[*2] 植物肉については、スタートアップも含めて基本的に食品メーカーが提供しているが、植物肉の形状を安定化させる結着機能を持つ素材や塩分を抑えながら肉の風味や食感をつくり出す素材を化学メーカーが提供するなど、食品メーカー以外にも事業機会がある。畜産の環境負荷軽減に関しては、温室効果ガスであるメタンの大きな排出源となっている牛の消化管内発酵を抑える飼料添加物を素材メーカーが提供している例などもある。

ＳＤＧｓをシンプルなキーワードで理解するだけでなく、内容をしっかり理解することで、ビジネス機会も多く存在することが分かり、取り組みの幅が広がる。既存活動へのラ

ドローンによる農薬散布の様子

ベル貼りや限られた社会貢献的取り組みが目立つ企業のＳＤＧｓの取り組みを、より本格的なものとしていくには、まずは、ＳＤＧｓをしっかり理解することが重要だ。

SDGsへの貢献は、未解決の課題を解決してこそ ヘルスケアの事例から考える

ＳＤＧｓのロゴを自社の既存の活動に紐づけて、「こんな貢献をしています」とアピールする「ラベル貼り」では、ＳＤＧｓに貢献していることにはならないことは、これまでも述べているとおりだ。ＳＤＧｓは、従来の取り組みでは未解決の課題の集合体であり、未解決の課題に取り組んでこそ意味がある。すべての企業は、社会に何らかの価値を生み出しているが、既存の社会価値をアピールしても、新しい価値を生み出していることにはならず、ＳＤＧｓに貢献していることにはならない。

分かりやすい例では、製薬メーカーが、ＳＤＧｓ目標３「すべての人に健康と福祉を」に貢献しています、とアピールしても、普通に医薬品を販売して利益を上げているだけでは、ＳＤＧｓ目標３に貢献していることにはならない。例えば、従来のビジネスモデルでは十分に対応できていない途上国の医療事情を改善すれば、ＳＤＧｓに貢献することにな

図39　途上国の医療事情改善の課題と解決策

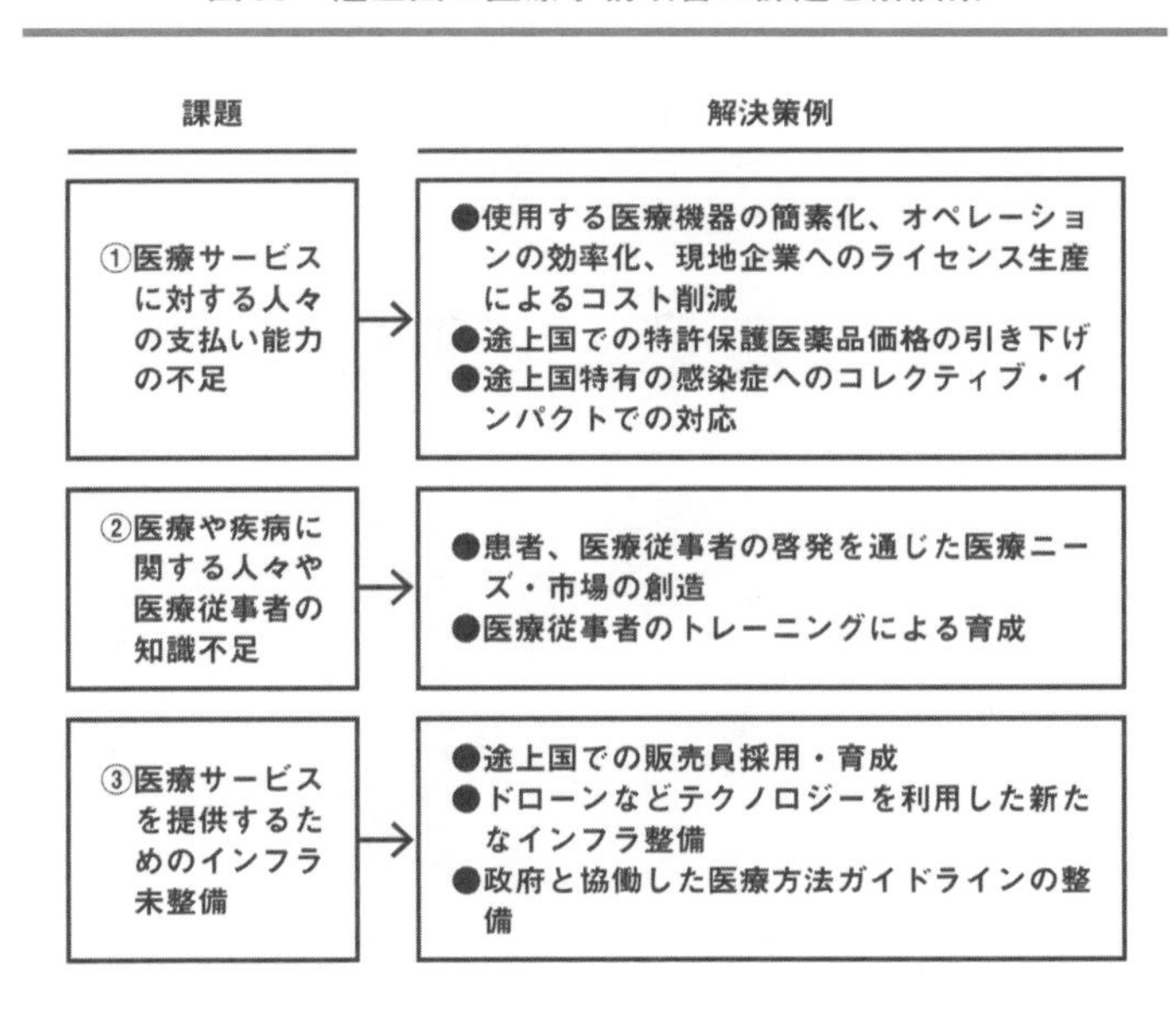

る（図39）。

途上国の医療ニーズが既存のビジネスで対応できていないのは、①医療サービスに対する人々の支払い能力が不足している（そのために途上国特有の感染症等に開発費が投入されない）、②医療や疾病に関する人々や医療従事者の知識が不足している、③医療サービスを提供するためのインフラが整備されていない、などの課題があるためだ。こうした課題の克服に向けてチャレンジしてこそ、SDGs目標3に取り組んでいると言える。各項目ごとに見てみよう。

①医療サービスに対する支払い能力不足に対する取り組みとしては、使用する医療機器の簡素化やオペレーションの効率化によりコストを削減する、現地企業へのライセンス生産によりコストを削減する、途上国では特許で保護された医薬品の価格を先進国より大幅に引き下げるなどの対応がある。また、「顧みられない熱帯病」などの途上国特有の感染症に対して、他企業、財団、政府機関等と協働してコストとリスクを軽減しつつR＆Dに積極的に取り組むといった対応もある。

②医療や疾病に関する知識不足に対する取り組みとしては、患者や医療従事者の啓発活動などを通じて時間をかけて医療ニーズ・市場を創造するやり方がある。糖尿病などは、こうした啓発発動を通じて、多くの途上国で治療の重要性についての理解が広まり、糖尿病を治療するという新たな市場が生まれている。また、医療従事者の知識が不足している場合は、ヘルスケア企業がトレーニングを実施して医療従事者を育成することも有効だ。

③医療サービスのインフラ未整備への取り組みとしては、途上国でのチャネル構築のた

め、途上国の地方で販売員を採用・育成している例がある。ドローンで血液や医薬品を届けるなどテクノロジーを利用して新たなインフラを整備するやり方もある。制度的なインフラについては、政府と協働して医療方法のガイドラインを整備している例もある。

こうした取り組みを、社会からの信頼を獲得して事業を継続・拡大する、途上国で新しい市場を開拓する、途上国向けのイノベーションを先進国市場にも広く展開する（リバース・イノベーション）など、自社の長期的価値創造に結び付けて行うことができれば、ビジネスをスケールしつつ、社会価値を生み出すことができる。実際、ノボ・ノルディスクの啓発活動による糖尿病市場開拓など、成功例もある。ＳＤＧｓに貢献するには、未解決の課題を克服する新たな戦略的視点が必要だ。

SDGs 目標 4

企業が教育で価値を創造する「教育CSV」の3つの方法

教育は、社会の発展の基礎であり、人々が自らの人生を切り拓くための基盤となるものだ。企業がSDGs目標4「質の高い教育をみんなに」に対して、価値を創造しようとする場合、その取り組みには3つの方向性がある。

3つの方向性とは、①エドテック、②バリューチェーン、③市場創造だが、それぞれCSVの製品・サービス、バリューチェーン、ビジネスエコシステムの3つの基本アプローチに関連している（図40）。

①エドテック（EdTech）は、Education と Technology の頭文字を取った、ICTを活用したサービスのことだ。ハーバード、スタンフォードなどの有名大学の講義が無償で受けられる「MOOC（ムーク）」など、エドテックにより、幅広い人々が世界中の優れた教

図40　教育CSVの3つの方法

製品・サービスのCSV 「エドテック」	ICTを活用した、教育へのアクセス、教育効果の向上
バリューチェーンのCSV 「バリューチェーン」	バリューチェーンに関わる人材への教育提供によるバリューチェーンの生産性向上
ビジネスエコシステムのCSV 「市場創造」	自社ビジネスの顧客が持つべき知識や技能の教育を通じた普及による市場創造

育にアクセスすることが可能となっている。こうした新たな教育サービスを成長市場と捉え、ICT企業などが参入している。例えば、教育アプリを展開し、データに基づき教育効果を高めるよう進化させるなどが行われているが、ARやVRなどの活用も含め、さらなる展開が期待されている。

②バリューチェーンは、自社およびサプライチェーンを含むバリューチェーンに関わる人材に教育を提供することで、バリューチェーンの生産性を向上するものだ。特に途上国に生産拠点を構える企業では、現地人材の能力・意識が生産性向上の課題となっている。アジアの日系企業を対象とした調査によると、

2社に1社が「現地人材の能力・意識」を問題としているとのことだ。そのため、トヨタがインドで「トヨタ工業技術学校」を設立するなど、企業によっては、自ら学校を設立して、一般教養から専門教育まで実施しているところもある。これにより、現地人材の教育レベルを底上げし、バリューチェーンの生産性を向上している。

③市場創造は、自社ビジネスの顧客が持つべき知識や技能を、教育を通じて普及することで、市場を創造することだ。楽器やスポーツ用品を展開する企業が、音楽教室やスポーツ教室を通じて、自社の楽器やスポーツ用品を使う人を増やすなどが分かりやすい例だ。ビジネスエコシステムのCSVのところでも紹介したように、シスコは、教育機関とともにインターネット技術者を育成するための教育プログラムである「ネットワーキングアカデミー」を、途上国を中心に世界165か国、1万か所で展開しているが、これも同じ文脈で考えられる。ＩＣＴ機器を使いこなす人が増えれば増えるほど、ＩＣＴ機器やＩＣＴサービスを展開する企業にとっては、市場が拡大することになる。そのため、グローバルＩＣＴ企業は、世界各国で、教育機関とも連携しながら多くのＩＣＴユーザー、ＩＣＴ技術者を育成している。なお、こうしたＩＣＴ教育の展開は、市場創造だけでなく、ＩＣＴ

技術者として自社ビジネスを支える人材の育成にもつながるというバリューチェーン強化の側面もある。これにより、ＩＣＴ技術者不足が事業拡大のネックとならないようにしている。

企業が教育をビジネス機会、競争力強化の機会と捉える視点を広く持つことで、多くの人が必要な教育を受けることができ、それが地域の発展と各人の幸福につながっていくポテンシャルは、まだまだあるはずだ。ＣＳＶの視点で考えてほしい。

SDGs 目標5

ジェンダー平等という、日本が課題を抱える領域を、日本にとっての機会に変える

SDGsの中で、日本の取り組みが遅れているものとして最初にあげられるのは、目標5「ジェンダー平等を実現しよう」だ。SDGsの各国の達成度を示すSustainable Development Reportで日本の達成度が低い項目として毎年挙げられており、世界経済フォーラムが発表する各国の男女格差を測るジェンダーギャップ指数では、146か国中116位(2022年)となっている。*3・4

Sustainable Development Reportでは、「女性国会議員の割合」、「賃金のジェンダー格差」が目標5に関して具体的に達成度が低い項目として挙げられている。日本は課題先進国と言われ、少子高齢化、地域の過疎化、エネルギー自給など、様々な課題を抱えているが、ジェンダー平等もとくに大きな課題である。逆に言えば、日本が課題への取り組みにより競争力を高めるポテンシャルがある領域とも言える(図41)。

図41　ジェンダー平等による競争力向上の可能性

日本の競争力向上

人的資本の活用	世界レベルの教育を受けた女性活躍を通じた競争力の向上、女性活躍のための働き方改革を通じた生産性向上

企業の競争力向上

イノベーション創出力強化	多様な感性や考え方が交わることによるイノベーションの創出
人材不足解消、生産性向上	農業、建設など、人手不足が課題となっている業界における女性活躍による人材確保、働き方改革による生産性向上
新市場獲得	フェムテックなど、女性活躍で生まれる新市場の獲得

以前は、女性は短大に進学するケースも多く、女性と男性との学歴差があったが、最近はその差もなくなってきている。また、識字率、初等・中等教育進学率については、前述のジェンダーギャップ指数でも、世界1位となっており、平等を実現している。教育を受けた女性が多いにもかかわらず、それを生かせていないのが、日本の大きな課題だ。知識労働における男女格差をなくし、女性の能力を生かすことで、日本の競争力は必ず高まる。

企業など組織の観点から言えば、ジェンダー平等は、組織のイノベーション創出力を高める。ジェンダー平等は組織の多様性につながり、多様な感性や考え方が交わることによりイノベーションが生み出される。イノベーションの源泉となるアイデアは、「既存の要素の新しい組み合わせ」で、「新たに結合する要素が互いに遠いものであればあるほど、そのプロセスや結果はより創造的なものになる」とされる。すなわち、革新的アイデアは違いから生み出されるということだ。また、異なった視点を提供してくれるという意味でも、似通った男性ばかりの組織より、多様性のある組織のほうが、イノベーションを生み出す可能性が高いのは、当然のことだ。実際、自動車の購入の意思決定の6割に女性が関与していることを理解し、女性チームによる女性視点での製品開発・マーケティングを推進してヒット商品を生み出した自動車会社など、女性目線だからこその気づきにより生まれたヒット商品は数多くある。

ジェンダー平等が進んでいない農業や建設といった業界でも、女性の参画を進める取り組みが進められている。農業については、農林水産省が企業の協力を得て、女性の視点を生かした新たな商品やサービスを開発し、農業に従事する女性を増やそうとする「農業女子プロジェクト」を展開し、女性が農業に従事しやすい環境を創りだすため、女性向け農業用作業着、女性向けの車両開発などが行われている。建設については、建機メーカーが、女性に建機のオペレーターとして活躍してもらうため、建機の女性専用講習などを実施している。また、建設現場で女性が働きやすいようにトイレや更衣室などハード面を整備するほか、休暇を取りやすい制度、研修などを通じた男性中心組織の意識改革などのソフト面の改革が行われている。

こうした業界では、ジェンダー平等を通じて、人手が不足する中ですぐれた人材を確保し、女性の観点で働く環境を見直すことで生産性が向上し、女性視点で新たな価値を生み出せるポテンシャルがある。

ジェンダー平等は、新しい市場も生み出す。女性活躍促進のためには、まず家事・育児の負担軽減が必要だ。最近の若い世代では、男性も家事・育児をかなり分担するようになっているが、そうした変化も踏まえつつ、家事・育児負担の軽減が必要なことは変わりがない。これまでも家電や冷凍食品、通信販売、クリーニングサービス、ベビーフード、紙おむつなどが開発されてきているが、まだまだイノベーションの余地はあるだろう。家事代行サービス、育児支援サービスなども、もっと使いやすくなると良い。

最近は、女性活躍の推進に伴い、女性特有の健康課題が企業や社会にとって重要度を増し、それをテクノロジーで解決する商品・サービスであるフェムテック（Female ×

Technology）も注目されている。フェムテックは、2025年までに500億ドルの市場を生み出すとの予測もある。[*5] ジェンダー平等の問題が大きいということは、フェムテックの市場ポテンシャルがあるとも言える。

ジェンダーバイアスをなくすための商品開発も行われている。玩具メーカーでは、キャリア志向の女児向けの人形を開発している。コンピューターエンジニア、宇宙飛行士などに加え、起業家の人形を開発しているが、テクノロジー業界で女性起業家が少ないという問題が指摘されている中で、子どもの頃からの無意識のバイアスを変えようとする面白い取り組みだ。

ジェンダー平等は日本再生のカギを握るという意見もあるように、日本にとって特に重要な喫緊の課題として取り組む必要がある。日本の組織は、ジェンダー平等をより大胆に進めるべきだ。そのためには、数値目標を掲げることも有効だ。組織の目指す姿を考えた場合、そこではジェンダー平等が進んでいる組織が描かれるだろう。そうであれば、数値目標を掲げて、明確なコミットメントのもと、その実現に向けて取り組みを進めるべきだ。企業の取り組みに関しては、一般社員や中間管理職からではなく、トップ層からジェンダー平等を進める企業もあるが、こうした手法も有効だろう。なお、長時間労働等を前提とした働き方、男女の役割に対するバイアスなど、男性も含めた働き方や意識変革がないと、本質的なジェンダー平等は進まない。この課題は、日本企業の組織文化の全体的改革、構造的変化を迫るものでもある。

国連（UN Women）親善大使のエマ・ワトソン
国際女性デー（2015年）　ジェンダー平等Q&Aセッションにて

SDGs 目標 6

「水と衛生」という課題を通して企業がSDGsに取り組む基本パターンを考える

SDGs目標6「安全な水とトイレを世界中に」の具体的ターゲットとしては、安全で安価な飲料水へのアクセス、下水施設・衛生施設へのアクセス、水質改善、水利用効率改善等による水不足への対処、水に関連する生態系の保護・回復などがある。

地球上の水の97・5%が海水で、残りの淡水も大部分が氷山・氷河などで人類が使える水はわずかであり、人口が増加して水の利用量が増える中、水の供給は大きな課題だ。[*6] また、世界では、20億人が安全に管理された飲み水を使用できていない、36億人が安全に管理されたトイレを使用できていないなど、衛生面の課題も大きい。[*7] こうした課題に対しては、企業としても様々な取り組みが考えられる。企業が社会課題に取り組む場合、大きく、①製品・サービス、②オペレーション、③社会貢献活動を通じたやり方があるが、それぞれで、取り組みを考えてみよう。なお、これらについて、社会課題解決だけでなく、収益

図42　企業による社会課題対応の基本パターンと「水と衛生」の例

製品・サービス	製品・サービスの機能を通じた社会課題解決ビジネスの展開 ――水ビジネス：水源開発、水インフラ維持、海水淡水化など
オペレーション	生産などのオペレーションに関わる社会課題の解決 ――生産プロセスにおける水の効率利用、再利用、浄化など
社会貢献活動	事業とは別に行うボランティア活動など。戦略的にビジネスエコシステムを強化する活動なども可能 ――飲料企業による水源涵養活動など

や競争力向上も追求する場合は、CSVとなる（オペレーションはバリューチェーンのCSVとなり、社会貢献活動はビジネスエコシステムのCSVとなることが多い）（図42）。

①製品・サービスに関しては、いわゆる水ビジネスとして、水源開発、水の供給、水インフラ維持、下水処理、水の再利用、海水淡水化などのビジネス機会がある。日本企業は、水ビジネスに関して、海水淡水化に使われる逆浸透膜、高圧ポンプをはじめ世界で優位性を持つ技術をたくさん持っており、部品や装置などのビジネスを展開して

いる。一方、統合的な水ビジネスは、水メジャーなど海外企業が展開している。

②オペレーションに関しては、生産プロセスで大量の水を使用するメーカーを中心に、水の効率利用、再利用、浄化などの取り組みが進められている。世界の水の大部分は、農業用水（70%）および工業用水（20%）として使われている。[*6] 農業では、水の効率利用のため、点滴灌漑などが進められている。工業では、水利用の削減、再利用などが行われている。ネスレが水ストレス地域にあるメキシコの乳製品工場で、牛乳を加工する際に抽出した水を利用することで、取水量ゼロとするなどの例もある。[*8] こうした取り組みは、水利用コストの削減にもつながる。

③社会貢献活動については、第1章の6つの資本の自然資本のところで紹介したように、サントリーが、雨水吸収、水質浄化、河川流量調節などの機能を持つ森林を整備する水源涵養活動を行っている。水を大量に使用するサントリーは、水資源に依存しており、水資源を涵養して美味しい水を育む取り組みは、商品の差別化やブランディングに貢献する。水資源地域コミュニティとも連携しながら、工場排水先河川の生態系保全の取り組みを行ってい

る企業の例もある。こちらは、地域との関係構築、地域からの信頼獲得に貢献している。

また、製品・サービスと社会貢献のハイブリッドの活動もある。ヤマハ発動機が、途上国で、簡易的な水浄化装置により安全・安価な飲料水のアクセスを可能としている例、LIXILが簡易トイレや簡易手洗い設備の展開により、途上国の衛生事情を改善している例などがある。[*9・10]これらは、短期的な収益を得られるものではないが、長期的な市場開拓や現地でのブランディングに貢献する。以前、ボルヴィックが行っていた"1L for 10L"のように、先進国での商品売上の一部を途上国で安全で衛生的な水を提供する活動に寄付するコーズ・リレーテッド・マーケティングの取り組みもある。

製品・サービス、オペレーション、社会貢献活動は、その他のSDGsの取り組みについても、施策を考える上での一つのレンズになる。CSVのアプローチとの組み合わせも考えられる。自社のビジネスモデルや強み、自社の戦略や経営にとっての意味合いを考えながら、SDGsにどう貢献し、それをビジネスと両立できるか、考えてほしい。

SDGs 目標 7

途上国のエネルギーアクセス向上とクリーンエネルギーの普及に向けて

SDGs目標7「エネルギーをみんなにそしてクリーンに」は、途上国のエネルギーアクセス、クリーンエネルギーの普及の2つの課題を含んでいる（図43）。

途上国のエネルギーアクセスは、途上国にいかに電気を普及させるかということだ。途上国では、まだ約7・6億人が電力にアクセスできておらず、2030年でも、サブサハラ（サハラ砂漠以南）・アフリカ地域を中心に約6・6億人がなおも電力アクセスを得られないと見込まれている。[*11]

途上国での電力アクセスを向上するにあたっては、巨大な発電所を設置して広く送電線を敷設することは現実的ではなく、太陽光などの再生可能エネルギーによる分散型の電力供給を目指すのが基本となる。しかし、途上国で分散型の電力供給をビジネスとして展開しようとする場合、分散している市場をつなげてどうビジネスとして成り立つスケールを

図43　SDGs目標7
「エネルギーをみんなにそしてクリーンに」の課題と解決策

課題	解決策
途上国のエネルギーアクセス	ICTを活用した、分散する電力需要の結節、電力供給のスケール化、購買力が不足する利用者からの使用分のみの料金回収など
クリーンエネルギーの普及	パーパスを掲げた大胆なエネルギービジネスのポートフォリオ変革、コレクティブ・インパクトによるイノベーション、バリューチェーン構築など

確保するか、利用者の購買力が不足し現金を持っていない中でどう料金を回収するか、現地スタッフにメンテナンスなどの知識がない中でどう長期的に電力供給網を維持するかなどが課題となる。

最近は、こうした課題をICTで解決するケースも出てきている。途上国のオフグリッド地域に電力を供給するビジネスの展開にあたり、携帯電話で電力を使用した分だけの支払いを可能とし、IoTやリアルタイム遠隔管理システムにより遠隔での効率的な電力供給網のメンテナンスを実施している例がある。このように、ICTなどを用いて途上国特有の課題を解決するビジネスモデルを構築することが必要だ。

クリーンエネルギーの普及については、日本でも2050年までのカーボンニュートラルを掲げ、2030年までの温室効果ガス46％削減の実現に向けたエネルギー基本計画で、2030年までに再エネ割合36〜38％を目指すこととし、特に太陽光、風力を拡大することとしている。[*12]

日本企業もこうした流れを受けて、再エネビジネスの拡大を目指しているが、現状では欧米や中国企業にかなり遅れを取っている。欧米企業では、10年以上前から、化石燃料ビジネスから大胆に再エネビジネスに事業ポートフォリオを転換して、現在では再エネ市場で大きなシェアを占める企業も出てきているが、日本企業は、こうした大胆なビジネス転換ができていない。最近は、日本のエネルギー企業も、長期的なビジョンや計画を示しているが、バリューチェーンが構築できるか不確実な技術などに期待している面もあり、大胆な変革が果たして可能なのか、不透明なところもある。

大胆な再エネ転換に成功した代表的な企業として、デンマークの洋上風力発電大手オーステッドがある。オーステッドは、1972年に国営石油・ガス会社として設立され、2000年代から電力事業を推進している。オーステッドは、供給するエネルギーの85％を石炭で賄っていた2009年に、2040年までにエネルギー供給の85％を再生可能エネルギーで供給するとのビジョンを掲げた。そして、洋上風力発電の世界最大手となり85%再生可能エネルギーのビジョンは、2019年に21年前倒しで達成した。[*13]

オーステッドの変革のきっかけは、2008年にドイツでの石炭火力発電プロジェクトが、地域の強い反対により中止となったことだ。2009年のCOP15で、再生可能エネルギー推進が大きな議題となったことも、オーステッドの意思決定を後押しした。

そして、今後の成長領域はどこであるべきか、十分な市場があり、オーステッドが強みを持ち差別化できる領域はどこかを議論した。その答えの一つが、洋上風力発電だった。オーステッドは合併企業だが、もとの企業の一つが先行的に洋上風力発電に投資していたからだ。そして、外部パートナーと連携してバリューチェーンを構築し、それまでにない規模の洋上風力発電を実現した。

化石燃料由来のエネルギーに強みを持っていた企業として、社内には再生可能エネルギーへのシフトに懐疑的な意見があった。しかし、その後化石燃料価格の変動でビジネスに打撃を受ける中、再生可能エネルギー、洋上風力発電シフトに向けて社内の合意形成がなされていった。また、英国政府の洋上風力支援もあり、オーステッドの洋上風力ビジネスは大きく発展した。

そして、2017年までには石油・天然ガス事業をすべて売却し、石炭事業も2023年までには売却し、2025年には発電のカーボンニュートラルを実現する見込みだ。

化石エネルギーからクリーンエネルギーへのシフトといった大きな変革を実現するには、大胆な意思決定とともに、イノベーションが不可欠だ。そしてイノベーションを生み出すのは人材だ。優れた人材を惹きつけることが、大胆な変革実現のカギとなる。そしてもう一つのカギがコラボレーションだ。様々なテクノロジーの組み合わせが必要となるイノベーション創出では、様々なプレイヤーと協働するオープンイノベーションも求められる。また、新たなエネルギーシステムを構築するには、様々なプレイヤーと協働して、資金を確保し、ビジネスモデル、バリューチェーンを構築することが必要となる。

優秀な人材を惹きつける、様々なプレイヤーを巻き込むといったときに、重要となるのがパーパスやビジョンだ。人を魅了し、奮い立たせるパーパスやビジョンを掲げ、その実現性に信憑性を与えるコミットメントを示すことが必要だ。ビジョンが形だけのものと思われ、信憑性がなければ、人はついてこない。クリーンエネルギーへのシフトについては、大きな方向性は定まっている。日本企業は、足元のビジネスを着実に進めるのは得意だが、長期的なビジョンへのコミットメントや大胆な投資には、弱い印象だ。しかし、長期的な

洋上風力発電　デンマークのオーレスン海峡

視点で、こうした世界を創っていく、こうしたビジネスを実現するといった信頼性のあるコミットメントを示し、他者を巻き込みながら着実に実践していくことがなければ、クリーンエネルギー領域における長期的なビジネスの成功も、エネルギー問題への本質的貢献もないだろう。

「働きがいも経済成長も」実現に向けて未活躍人的資源を生かす

SDGs目標8「働きがいも経済成長も」には、生産性向上、若者・障がい者を含むすべての男女の雇用・働きがいのある人間らしい仕事・同一労働同一賃金の達成、強制労働・児童労働撲滅など、人的資本に関わるターゲットが多い。

米国証券取引委員会（SEC）が上場企業に対して、人的資本に関する情報開示を義務付ける、東京証券取引所が改訂コーポレートガバナンス・コードで人的資本に関する情報開示という項目を追加するなど、人的資本への注目度が高まっている。

その理由は、第1章の6つの資本のところでも述べたが、企業価値の構成要素が有形資産（モノ・カネ）から研究開発力、ブランドなどの無形資産に移行しており、無形資産を生み出す源泉が人的資本（ヒト）だと考えられているからだ。

人的資本の強化に向けて、既存の人材や組織の能力を高める、優秀な人材を確保・維持

図44　SDGs目標8「働きがいも経済成長も」への対応

未活躍人的資源を生かす	障がい者の強みを生かした製品開発、業務品質向上、若年失業者の雇用・教育による安定的労働力確保など
人的資本の生産性向上	長時間労働の改善による生産性向上、離職率軽減など
人権侵害防止	国連指導原則に基づく人権デューデリジェンスの実施、救済ツール開発、コレクティブ・インパクトによる原材料調達地域の支援など

するなどは、多くの企業が優先事項として取り組んでいる。しかし、人的資本の強化には、多様なやり方がある。その一つに「未活躍人的資源」を生かすことがある（図44）。

未活躍人的資源とは、障がい者など十分に活躍の機会が得られていない人材のことだが、こうした人材を生かして、企業の競争力を高めることができる。IBMなどでは、障がいを持つ研究者を積極的に採用しているが、その独自の感性や視点は、世界で約10億人と言われる障がいを持った人のための製品・サービス市場、さらには、世界で7億人以上となっており、今後急速に増えると見込まれる

高齢者、約7・8億人とされる非識字者が情報を得るための技術開発に生かされている。[14・15・16]

コカ・コーラ・ブラジルでは、低所得層の若者がスキル不足で仕事を得られないというブラジルの社会問題に対して、そうした若者を教育し、小規模流通業者の戦力として生かす「コレチーボ」というプログラムを展開している。地元NPOと協力して、若者に小売、事業開発、起業家精神に関する研修を実施し、その後、地元流通業者と組んで、実務に就かせている。若者のスキルを高め、実務経験を積ませることで、仕入れ、プロモーション、商品化、価格設定などの分野で小売業者のパフォーマンスを改善しており、小売チャネルの強化や、対象地域でのブランド認知による売上の増加は、若者のスキルや職業能力を伸ばすための投資を大きく上回っているという。このプログラムは、150以上の地域で展開され、対象者は5万人を超えている。そして、その30%は、当該飲料企業やその小売パートナーに就職し、戦力として活躍している。[17・18]

SAPは、自閉症の人材を積極的に採用し、細微に注意を集中するという特性をソフトウェアの修正点の発見などに生かしている。米ドラッグストアのCVSヘルスでは、生活保護受給者を積極的に採用し、20年間で8万人採用しているが、これら従業員の定着率は、他の雇用者の2倍となっているという。CVSは、この取り組みを政府とともに実施し、税額控除も受けている。[*19]

「未活躍人的資源」を生かす取り組みは、ＳＤＧｓ目標８に貢献するとともに、新たな視点による差別化、ブランド価値向上などにつながる。多くの企業で、何ができるか、考えてみる価値はあるだろう。

ＳＤＧｓ目標８には、生産性向上、人権に関するターゲットも含まれる。

生産性向上に関しては、日本でも政策として働き方改革が進められてきているが、企業にとっても、働き方改革を適切に行えば、生産性の向上や人材確保につながる。一例として、長時間労働が常態化していたシステム開発企業において、明確な目標を掲げ、残業代の削減分をその達成度に応じて社員に還元するなど抜本的な残業削減に取り組んだ企業では、社員がリフレッシュして判断力が向上し、短時間で業務を終わらせるために集中力が高まり様々な工夫がなされるなどの効果で生産性が向上した。さらに離職率が軽減した上、子どもを授かる社員が増えたという。なお、この企業では、残業削減を実現するためには顧客の理解も必要なため、顧客に対して自社の方針を理解してもらえるよう、働きかけもしている。

強制労働・児童労働などの人権問題対策は、人権問題が懸念される地域からの製品輸入の禁止、企業の人権対策を義務付ける法制化の動きや、NGOからのバッシング、消費者の不買運動など、企業活動に影響を及ぼすようになっており、バリューチェーンの競争力に関わる課題となっている。そこを理解しているグローバル企業は、多額の投資を行い、NGO、政府、国際機関、他の企業などと連携しながら、人権問題の現状を把握し、原材料調達地域などの支援を通じて、人権問題の根本原因である経済的問題の解決を図るなど、対応を進めている。

人権問題に関しては、労働者同士が情報を共有し、安全な形で専門相談窓口に報告できるツールなども開発されている。こうしたツールの活用やNGO、他社などとの連携を含め、人権問題に効果的に対応する必要があるだろう。

なお、人権に関しては、国連「ビジネスと人権に関する指導原則」をもとに、スタンダードとされる取り組みがあり、各国法令でも求められるようになっている。まずは、これに対応することがスタートラインとなる（図45）。

働き方改革、人権対策などについては、義務的に対応している企業も多いのではないかと思う。自社の競争力を強化する、あるいは競争力の毀損を防ぐ機会とする視点を持てるかどうかで、長期的競争力に差が出てくるだろう。

図45　企業による人権への基本的対応

人権方針	人権尊重責任に関するコミットメント表明	国際的フレームワーク等でもとめられる要素をベースに、人権方針を策定
人権デューデリジェンス	負の影響の特定・評価	基本的な人権イシューについて、バリューチェーン上のリスクを評価し、重要人権課題を特定
	負の影響の防止・軽減	重要人権課題について、教育・研修、アセスメント、監査等の対策を実施
	取り組みの実効性の評価（モニタリング）	重要人権課題への対応を中心に、KPIを設定し、進捗、成果をモニタリングする
	ステークホルダーへの情報開示	人権への影響、対応、進捗・成果等について、透明性を持って情報開示
是正措置	負の影響への対応（苦情処理メカニズム整備）	バリューチェーン全体で、国際基準に則した人権侵害の被害者を救済するメカニズムを整備

出所：「責任あるサプライチェーン等における人権尊重のためのガイドライン」（ビジネスと人権に関する行動計画の実施に係る関係府省庁施策推進・連絡会議、令和４年９月）などを参考に、筆者作成

リバース・イノベーションとコレクティブ・インパクトで途上国の産業と技術革新の基盤を構築する

SDGs目標9「産業と技術革新の基盤をつくろう」は、主に、貧困など途上国の課題を解決するための、開発途上国の産業と技術革新の基盤構築を促すものだ。これを実現するためのコンセプトとして、「リバース・イノベーション」と第1章で紹介した「コレクティブ・インパクト」がある（図46）。

途上国での「技術革新」を促進する重要コンセプトである「リバース・イノベーション」は、従来のグローバル企業が、先進国で製品・サービスを開発し、途上国に展開することを基本としてきたのに対し、途上国で製品・サービスを開発し、そのグローバル展開を目指すというものだ。途上国市場で開発されるイノベーションは、低価格・低性能のローエンド市場向け製品・サービスで、これが急速に成長すると、破壊的イノベーションになる可能性もある。*20

図46　途上国の産業と技術革新の基盤を構築する「リバース・イノベーション」と「コレクティブ・インパクト」

リバース・イノベーション	性能、インフラ、規制、好みに関する途上国特有のニーズや状況に注目して製品・サービスを開発。途上国向けイノベーションのグローバルでの市場展開を目指す
コレクティブ・インパクト	政府、企業、市民セクター、財団などが協働し、互いの強みを生かして、途上国の産業基盤を整備

途上国市場での製品開発では、4つのニーズのギャップ、「性能」、「インフラ」、「規制」、そして「好み」のギャップに注目することが必要だ。「性能」については、低価格で一定の性能を持つ画期的な新製品を提供する。例えて言うなら、15％の価格で50％の性能を発揮する製品のイメージだ。「インフラ」については、途上国は、道路、通信、電力、銀行など、様々なインフラの状況が先進国とは異なる。基本的にはインフラが不足していることが多いが、一部最先端のインフラが整備されていることもある。例えば、電力などは不安定な地域が多く、電池式の携帯機器が求められたりするが、無線通信などは発達している地域もあり、モバイル・バンキングや遠隔医療などが普及しやすい状況にある。

「規制」については、途上国では公正な競争のための規制が不十分なケースもあるが、逆に過度の規制がなく新しい技術が展開しやすい面もある。例えば、低コストで診断が可能な切手サイズの診断用検査紙は、規制が厳しくない途上国で先に普及している。「好み」も途上国では異なる。ペプシコは、インドでトウモロコシではなく、レンズ豆を原料としたスナック菓子を開発し、成功している。

こうした途上国向けに開発された製品は、先進国市場で提供されている製品がオーバースペックとなっている場合などには、先進国市場でも普及する可能性がある。また、先進国で新しい市場を切り開く可能性もある。例えば、中国向けに開発された、安価で、携帯性に優れ、特別なノウハウを必要としないGEの小型超音波診断装置は、先進国で、救急車内、遠隔地の事故現場、救急救命室、手術室など、これまでの製品が対応できていなかった新しい市場を開拓している。[*21]

リバース・イノベーション推進にあたっては、既存の社内プロセスや社員の意識が障壁となることがある。これを克服するためには、トップのコミットのもと、人材、資金、権限などを途上国での製品開発に移し、リバース・イノベーション専門の特別組織「ローカル・グロース・チーム（LGT）」をつくることが有効だ。P&Gは、メキシコ市場での女性用生理用品の展開にあたって、LGTを編成し、固定観念なく顧客の声に耳を傾けた。そして、衛生的な公共トイレの不足、プライバシーが少ない小さな家での生活などの生活環境を踏まえ、暑くて湿度の高い中で長時間利用するためには、自然素材が求められていることを理解し、新たな製品を開発した。そして、LGTは、完璧な製品設計を事前に追求する代わりに、安い価格でテストし、その結果から学習していき、最終的に大きなシェアを獲得した。前述の小型超音波診断装置の事例においても、LGTが有効に機能している。

「産業の基盤整備」については、第1章で紹介した「コレクティブ・インパクト」がカギを握る。コレクティブ・インパクトでは、社会課題について、一つの組織だけで取り組むのではなく、政府、企業、市民セクター、財団などが、互いの強みを活かして取り組むことで問題を解決する。途上国でインフラを整備する場合、企業1社で取り組めることには限界がある。特定の社会課題の解決という目的を共有するプレイヤーによるコレクティブ・インパクトが必要だ。前述のヤラによるアフリカでの農業発展のためのインフラ整備は、コレクティブ・インパクトによる産業の基盤整備の好例だ。

途上国の技術革新や産業の基盤構築に向けては、リバース・イノベーション、コレクティブ・インパクトといったレンズが有効だ。

SDGs 目標10

企業がダイバーシティに取り組む理由とは?

目標10「人や国の不平等をなくそう」は、所得格差是正、ダイバーシティ&インクルージョン、機会均等・不平等是正、金融規制、移住促進などのターゲットを含むが、企業に関係が深いのは、ダイバーシティ&インクルージョンだ(図47)。

企業がダイバーシティを推進する理由は、何だろうか? ダイバーシティは、多様な感性や考え方が交わることで、イノベーションの源泉となる。年齢、性別、障がいの有無、人種、民族、出自、宗教などの多様性を尊重すれば、その交わりにより価値を生み出すことができる。そのためには、多様な人々が単にモザイクのように同じ場所に存在しているだけではなく、融合して化学変化を起こす必要がある。ダイバーシティがインクルージョンとセットで、「多様性の受容」とも訳され、多様性を受け入れるマインドセットを重視するのは、イノベーション創出の観点からも重要なことだ。

図47　SDGs目標10と
ダイバーシティ&インクルージョン推進の意義

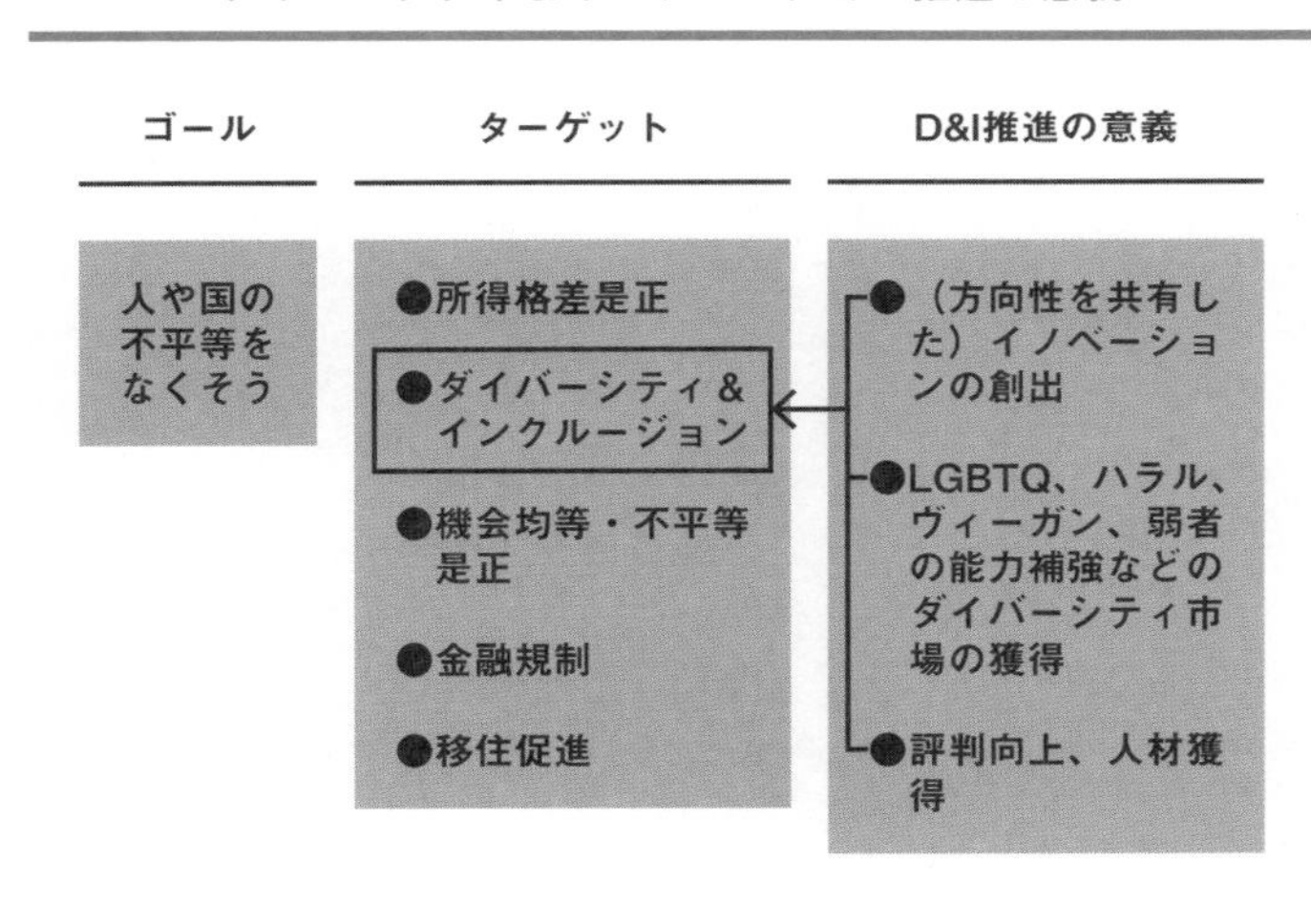

もう一つ重要な視点は、企業としては、単にアイデアが出れば良いという訳ではなく、自社の事業として実現できるものでなければならないということだ。したがって、一定の方向性を持ったアイデアを生み出すことが必要だ。そのためには、自社の存在意義としてのパーパス／ミッション、将来の達成像であるビジョンを共有することが必要だ。企業が求めるイノベーションを生み出すには、パーパス／ミッション、ビジョン、さらには、企業の一員として持つべき価値観であるバリューを共有した上での「ダイバーシティ」であることが求められる。

ダイバーシティは、イノベーションの

源泉となるとともに、新たな市場も生み出す。性別に関しては、ＬＧＢＴＱが注目されている。ＬＧＢＴＱ市場は世界で１００兆円を超えるとされるが、ＬＧＢＴＱに対応したサービスとして、携帯キャリアが、同性カップルにも家族割引制度を提供している。ワコールが、身体が女性で心は男性というトランスジェンダーのニーズに応えた、胸を小さく見せるブラジャーを開発し、ヒットさせている例もある。また、丸井が女性用の靴を男性でも履けるサイズに拡大したところ、トランスジェンダーの消費者ニーズに応えるほか、足の大きい女性のニーズも満たし、性別を問わずに市場を広げている。[*22]

宗教に関しては、ハラル市場なども注目される。イスラム教徒には、食材や食品の調理方法、製品の運搬などに関する様々な規則をクリアして、ハラル認証を取得した商品を提供することが必要だ。全世界のイスラム教徒の人口は、18・5億人とされ、さらに急速に拡大しており、ハラル市場は、３００兆円程度と試算されている。礼拝時間や礼拝の方角を示してくれるＬＧの携帯電話やカシオの腕時計などがヒットしている。[*23]

「ヴィーガン（完全菜食主義者）」市場もこれから広がる可能性がある。ヴィーガンの中でも厳格なエシカル・ヴィーガンの人びとは、「人間は動物を搾取することなく生きるべきだ」という明確な動物福祉の思想を持っている。そのため、食生活だけでなく、着るものや住まい、衣食住すべてのライフスタイルにおいても、動物性の素材を使用しない。動物由来の成分を使わない化粧品・トイレタリーなどのほか、自動車の内装に皮革などの動物性素材を使用しないヴィーガン向けオプションなども登場している。

ダイバーシティに関連して、弱者を支援する、能力を補強する市場もある。高齢者や障がい者が使いやすい電子機器や情報サービスは、大きな市場となっている。また、ロボットスーツやＡＩにより高齢者や障がい者の感覚、知識および身体的能力を補う製品の開発が進められている。これにより、高齢者や障がい者の活動範囲が広がり、介助者の負担を軽減できるため、人材が不足する医療・介護施設などで利用されている。

企業は、ダイバーシティを推進することで、イノベーション創出力が高まり、ダイバーシティの市場に対する感度が高くなるだろう。評判向上や人材獲得といった価値も生み出す。こうした意図を持って能動的にダイバーシティに取り組むか、社会的要請として受動的に取り組むか、それにより企業の競争力には大きな差が生み出されるだろう。

SDGs 目標 11

「住み続けられるまちづくりを」の事業機会「手ごろな価格の住宅」、「スマートシティ」

ＳＤＧｓ目標11「住み続けられるまちづくりを」は、持続可能なまちづくりの観点のターゲット、すべての人々への住宅の提供、交通アクセス、文化・自然遺産保護、水関連などの災害被害削減、都市の大気・廃棄物などの環境改善、緑地や公共スペースへのアクセスなどを含む。持続可能なまちづくりは、サステナビリティの観点で非常に重要であり、企業にとっての機会も多く生み出す。例えば、「手ごろな価格の住宅」、「スマートシティ」などは、企業にとっての魅力的な機会を提供する（図48）。

「手ごろな価格の住宅」は、第1章でも述べたが、ＳＤＧｓ実現に向けた動きが２０３０年までに年間12兆ドルの市場機会を生み出すとする「より良きビジネス、より良き世界」でも潜在市場機会が大きいものとして挙げられており、２０３０年に最大１・08兆ドルの市場を生み出すとされている。２０３０年には、世界人口の60％が都市に住むと予測され

図48　SDGs目標11「住み続けられるまちづくりを」の事業機会

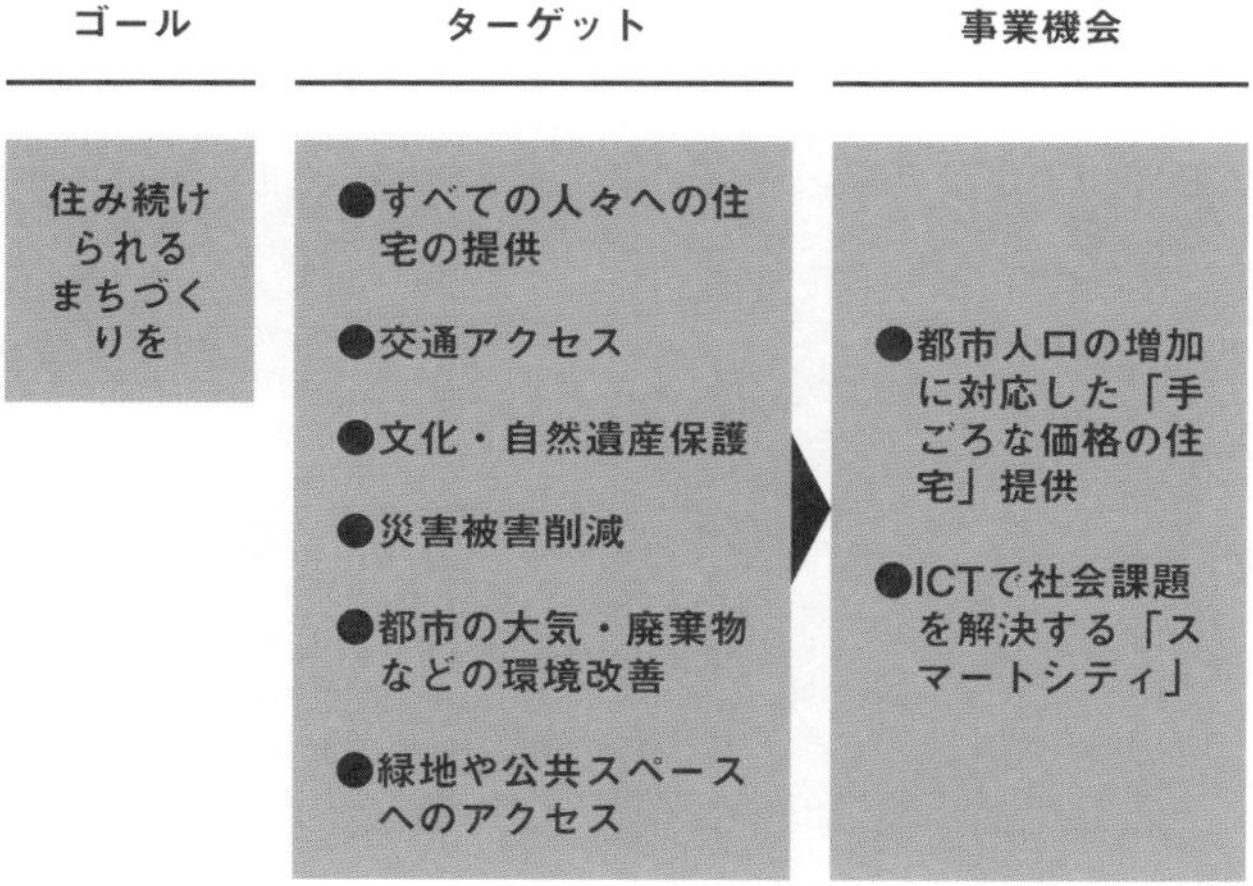

ゴール	ターゲット	事業機会
住み続けられるまちづくりを	●すべての人々への住宅の提供 ●交通アクセス ●文化・自然遺産保護 ●災害被害削減 ●都市の大気・廃棄物などの環境改善 ●緑地や公共スペースへのアクセス	●都市人口の増加に対応した「手ごろな価格の住宅」提供 ●ICTで社会課題を解決する「スマートシティ」

る中、住居や建物の建築・改築の巨大な市場が生み出されるが、一方で、都市住民の多くは従来の住宅を購入するだけの収入がなく、「手ごろな価格の住宅」を提供するイノベーションが求められている。[*24・25]

「手ごろな価格の住宅」に関するイノベーションの事例としては、貧困層向けの4000ドル、24時間で建てられる3Dプリントの住宅が開発されている。米国の3Dプリント建設会社ICON社がNPOと協働で開発したもので、持ち運び可能な建築用3Dプリンターを用いて、快適で耐久性も高い600〜800平方メートルの一軒家を短時間で安価に建てられるというものだ。廃棄物もほぼ出さないという。この住宅自体は、途上国の農村向けに開発されたものだが、都市での「手ごろな価格の住宅」にも応用可能だろう。[*26]

イケアは、難民向けに1000ドル程度のシェルターを開発している。難民支援機関と協働して開発したもので、太陽光発電、断熱材を用いて、従来の難民テントを代替する優れた機能を有するものだ。世界で紛争や迫害により家を追われた難民は、2022年末に1億人を超えた。難民支援のためには、暑さ寒さを避けるとともに、暴力や迫害による肉体的・精神的ダメージから回復するための基盤となるシェルターの確保は、最重要課題の一つだ。イケアのシェルターが活躍する機会も多いだろう。このシェルター自体は、難民支援が目的だが、ここで培われた技術やノウハウは、リバース・イノベーションとなって、手ごろな価格の住宅の提供に広く活かせる可能性がある。[*27・28・29]

「スマートシティ」に関して、スマートシティの先進都市では、都市のいたるところにセンサーが設置され、センサーから得られた情報がシステムで一元管理されている。そのデータをもとに、散水・噴水・上下水道システムなどを自動運転や遠隔操作で効率的に運用して水資源を節約し、街路灯ごとの明るさや点灯・消灯時間の制御によりエネルギー利用を効率化している。信号機の最適化による交通渋滞の緩和なども進められているが、自動運転の普及で交通の効率化はさらに進化し、将来的には物流などの交通の一部はドローンで代替されるだろう。*[30]

スマートシティの初期の優良事例として、バルセロナのごみ収集の取り組みがある。道路わきに置かれたごみ収集箱に、近隣の住民がごみを捨てていく中、このごみを回収する車両が回収作業中道路をふさいでしまい、渋滞が起きるという問題があった。そこで、ごみ収集箱にセンサーを付け、収集箱のなかのゴミの量を検出、回収すべきタイミングを把握することで、無駄なごみ回収を減らし、渋滞を解消し、CO_2の削減にも貢献している。こうしたスマートなごみ収集は、バルセロナの成功の後、日本を含む世界各地に広がっている。*[31]

スマートシティは今後巨大市場に成長すると予測されており、センサーなど日本企業が強みを持つＩｏＴ関連ハードウェア市場も拡大する見込みだ。日本企業は、統合ソリューションを提供する企業の下請けとして、求められる製品・技術を提供するだけではなく、社会の動向を先読みして把握し、社会課題解決に必要な技術を能動的に開発して広げていくビジネスモデルの構築が求められる。社会課題解決ビジネスには、先読み、能動的対応が重要だ。

SDGs 目標 12

「つくる責任 つかう責任」のためにサーキュラーエコノミーを推進する

ＳＤＧｓ目標12「つくる責任 つかう責任」は、持続可能な消費と生産に関する10年計画枠組み（10ＹＦＰ）の実施、天然資源の持続可能な管理・効率利用、食料廃棄の削減、化学物質・廃棄物の環境放出削減、廃棄物発生削減、企業の持続可能な取り組みと情報開示、持続可能な公共調達、持続可能な開発・ライフスタイルへの情報普及・意識醸成などのターゲットを含むが、企業が目標12に取り組むということは、基本的には、サーキュラーエコノミーを推進するということだ。

なお、ターゲットに含まれる10ＹＦＰは、２０１２年の国連持続可能な開発会議（リオ＋20）で採択されたもので、持続可能な公共調達、持続可能な選択を促す消費者情報、持続可能な観光・エコツーリズム、持続可能なライフスタイル及び教育、持続可能な建築・建設、持続可能なフードシステムの６つのプログラムが掲げられており、目標12のベース

図49　サーキュラーエコノミー

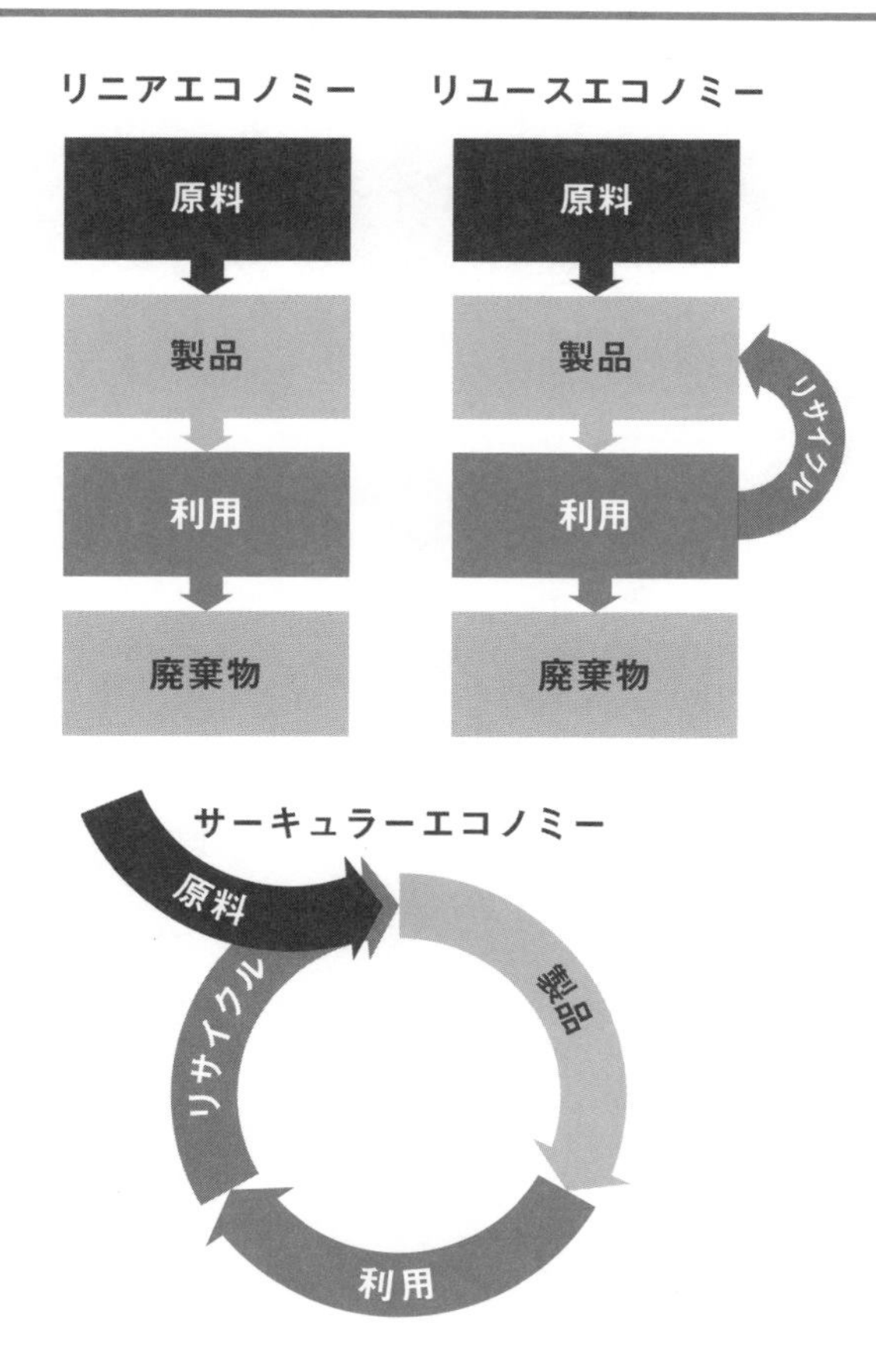

出所："From linear to a circular economy" より、オランダ政府

となっている。

サーキュラーエコノミーは、一度、経済活動に組み込んだ資源を徹底的に使い尽くし、新しい資源の投入と廃棄物の排出を最小化し、企業活動における製品の生産・消費を、一つの円として循環するモデルだ。これまでの当たり前であった生産─消費─廃棄の直線的なモデルを根本から変えるものだ。製品を使用した後に、リサイクルして元の素材に戻すというだけではなく、製品の使用にあたって、多くの人で共有したほうが効率的に使用できるのではないか、製品を使用した後に、まだ使い道があるのではないか、この部品はまだ使えるのではないかなどを考えて、製品のライフサイクル全体において、多角的に資源の使い尽くしを考え、それをビジネスモデルとして実現しようとするものだ（図49、50）。

サーキュラーエコノミーは、基本的にムダをなくすものであり、適切に行えばコストを削減する。従来は廃棄物と考えられていたものから価値を生み出す。新しい資源の投入をなくすことで、地政学的な不確実性が高まる状況下で、原材料調達を安定化することもできる。また、修理して長く使い続ける、製品をサービスとして提供するなどは、顧客と長い関係を持つことになり、顧客ニーズも良く理解できる。

サーキュラーエコノミーは、従来の３R（Reduce, Reuse, Recycle）を超えて、デジタ

図50　サーキュラーエコノミー概念図

Design out waste and pollution: 廃棄物・汚染などを 出さない設計	GHG排出、有害物質、水・大気の汚染や交通渋滞など経済活動による人の健康や自然環境への負担を低減する
Keep products and materials in use: 製品や資源を 使い続ける	設計によって製品・部品・素材の耐久性向上、リユース、再製造やリサイクルを進め、経済の中で循環させるほか、バイオ由来素材については経済システムと自然システム間を行き来させる
Regenerate natural systems: 自然のシステムを 再生する	再生可能エネルギーの活用や土壌への養分還元など、非再生資源の使用を避け、再生可能資源を活用する

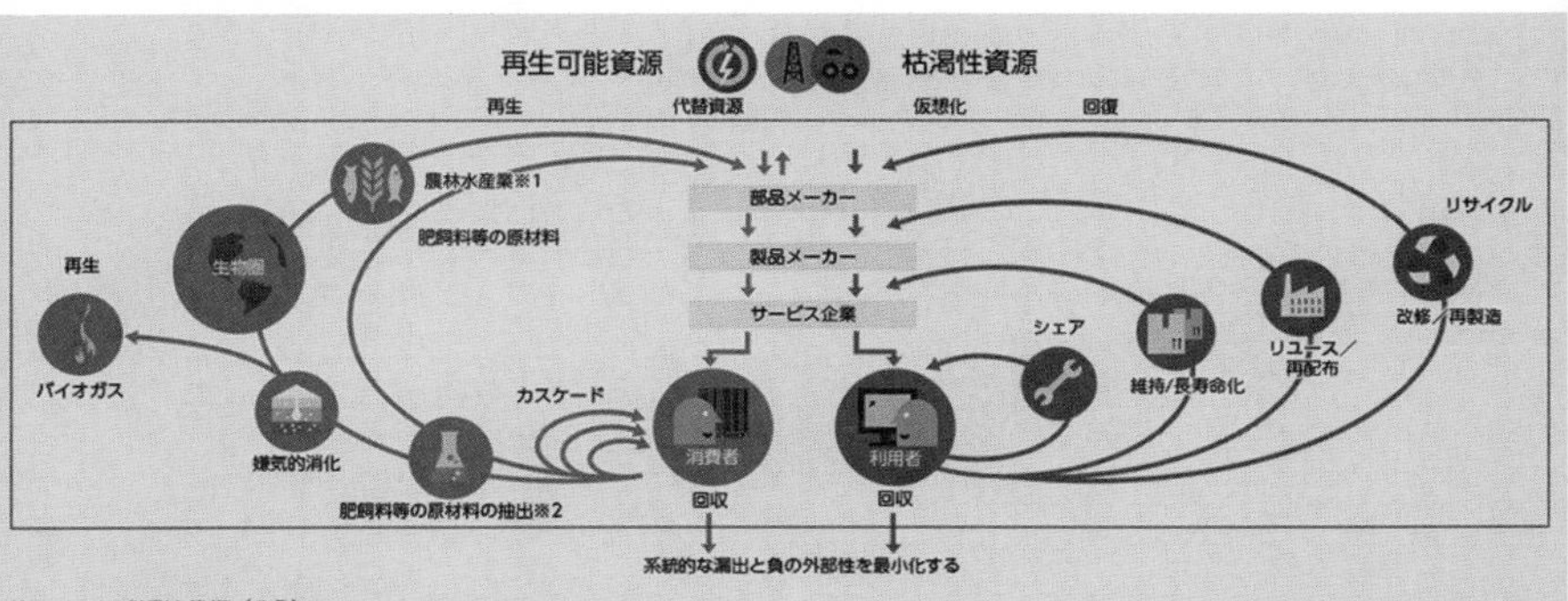

出所：「循環型の事業活動の類型について」より、経済産業省・環境省、令和2年6月24日

ルテクノロジー、バイオテクノロジーなども活用しながら新たなビジネスモデルを構築する。世界のサーキュラーエコノミーを先導するエレン・マッカーサー財団は、サーキュラーエコノミーを実現する上での3つの原則を定めており、それぞれ「廃棄物・汚染などを出さない設計」、「製品や資源を使い続ける」、「自然のシステムを再生する」としている。

「廃棄物・汚染などを出さない設計」は、バリューチェーンにおける廃棄物を出さないような仕組みや、製品の使用後の取り扱いを想定した設計を採用することで、製品のライフサイクルや経済システムにおける無駄を省き、効率性を高める。「製品や資源を使い続ける」は、一度生産した製品を修理やリユースなどを通じて使い続け、経済モデルの中での製品使用を最大化する。「自然のシステムを再生する」は再生可能な原材料を利用するなどを通じて、資源の収支バランスをとり、自然資本を保護・増加する。

サーキュラーエコノミーは、バリューチェーンの構造的変革を求める。日本企業は、従来型のバリューチェーンでの3Rの取り組みを超えて、デジタルテクノロジーの活用、他業種などとの新たなコラボレーションなどで、サーキュラーエコノミーに向けて変革すべきだ。それが社会にとっても、自社にとっても新たな価値を生み出すだろう。

市川環境エンジニアリング　習志野リサイクルセンター

SDGs 目標13

「可視化」、「緩和」、「適応」が企業の気候変動対応の基本である

ＳＤＧｓ目標13「気候変動に具体的な対策を」のターゲットは、気候関連災害への強靭性（レジリエンス）・適応力の強化、気候変動対策の政策への盛り込み、気候変動の緩和・適応・影響軽減・早期警戒に関する教育・啓発・制度改善などとなっている。

ここには、「２０３０年までに温室効果ガス（ＧＨＧ）排出を半減させる」といった排出削減の直接的ターゲットは含まれていない。これは、排出削減の目標設定については、ＳＤＧｓが採択された同じ２０１５年にパリ協定が採択されることになる、国連気候変動枠組条約締約国会議（ＣＯＰ）による対応が中心とされていたためだ。ＳＤＧｓ目標13では、ＣＯＰの結論がどうなるかにかかわらず必要となる適応や教育・啓発などのターゲットを掲げているが、企業としては、パリ協定も含めた気候変動への対応が必要だ。そして、企業が気候変動に取り組む場合の基本は、ＧＨＧ排出の削減およびその前提としてのＧＨＧ

図51　企業の気候変動対応の基本

可視化	バリューチェーン全体のGHG排出量の測定、定量化
緩和	バリューチェーン全体のGHG排出の削減 CCUS、DAC、ジオエンジニアリング
適応	気候変動が生み出す物理リスクへの対応

排出量の可視化、そして気候変動への適応だ（図51）。

ＧＨＧ排出量の可視化については、いわゆるスコープ３のバリューチェーン全体の可視化が求められており、それをいかに効率的かつ正確に行うかが課題となっている。現在、多くの企業がＧＨＧ排出量可視化・管理のクラウドサービスなどを開発しており、ＡＩなどを用いた高度化が進んでいる。また、業界ごとにスコープ３算出手法の開発やデータ共有プラットフォームの開発などが進められている。

ＧＨＧ排出削減については、スコープ１・２削減のためにエネルギー効率向上、再エネやヒートポンプ導入などが進められている。再エネ調達に向けて、アップルなどは、自社で再エネ発電所を保有するほか、大型の再エネ発電所の設置が難しい日本などの国土の狭い国では、ビルの屋上などに多くの太陽光パネルを設置している。[32]

GHG排出削減においてもスコープ3が課題だが、アップルなどは、自社のGHG排出削減で培ったノウハウをもとにしたGHG排出削減のマニュアル、再エネ導入プログラムの提供などで、サプライヤーのGHG排出削減を支援している。[33] また、iPhone向けのアルミ製造におけるGHG排出削減のため、アルミ製造大手のアルコア、資源大手のリオ・ティントとも協働しながらゼロカーボンアルミの開発を進めている。[34・35]

GHG排出削減に関わる製品・サービスは、再エネ、蓄電池、ゼロカーボン素材、代替肉などの開発が進められているが、注目市場でもあり、競争も激しくレッドオーシャン化しやすい状況にある。第1章の製品・サービスのCSVのところで述べたように、自社の強み（機能）を生かして差別化できる市場を探索する必要がある。バリューチェーン、ビジネスエコシステム、課題の解決策が生み出す課題、主機能の提供に必要なサブ機能などの視点で思考の広がりを持って考えることも重要だ。

気候変動の影響の「緩和」とした場合は、炭素排出源からの高濃度炭素の回収・貯留・有効利用（CCUS）、大気中のCO_2の直接回収（DAC）、エアロゾルの散布により太陽光を反射するなど気候を人工的に操作するジオエンジニアリングの開発も進められている。

こうした市場の動向も注視する必要があるだろう。

気候変動への適応については、シナリオ分析をもとに気候変動の将来的な物理リスクを把握し、先行的に対応することが求められている。洪水などの急性リスクへの対策は進んでいるが、今後は、海面上昇や農作物の適地変化などの慢性リスクへの対策も求められるだろう。

気候変動への適応は、企業にとっての機会にもなる。代表的なものが、北極海の氷が溶けることを見越した、海運会社の新たな航路開設だ。製品・サービスとしては、高温や干ばつに強い農作物、情報技術を活用した気候変動の評価、監視、早期警戒システム、気候変動による水不足に対応する水浄化システムなどの開発が進められている。*36

気候変動の可視化、緩和、適応は、すべての企業が自社のバリューチェーンにおいて取り組まなければならない課題だ。多くの企業が取り組むことで、そこに大きな市場が生まれる。自社ならではの強みで何ができるか、気候変動への対応が生み出す課題、気候変動対応の主機能の提供に必要なサブ機能に関して、どのような市場が生まれるかなども含め、多様な視点で考え尽くす価値がある。

SDGs
目標14

海洋生態系保護のために、企業は何をすべきか？

ＳＤＧｓ目標14「海の豊かさを守ろう」は、海洋汚染防止、海洋及び沿岸生態系の管理と保護による回復、海洋酸性化の影響最小化、水産資源の回復、沿岸域及び海域の10％以上の保全、途上国の海洋資源の持続可能な利用などのターゲットを含む、海洋生態系の持続可能性に関する目標だ。最近は、海洋生態系の保全により炭素を取り込む「ブルーカーボン」なども注目されている。

海洋生態系の持続可能性に関して、喫緊の課題となっており、企業活動にも関係が深いのが、海洋プラスチック汚染と水産資源の維持・回復だ（図52）。

海洋プラスチックについては、国連環境会議で、２０２４年を目標に、法的拘束力のある国際的なプラスチック規制のための条約を作ることが決議されている。今後、海洋プラスチックを含むプラスチック汚染に関する国際的な規制が強化されるのは確実だ。

図52 SDGs目標14の企業にとっての重要課題

ゴール	ターゲット	企業活動に関連する喫緊の課題
海の豊かさを守ろう	●海洋汚染防止 ●海洋及び沿岸生態系の管理と保護による回復 ●海洋酸性化の影響最小化 ●水産資源の回復 ●沿岸域及び海域の10%以上の保全 ●途上国の海洋資源の持続可能な利用	●海洋プラスチック汚染 ●水産資源の維持・回復

海洋プラスチック問題は、過去50年間で生産量が20倍に増大した大量のプラスチックの8割近くが廃棄される中、一部が海洋に流れ込んでいるものだ（8割以上が陸上からの流入。その他は漁具など）。ウミガメの50％以上、海鳥の90％以上がプラスチックごみを摂取するなど、海洋生態系に大きな影響を及ぼしている。また、プラスチックは細かくはなっても自然分解することはなく、マイクロプラスチックとして数百年以上漂い続けると考えられ、長期にわたってのマイクロプラスチックの生態系や人体への影響も懸念されている。[*37]

海洋プラスチックは今後も増え続け、2050年には、「海洋プラスチックごみの量が海にいる魚を上回る」と予測されており、世界的に使い捨てプラスチック禁止などの動きがあるが、企業でも様々な取り組みが行われている。

海洋プラスチックを回収・再利用する取り組みも進んでおり、廃棄漁網やペットボトルなどの海洋プラスチックを化学繊維として再利用し、アパレル製品などが生産されている。アディダスが、環境保護団体と協働して開発した海洋プラスチック製シューズは、社会課題を解決しているというブランドイメージの向上に寄与するとともに、優れたデザイン性から数百万足売れるヒット商品となっている。アパレルなどから始まった海洋プラスチックを素材とする動きは、電気製品、自動車部品などにも広がっている。*[38・39・40]

興味深い取り組みとして、プラスチックバンクが、海洋プラスチックの原因となる廃棄物管理の基本的施設がない途上国で、プラスチック回収を仕事として雇用を生み出している例がある。途上国の人々が回収したプラスチックを購入して、3Dプリント材料に変え、3Dプリンターで製品化して販売している。海洋プラスチック問題を解決しつつ、途上国の貧困問題にも対応する優れた取り組みだ。*[41]

水産資源の維持・回復に関して、進化が期待されているのが養殖だ。絶滅危惧種のマグロなどの養殖が進んでいる。しかし、養殖にも、エサのタンパク質をどう供給するか、養殖の余ったエサや排泄物などよる海洋汚染をどう防ぐかなど、様々な課題がある。

養殖に必要なエサには、カタクチイワシなどが用いられるが、養殖魚のために大量の水産資源を使うことは、乱獲につながり持続可能ではない。そこで、成長が早くタンパク質を多く含む昆虫を養殖魚のエサにしようとする動きがある。昆虫は、環境負荷が小さいタンパク源として注目されているが、人が食べるものとしては抵抗感を持つ人も多く、普及には時間がかかるだろう。しかし、養殖魚のエサであれば問題ない。

また、養殖魚にエサを与えすぎることは、タンパク源をムダにするとともに、海洋汚染につながる。そこで、データに基づき給餌量などを最適化するスマート養殖の取り組みが進められている。スマート養殖では、給餌量に加え、ＩｏＴセンサーを活用して、水温、酸素濃度、塩分などの環境データを自動測定し、養殖を効率化している。ドローンを活用した早期の赤潮検知なども行われている。

絶滅危惧種のマグロやウナギは、そもそも食べないようにしようという動きもある。クロマグロに近い味で、タンパク質や脂質の含有量もクロマグロとほぼ同じというスマというサバ科の魚を養殖しようという動きがある。スマは、クロマグロよりも養殖しやすく、クロマグロの出荷時の体重が50kgほどになるのに対し、スマは3〜4kg程度で、大きな養殖場や配送設備を用意する必要がない。[*42]

ウナギについては、「ウナギ風味のナマズ」の開発が進められている。養殖ナマズのエサを工夫することで、ウナギに似た風味のナマズを作り出そうとするものだ。草食魚のナマズは、他の稚魚や魚粉をエサにする魚に比べ、資源の持続可能性に貢献する。その他、植物由来の原材料による代替シーフードなども開発されている。

最後に、私の故郷富山県氷見市の宣伝をすると、寒ブリが全国ブランドになっているが、氷見の寒ブリの大部分は、定置網で捕っている。定置網は、集まって来る魚を待ち受け、成長前の小さな魚を逃し、網に入る魚の2割程度のみを捕獲する持続可能な漁法だ。氷見の寒ブリ漁で使われる持続可能な越中式定置網は、氷見が発祥の地だ。

これからますます注目される海洋生態系の持続可能性だが、海に囲まれた日本では、地方創生と関連づけた取り組みのポテンシャルも大きい。

プラスチック袋を食べようとするアオウミガメ

SDGs 目標15

企業は、気候変動の次の波、生物多様性にどう対応すべきか？

SDGsの目標15「陸の豊かさも守ろう」は、陸域生態系・内陸淡水生態系の保全・回復・持続可能な利用、森林の持続可能な経営による減少阻止・回復・植林増加、砂漠化対策・劣化した土地回復、山地生態系保全、絶滅危惧種保護、遺伝資源の適切な利用とアクセス、密漁・違法取引撲滅、外来種対策、生態系と生物多様性の価値の政策等への折り込みなどのターゲットを含む。陸域の生態系保全に関する目標だ。

2022年のCOP15で採択された昆明・モントリオール2030年目標、TCFDの生物多様性版と言えるTNFD（自然関連財務情報開示タスクフォース）の動きなどもあり、気候変動の次は、生物多様性／自然資本の波が来る可能性がある。

企業の生物多様性への対応は、自社バリューチェーンの生物多様性への影響および依存の評価から始まる。「影響」は、自社バリューチェーンが土地利用、汚染、乱獲、外来種

図53　生物多様性／自然資本への基本的対応

Locate 自然資本との関係性理解	Evaluate 影響・依存評価	Assess 機会・リスク特定	Prepare 対応策の実施
●自社事業・バリューチェーンを整理 ●既存ツールなどを参考に、事業・バリューチェーンと生物多様性／自然資本との影響・依存関係を大まかに理解、精査すべき領域を特定	●左記で特定した精査すべき領域を中心に、自社、バリューチェーンの活動現状にかんがみて、影響・依存の大きさを精査	●影響・依存関係の大きい領域について、事業・経営にとっての意味合い（機会・リスク）を整理、重要な機会・リスクを特定	●重大な影響、重要な機会・リスクを中心に、対応策を検討・実施 ●KPI／目標を設定して進捗を管理 ●自社の取り組みについて、フレームワーク等に基づいて情報開示

出所：「TNFDフレームワーク」などを参考に、筆者作成

を通じて生物多様性にどのような影響を及ぼしているかを把握するものだ。「依存」は、食料・医薬品などの原材料供給、花粉媒介、気候調節、水量調整、水浄化、災害緩和、景観といった生態系が提供するサービス（図17）にどれだけ依存しているかを把握するものだ。そして、影響の大きいものはそれを緩和すべく、依存の大きいものはそれを維持すべく対策を取ることになる（図53）。

「影響」については、農業、林業、都市化による土地利用の影響が最も大きいとされている。土地利用について、生物多様性に影響を与えている代表的な作物であるパーム油を例にとって考えてみよう。

パーム油は、食用油、マーガリン、石鹸などの原料として幅広く使用される世界で最も生産されている植物油だが、そのプランテーションが、インドネシア、マレーシアなどの熱帯雨林を切り拓いて原生林を破壊しているとして、NGOなどの批判の的となっている。

この問題に対して、第1章のビジネスエコシステムのCSVのところで述べたように、ユニリーバは、WWFなどと協働してパーム油が持続可能な形で生産され、流通されていることを認証するRSPOの仕組みを創っている。RSPOには、現在では数千の組織が加盟し、認証パーム油の需要が高まっている。

パーム油に関しては、認証の信頼性を高めるためのブロックチェーン技術によるサプライチェーンの透明性確保、人工衛星を用いたパーム油農園における森林破壊の監視のほか、発酵プロセスなどにより化学的に人工パーム油を作る技術開発も行われている。RSPOなどのルールメイクを含むこれらの取り組みは、パーム油以外の土地利用の影響を与える作物等にも応用できるだろう。

「依存」については、飲料メーカーが水資源を育む森林生態系に依存している例が分かりやすい。第1章で自然資本の例として示したように、「天然水」をビール、ウイスキー、飲料水の商品差別化の源泉とするサントリーにとっては、水資源を保全することが極めて重要だ。そして天然の水は、山間地に降り注いだ雨が、長年かけて豊かな森と土壌に育まれて作られる。それを理解しているサントリーは、自社工場の水源地を「天然水の森」として、豊かな森や土壌を保全する活動を進めている。

別の例としては、米LCCのジェットブルー航空が、NPOなどとともに、カリブ海の生態系保全や旅行者にカリブ海の生態系保護を啓発する取り組みを進めている。ジェットブルー航空のフライトの3分の1はカリブ・南米向けで、カリブの自然の魅力を維持することは、ジェットブルー航空のビジネスにとっても重要だ。そのため、ジェットブルー航空は、カリブの生態系保護活動に積極的に取り組んでおり、海洋保護財団と経営コンサルティング会社A・T・カーニーとともに、自社事業の財務の健全性が、生態系の健全性に依存しているとのレポートも発行している。レポートでは、カリブ海の自然を保全することが、カリブ海に多数の路線を持ち、年間180万人の旅行者を運んでいるジェットブルー航空の収益に貢献することを、定量的に算出している。*[43]

今後の生物多様性／自然資本の波に備え、自社バリューチェーンが生物多様性／自然資本にどう影響を及ぼし、どう依存しているか、そしてそれが自社のビジネスにとってどのような意味を持つか、早めに検討を進めるべきだろう。

SDGs 目標16

平和と公正をCSVで達成するために

SDGs目標16「平和と公正をすべての人に」は、CSVの対象とするには難しい目標だと考えられている。軍需産業が平和を生むための抑止力に貢献するという考え方もあるが、これは意見が分かれる。万人から見て、平和に貢献するビジネスというのは、一見、考えるのが難しいようにも思える。

目標16に戻ってみると、目標16には、暴力撲滅、司法アクセス、組織犯罪根絶、汚職・贈賄減少、公共機関の透明性、身分証明、情報への公共アクセスなどのターゲットがある。この中で、多くの企業が取り組むべきこととしては、「汚職・贈賄の減少」がある。こうしたところからCSVの機会を考えてみよう（図54）。

汚職・贈賄は、先進国でも問題となる場合もあるが、特に途上国で問題となりがちだ。汚職・贈賄が蔓延しているような国では、ある程度柔軟な対応をしなければビジネスが円

図54　企業活動を通じた「平和と公正」への価値創造

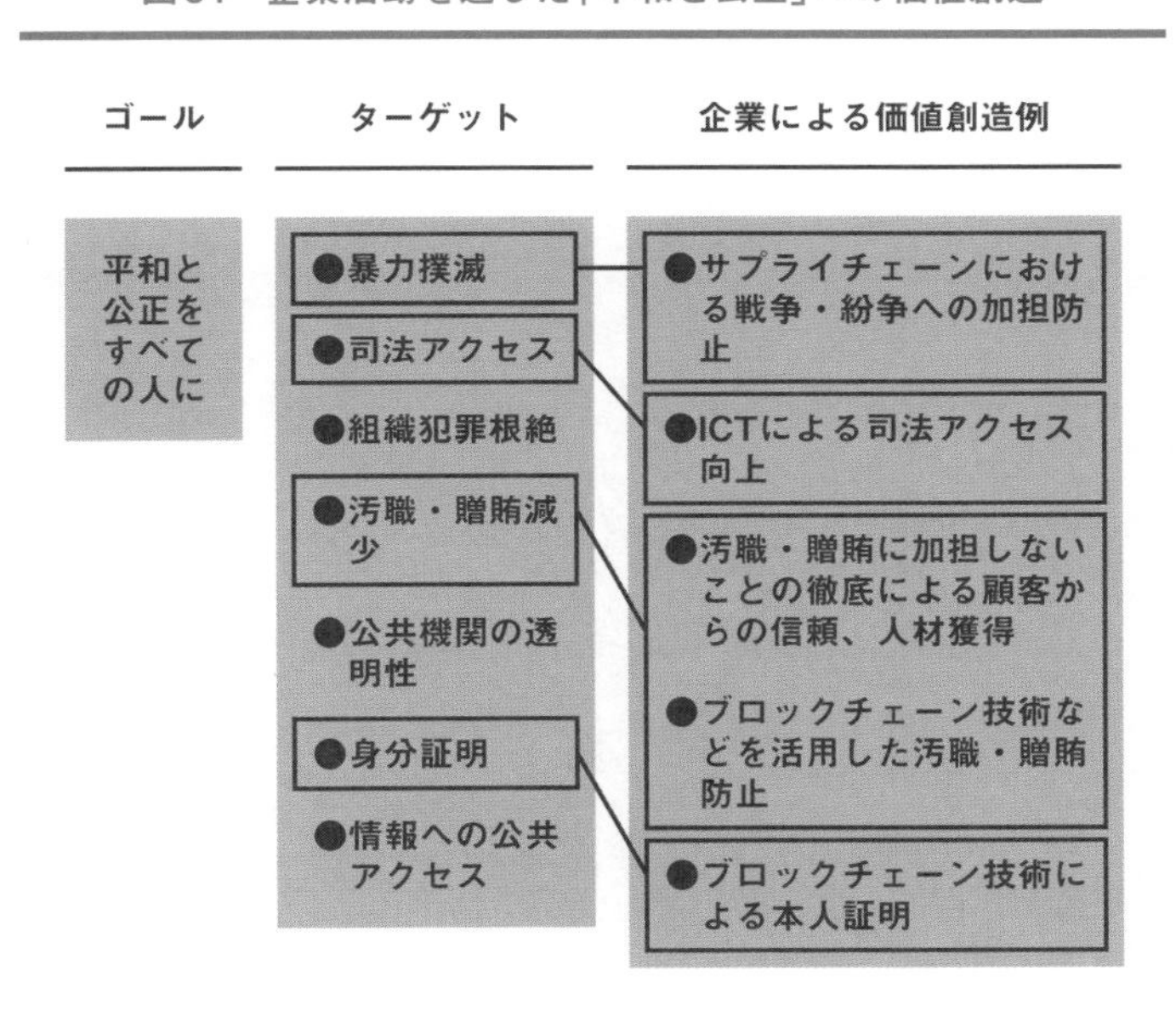

滑に展開できないと考えている企業やビジネスパーソンもいるかも知れない。しかし、そこは考えを改めるべきだ。

インドの大手IT企業インフォシスは、「尊敬される企業になる」ことを企業理念に掲げ、「良心に背くことは行わない」などの原則を策定し、社員に徹底している。インフォシスでは、製品の輸入にあたって税関から賄賂を要求された場合でも、賄賂を支払うことはせず、代わりに高い関税を支払うといった行動を取ることが社員に浸透している。こうした姿勢を徹底することにより、腐敗した役人もインフォシスの社員には賄賂を要求しなくなり、顧客からの信頼を高め大規模なプロジェクトを任せられるようになり、優秀な人材を獲得できるようになっているという。目標16に関するCSVを実践しているといえるだろう。[44]

テクノロジーにより汚職・贈賄を減らす動きもある。途上国では、土地の売買に賄賂が必要といった腐敗が横行していることがあり、こうした腐敗は国の健全な発展を阻害することがある。そこで、ブロックチェーン技術を用いた信頼性の高い土地登記により、第3者が改ざんすることを不可能とし、こうした腐敗を削減する取り組みが進んでいる。[45]

武器あるいは武器に使われる部品などを提供しているわけではなくても、自社のサプライチェーンが戦争や紛争に加担することになる場合がある。良く知られているのが紛争鉱物の問題だ。コンゴ民主共和国などの紛争の絶えない地域で、3TGと言われるスズ、タンタル、タングステン、金といった四つの鉱物資源などが、武装勢力の重要な資金源となっている。こうした鉱物資源は、電子部品などに広く使われているが、紛争を助長しているとして紛争鉱物と呼ばれる。紛争鉱物は、欧米では法令で対応が求められ、電機業界、自動車業界など電子部品を使用する業界では対応が進んでいるが、紛争鉱物に限らず、自社のサプライチェーンが戦争や紛争に加担していないかには、感度高く対応する必要がある。そのためには、サプライチェーンのトレーサビリティが重要だ。ここでもブロックチェーンなどのテクノロジーの活用が進められている。[*46]

テクノロジーの活用は、目標16のその他のターゲット、司法アクセス、身分証明などでも期待が集まる。法律（リーガル）とテクノロジーを組み合わせた、ICTによる法律サービスの利便性を向上するリーガルテックという言葉がある。オンラインでの弁護士相談なども含まれるが、日本でもサービスが普及しつつあり、利便性が向上すれば、弁護士のいない地域でも司法アクセスの提供が容易となる。

身分証明に関しては、海外では、難民などに網膜認証などの生体認証とブロックチェーンを使ったシステムで本人認証を行う電子身分証明書を発行している例がある。こうしたシステムは、ホームレスなどの身分証明を持たない社会的弱者の支援にも広く活用されはじめている。[*47]

自社およびサプライチェーンにおいて、暴力、犯罪、汚職・贈賄に加担せず、テクノロジーを用いて、汚職・贈賄減少、司法アクセス、身分証明に貢献する。目標16に関しては、そうした取り組みを通じてＣＳＶも実現できる。

SDGs 目標 17

SDGsを実現するためのパートナーシップ

SDGs目標17「パートナーシップで目標を達成しよう」は、開発途上国への資金供与、技術供与、能力構築支援および市場アクセス、公平な貿易体制構築、政策の一貫性強化、マルチステークホルダー／グローバル・パートナーシップ推進などのターゲットを含むものだ。

目標17は、SDGsの中でも特別な位置づけにある。目標1から16が、経済、環境、社会に関する具体的な課題を示すのに対し、目標17は、SDGs全体を推進するための手段を示している。目標17のターゲットは、資金供与など途上国支援に関する内容も多いが、こちらは基本的に政府が中心となって対応すべきものだ。企業にとっては、「パートナーシップ推進」による経済、環境、社会に関する課題解決が重要だ。

パートナーシップによるSDGs実現のコンセプトとしては、第1章や本章目標9のと

図55　パートナーシップによる社会課題解決の類型化

コレクティブ・インパクト	政府、企業、市民セクター、財団などが協働し、互いの強みを生かして、社会課題を解決
ハイブリッド・バリューチェーン	企業が経営リソース、技術・ノウハウや資金調達力、NGOが社会的なネットワークや知見、低コストオペレーションを提供し、相互補完的なバリューチェーンを構築。途上国に適したビジネスモデルを確立
ブレンデッド・ファイナンス	不確実性が高く、民間企業だけでは十分な投資が行われない社会課題解決への投資に、公的資金をまず投入して実現性を検証した上で、民間資金の投入を促す
オープンイノベーション	社外のアイデアや技術・ノウハウを取り入れ、自社だけでは困難な社会課題解決イノベーションを創出
非協働分野における協働／コーペティション	社会課題解決や業界全体の価値を高めるために、競争する分野と協働する分野を分け、可能な分野で協働

ころで紹介した「コレクティブ・インパクト」がある。コレクティブ・インパクトは、政府、企業、市民セクター、財団などが、互いの強みを活かして取り組むことで社会課題を解決しようという考え方だ。

コレクティブ・インパクトの一形態であるハイブリッド・バリューチェーンやブレンデッド・ファイナンスは、途上国が抱える様々な課題に対応する途上国ビジネス実現に必要なバリューチェーンやビジネスモデルの構築、不確実性の高いビジネスに対する資金調達に有効な手段を提供する。オープンイノベーション、非競争分野における協働／コーペティションなども、パートナーシップにより新しい価値を生み出し、SDGsを実現するために有効なコンセプトだ（図55）。

競合同士、他業種、政府・国際機関、NGOなどの市民セクター、国内外など、SDGs実現に向けた様々なパートナーシップが生まれている。そうしたパートナーシップは、SDGsを実現しようと世界が動く中で、新しいパラダイムにおける競争力を培うことにもなる。従来の競争環境や、ステークホルダー間の役割分担を柔軟に見直す思考が必要だ。

SDGsに取り組むための新たなレンズ

本章の冒頭に述べたように、SDGsは、既存の社会・経済システムにおいて未解決の問題の集合体であり、それをビジネスで解決するには、新たなレンズ（＝ものの見方、解決のフレームワーク）が必要だ。

SDGs自体も世界が解決すべき問題を17ゴール、169ターゲットに整理したフレームワークで、グローバルの社会課題を網羅的に理解する一つのレンズと言える。しかし、SDGs実現に貢献するには、その課題をさらにズームインするレンズ（課題を良く理解するレンズ）、そして課題の解決策を考えるためのレンズが必要だ（図56）。

課題をズームインするレンズとは、課題を構造化し、ブレークダウンしていくためのフレームワークだ。例えば、気候変動に関しては、「可視化」、「緩和」、「適応」が、課題をズームインする基本レンズとなる。気候変動に対応するには、GHG排出を可視化し、削減する、またはGHG排出削減以外の気候変動緩和策や適応戦略を考えるところからスタートし、可視化には何が課題となっているか、GHG排出削減を中心とする気候変動緩和の方法にはどのようなものがあり、それを実現するにはどのような課題を解決する必要があるかなど、課題を構造化し、ブレークダウンしていく。課題を構造化、ブレークダウンすることで、第1章の「社会課題の構造化と自社機能の当て嵌め」のところで示したように、解決策と結びつけることが可能になる。「生物多様性」であれば、「土地利用」、「汚染」、「乱獲」、「外来種」といった影響のレンズ、「供給サービス」、「調整サービス」、「文化的サービス」といった依存に関連する生態系サービスのレンズを起点に、業界ごとにどのような具体的課題があり、どの具体課題に対して解決策を考えるかを明確にすることができる。

SDGsで掲げられる目標・ターゲットの多くは、途上国に関係する。途上国が抱える問題がなぜ未解決なのか、それを理解するためには、まずは「途上国特有の課題」を見るレンズが必要だ。貧困、飢餓、健康、エネルギーなどに関する途上国の問題が未解決なのは、消費者の購買力不足、現金の当日入手、市場が分散しており流通が未整備、消費者が商品・サービスを受け入れる知識・習慣を持っていない、社会インフラの不足など、途上国特有の課題があるからだ。まずは、「途上国特有の課題」レンズを通じて、SDGsに対応するビジネス・ソリューションを実現するために解決すべき課題を具体的に理解する必要がある。

解決すべき課題を具体的に特定した後は、解決策を考えるレンズを使う。解決策を考え

図56　SDGsをビジネスで解決するレンズの例

	対象課題	基本レンズ
課題をズームインするレンズ例	気候変動	可視化、緩和、適応
	生物多様性（影響）	土地利用、汚染、乱獲、外来種
	生物多様性（依存）	供給サービス、調整サービス、文化的サービス
	途上国課題	購買力不足、現金の当日入手、市場分散、流通未整備、知識・習慣欠如、社会インフラ不足

解決策を考えるレンズ例	●CSV：製品・サービス、バリューチェーン、ビジネスエコシステム ●テクノロジー：ICTによる分散の結節 ●リバース・イノベーション：性能Gap、インフラGap、規制Gap ●パートナーシップ：コレクティブ・インパクト、ハイブリッド・バリューチェーン、ブレンデッド・ファイナンス、コーペティション ●市場創造　●長期視点

るレンズには、ＣＳＶの３つのアプローチを基本として、「テクノロジー／イノベーション」、「パートナーシップ」、「市場創造」、「長期視点」などがある。例えば、「テクノロジー／イノベーション」のレンズを使って考えることで、一人ひとりの購買力が小さく、幅広い地域にユーザーが分散している市場において、ＩＣＴにより多くのユーザーとつながり、使用量に応じた少額課金するなどのビジネスモデルが見えてくる。

「テクノロジー／イノベーション」レンズのオプションとして、「リバース・イノベーション」のレンズもある。途上国市場での製品開発において「性能」、「インフラ」、「規制」などのギャップに注目。「性能」については、低価格で一定の性能を持つ画期的な新製品の可能性を考える。「インフラ」については、途上国でも普及しているインフラ（モバイルネットワークなど）を使えないかを考える。「規制」については、途上国では一般的にゆるめの規制を利用できないかを考える、などだ。

「パートナーシップ」のレンズでは、政府、企業、市民セクター、財団などが協働する「コレクティブ・インパクト」で課題を解決できないかを考える。ＮＧＯとの連携で、低コストの「ハイブリッド・バリューチェーン」を構築できないか、リスクを軽減するために公的資金も活用する「ブレンデッド・ファイナンス」は可能か、競合との「非競争分野の協働／コーペティション」はできないか、などだ。

「市場創造」のレンズは、CSVレンズの一形態だが、顧客の啓発活動や事業展開に必要な人材育成、必要なルール整備を働きかけるなどを通じて、市場を創造できないかを考える。「長期視点」のレンズでは、課題解決の結果生まれる次なる課題に先回りして対応する、長期的な市場の立ち上がりを見据えて、短期的には小さな市場で事業展開しつつ技術やノウハウを蓄積できないかなどを考える。

SDGsビジネスに関連する様々なレンズを用いることで、課題を解決するビジネスのアイデアが広がる。そして、自社のパーパスや強み（機能）に適合するビジネスアイデアを具体化していくことで、SDGsビジネスの実現可能性が高まる。

SDGsの価値は、サステナビリティへの関心を高めたことに加え、多様な課題や考えが存在するサステナビリティの取り組みに対し、世界の共通目標を作ったことだ。5PといったSDGsで共有された目標の基本、世界が目指す方向性は、2030年の後も変わらず、次の"Goals"にも引き継がれるだろう。

世界が向かう大きな方向性が変わらないとすれば、早く新しいパラダイムに適応するほうが、長期的優位を確保できる。SDGsへの既存ビジネスでの貢献をアピールする〝ラベル貼り〟にとどまらず、企業は本質的に価値を生み出すよう取り組むべきだ。多様なレンズによるアプローチで、自社ならではのパーパスや強みを武器にして、SDGsに本質的に貢献する企業が増えることを期待したい。

SDGsの気づきのツールとしての意義

これまで、「SDGsのラベル貼りでは、SDGsに貢献したことにはならない」と書いてきているが、ラベル貼りを新たな価値創造につなげられれば、話は別だ。

SDGsのラベル貼りの作業は、自社の社会価値を問い直す作業でもある。現時点では、サステナビリティの担当部署が、統合報告やサステナビリティ報告のコンテンツとして、自社の活動とSDGsの関係性を整理することが多いように思う。これをもっと社内を巻き込んで実施すれば、多くの社員が、自社が提供している社会価値を再認識することができ、それを展開できる可能性も出てくる。SDGsは、このように気づきを与えてくれる。

SDGsは、自社の価値を気づかせてくれるツールであるとともに、グローバルの重要社会課題を網羅したフレームワーク、レンズであり、自社の強みが持つ提供価値と掛け合わせることで、社会課題解決ソリューションの気づきが得られるツールでもある。自社の技術などが持つ機能、提供価値をＳＤＧｓと一通り掛け合わせてみて、どのようなソリューションの可能性があるか、広く考えてみる価値はあるだろう。ＳＤＧｓは、世界共通の目標としての意義のほか、このように気づきのツールとしての意義がある。

ＳＤＧｓに取り組む段階論

ＳＤＧｓは、適切に取り組むことで、社会価値と企業価値を両立するＣＳＶを実現できるものだ。このＳＤＧｓへの取り組みについては、段階がある（図57）。

ＳＤＧｓ１・０は、自社との関わりを整理し、自社の活動がどのようにＳＤＧｓに貢献しているか、Ｗｅｂや各種レポートなどで、コミュニケーションをとる。社員にＳＤＧｓの理解を促すＳＤＧｓ研修、ＳＤＧｓへの貢献について考えるワークショップなどもこの段階に含む。これは経営的には、ブランディング、リクルーティングなどに効果がある。また、社員の気づきによる行動変容につながり、それがＳＤＧｓに貢献する活動につながる可能性がある。しかし、基本的には、ＳＤＧｓへの実際の貢献は限定的だ。日本の多くの企業は、この段階にある。

ＳＤＧｓ２・０は、ＳＤＧｓ貢献のためのプロジェクトを立ち上げるものだ。通常は、

図57　SDGsへの取り組みの段階

SDGs 1.0	自社活動のSDGsへの貢献について、コミュニケーション
SDGs 2.0	SDGsに貢献する活動の立ち上げ
SDGs 3.0	SDGsの経営への統合
SDGs 4.0	他者を巻き込んだ、SDGsに貢献するビジネスエコシステムの構築
SDGs 5.0	SDGs貢献の主目的化（起業、トランスフォーメーション）

本業外での社会貢献活動などが多い。経営的意味合いは、ＳＤＧｓ１・０と同じものが想定される。ＳＤＧｓへの実際の貢献は、投入リソースが限られるため、基本的には限定的だ。日本でＳＤＧｓ先進企業とされている企業は、この段階だろうか。

ＳＤＧｓ３・０は、ＳＤＧｓをパーパス、ビジョン、コミットメントなどに統合し、それに基づいた経営を推進する。ＳＤＧコンパス（図21）に示される取り組みを、経営的意味合いをしっかり捉えながら推進するイメージだ。実際には、ＳＤＧｓに限定されず、サステナビリティと経営の統合という形になると思うが、経営的意味合いをしっかり捉えて推進すれば、ブランディングやリクルーティングに限らず、事業ポートフォリオの組み換えや新たな事業の創造につながる。事業での差別化、長期的な企業価値創造につながり、投資も惹きつけることができる。また、企業全体としてのＳＤＧｓへの貢献も大きく向上するだろう。

ＳＤＧｓ４・０は、同業他社、異業種の企業、政府、市民セクターを巻き込んだＳＤＧｓに貢献するビジネスエコシステムを構築するものだ。企業を超えた役割を果たし、価値を創造するものだ。ＣＳＶとして取り組むことで、大きな差別化を生み出し、社会にとっても大きな価値を生み出す。

ＳＤＧｓ５・０は、ＳＤＧｓへの貢献を本気でパーパスとする企業を立ち上げる、あるいはそうした企業に変身するものだ。ＳＤＧｓへの貢献を活動の主目的とする企業は、現実的には、スタートアップや中小企業が中心となるだろうが、こうした企業が増え、成長していくことが重要だ。そして、既存の企業を代替する、あるいは既存の企業に脅威を与え、変化を促すことがＳＤＧｓ実現に向けたカギとなる。

本章では、ＳＤＧｓについて、各目標に対する具体的な取り組みの考え方・事例、ＳＤＧｓの意義、段階論などを述べてきた。本章の内容を参考に、ツールとしてのＳＤＧｓをうまく使いこなし、ＣＳＶを実現してほしい。

*1 「1年を振り返って：14の図表で見る２０１９年」、THE WORLD BANK, https://www.worldbank.org/ja/news/feature/2019/12/20/year-in-review-2019-in-charts.（２０２３年１月３日閲覧）

*2 "Major cuts of greenhouse gas emissions from livestock within reach", Food and Agriculture Organization of the United Nations, https://www.fao.org/news/story/en/item/197608/icode/.（２０２３年１月３日閲覧）

*3 "SUSTAINABLE DEVELOPMENT REPORT 2022", Jeffrey D. Sachs, Guillaume Lafortune, Christian Kroll, Grayson Fuller, and Finn Woelm, Cambridge University Press, 2022.

*4 "Global Gender Gap Report 2022", World Economic Forum, 2022.

*5 "Frost & Sullivan: Femtech could become a $50 billion market by 2025", Frost & Sullivan: Femtech could become a $50 billion market by 2025 (venturebeat.com).（２０２３年１月３日閲覧）

*6 「水資源に関する世界の現状、日本の現状」、国土交通省、https://www.mlit.go.jp/common/001020285.pdf.（２０２３年１月３日閲覧）

*7 「水と衛生」、ユニセフ、https://www.unicef.or.jp/about_unicef/about_act01_03.html.（２０２３年１月３日閲覧）

*8 「大幅な水削減：水道の蛇口を締めて水を使わなくなった工場」、ネスレ日本、https://www.nestle.co.jp/media/newsandfeatures/20170322_world-water-day.（２０２３年１月３日閲覧）

*9 「「安全・安心な水」で人々の暮らしを変える　小型浄水装置10基をセネガル政府へ引き渡し」、ヤマハ発動機、https://global.yamaha-motor.com/jp/news/2019/0619/cleanwater.html.（２０２３年１月３日閲覧）

*10 「グローバルな衛生課題の解決」、LIXIL、https://www.lixil.com/jp/sustainability/approach/sanitation.html.（２０２３年１月３日閲覧）

*11 「エネルギー進捗報告書：持続可能なエネルギーの普及のためには格差解消が不可欠」THE WORLD

BANK, https://www.worldbank.org/ja/news/press-release/2021/06/07/report-universal-access-to-sustainable-energy-will-remain-elusive-without-addressing-inequalities.（２０２３年１月３日閲覧）

＊12 「エネルギー基本計画の概要」、経済産業省資源エネルギー庁、２０２１年

＊13 "Ørsted's renewables-energy transformation", McKinsey, https://www.mckinsey.com/capabilities/sustainability/our-insights/orsteds-renewable-energy-transformation.（２０２０年７月閲覧）

＊14 「障害を持つ人々」、国連広報センター、https://www.unic.or.jp/activities/humanrights/discrimination/disabled/.（２０２３年１月４日閲覧）

＊15 「高齢化の国際的動向」、内閣府、https://www8.cao.go.jp/kourei/whitepaper/w-2021/html/zenbun/s1_1_2.html.（２０２３年１月４日閲覧）

＊16 「世界の識字率 最低は15%：原因とワールド・ビジョンの取り組み」、ワールド・ビジョン・ジャパン、https://www.worldvision.jp/children/education_03.html.（２０２３年１月４日閲覧）

＊17 「『共通価値』を創出する５つの要素」、マーク・フィッツアー、バレリー・ボックステット、マイク・スタンプ、『DIAMONDハーバード・ビジネス・レビュー』２０１４年１月号

＊18 "Measuring Shared Value: How to Unlock Value by Linking Social and Business Results", Michael E. Porter, Greg Hills, Marc Pfitzer, Sonja Patscheke, and Elizabeth Hawkins, 2012

＊19 「ＳＡＰはなぜ自閉症者を雇い、女性リーダー25%を目指すのか」、末岡洋子、DIAMOND Online、２０１６年

＊20 『リバース・イノベーション』、ビジャイ・ゴビンダラジャン、クリス・トリンブル、ダイヤモンド社、２０１２年

＊21 「ＧＥリバース・イノベーション」、ジェフリー・Ｒ・イメルト、ビジャイ・ゴビンダラジャン、クリス・トリンプル、『DIAMONDハーバード・ビジネス・レビュー』２０１０年１月号

＊22 「『ＬＧＢＴ』ビジネス市場を見よ」、桜田容子、PRESIDENT Online、https://president.jp/articl

es/-/12585.（２０２３年１月４日閲覧）

＊23 「イスラム教について」、一般社団法人ハラル・ジャパン協会、https://jhba.jp/halal/islam/.（２０２３年１月４日閲覧）

＊24 "BETTRE BUSINESS, BETTER WORLD", Business & Sustainable Development Commission, 2017.

＊25 「住み続けられるまちづくりを」、国連広報センター、https://www.unic.or.jp/activities/economic_social_development/sustainable_development/sustainable_development_goals/cities/.（２０２３年１月４日閲覧）

＊26 「貧困地域の人々にも快適な暮らしを。４０００ドル、24時間で建てられる３Ｄプリントの家」、IDEAS FOR GOOD、https://ideasforgood.jp/2018/03/27/3d-printing-house/.（２０２３年１月４日閲覧）

＊27 「社会問題への取り組みは、自社の可能性を広げる―イケアの事例から―」、水上武彦のＣＳＶ／シェアード・バリュー経営論、https://www.cre-en.jp/mizukami-blog/?p=954#.Y7ViCNXP25f.（２０２３年１月４日閲覧）

＊28 「２０２２年、紛争や迫害で避難を強いられる人は１億人を突破」、日本ＵＮＨＣＲ協会、https://www.japanforunhcr.org/appeal/trend.（２０２３年１月４日閲覧）

＊29 「シェルター」、国連ＵＮＨＣＲ協会、https://www.japanforunhcr.org/what-we-do/shelter.（２０２３年１月４日閲覧）

＊30 「スマートシティ先進都市バルセロナに学ぶ。市民を中心とした都市運営の生態学的アプローチ」、IDEAS FOR GOOD、https://ideasforgood.jp/2020/03/05/barcelona-smartcity/.（２０２３年１月４日閲覧）

＊31 「テクノロジーでごみ問題を解決しスマートシティへ」、https://iotnews.jp/smart-city/140315/.（２０２３年１月４日閲覧）

＊32 「アップル「１００％再生エネルギー」の深い意義」、東洋経済ONLINE、https://www.cre-en.jp/

mizukami-blog/?p=3355#.Y7WImdXP25f.（２０１８年閲覧）

*33 「Apple、サプライヤー１１０社以上の再エネへの課題解決に協力」、アップルプレスリリース、https://www.apple.com/jp/newsroom/2021/03/apple-powers-ahead-in-new-renewable-energy-solutions-with-over-110-suppliers/.（２０２２年４月閲覧）

*34 "Apple Partners with Rio Tinto, Alcoa on Zero-Carbon Aluminum Smelting", SUSTAINABLE BRANDS, https://sustainablebrands.com/read/chemistry-materials-packaging/apple-partners-with-rio-tinto-alcoa-on-zero-carbon-aluminum-smelting.（２０１８年５月閲覧）

*35 "Why Apple is getting cozy with aluminum giants Alcoa and Rio Tinto", GreenBiz, https://www.greenbiz.com/article/why-apple-getting-cozy-aluminum-giants-alcoa-and-rio-tinto.（２０１８年５月閲覧）

*36 「温暖化と「適応」ビジネス」、日経産業新聞２０１４年４月16日付

*37 「海洋プラスチック問題について」、WWF、https://www.wwf.or.jp/activities/basicinfo/3776.html.（２０２３年１月５日閲覧）

*38 "Adidas sold one million pairs of ocean plastic trainers in 2017", edie, https://www.edie.net/adidas-sold-one-million-pairs-of-ocean-plastic-trainers-in-2017/.（２０１８年３月閲覧）

*39 「SABIC、家庭ごみのケミカルリサイクル始動。海洋プラ・リサイクルにも着手」、Sustainable Japan、https://sustainablejapan.jp/2021/04/20/sabic-plastics-recycling/61120.（２０２２年５月閲覧）

*40 「フォード、海洋プラごみ１００%活用で世界初の自動車部品製造。ハーネスクリップ」、Sustainable Japan、https://sustainablejapan.jp/2021/12/10/ford-ocean-plastic-recycled-parts/68832.（２０２２年５月閲覧）

*41 「産業廃棄物が通貨の変わりになる！プラスチックバンクの３Dプリント交換プロジェクト」、i-MAKER、https://i-maker.jp/blog/plasticbank-1032.html.（２０１８年４月閲覧）

＊42 「水産資源の枯渇救う見慣れぬ魚たち」、『日経ビジネス』２０１５年12月14号

＊43 "Report from JetBlue, Ocean Foundation Finds Direct Correlation Between Healthy Ecosystems, Increased Revenue", SUSTAINABLE BRANDS, https://sustainablebrands.com/read/new-metrics/report-from-jetblue-ocean-foundation-finds-direct-correlation-between-healthy-ecosystems-increased-revenue.（２０１５年1月閲覧）

＊44 「インフォシス：尊敬される企業を目指して」、『DIAMONDハーバード・ビジネス・レビュー』２０１２年3月号

＊45 "Seize these 10 business opportunities to get the U.N. Global Goals back on track", GreenBiz, https://www.greenbiz.com/article/seize-these-10-business-opportunities-get-un-global-goals-back-track.（２０１８年2月閲覧）

＊46 「ブロックチェーントレーサビリティと紛争鉱物」、「新しい経済」プロジェクト、https://www.neweconomy.jp/features/traceability/90109.（２０２２年6月閲覧）

＊47 「ブロックチェーンが、社会から置き去りにされた「記録なき人々」の身分証明になる」、WIRED、https://wired.jp/2018/03/21/refugees-but-on-the-blockchain/.（２０２２年6月閲覧）

COLUMN 2: WWF

「日本では、先進企業事例を輩出することが大事」

WWFジャパン事務局長　東梅貞義
聞き手　水上武彦

東梅貞義氏

著者

WWF（世界自然保護基金）は1961年にスイスで設立されたNGOで、人と自然が調和して生きられる未来をめざして、世界100か国以上でサステナブルな社会の実現を推し進めている。WWFは、NGOセクターのリーダーとして広く認知されている。WWFジャパンは、1971年に世界で16番目のWWFとして設立された。今回は、「1．WWFのミッションと注力テーマについて」、「2．企業の役割とWWFの取り組みについて」、「3．日本企業の動向とWWFジャパンの対応について」の3つの観点から、WWFジャパンの事務局長である東梅貞義氏にお話しいただいた。

1．WWFのミッションと注力テーマについて

WWFは、「人と自然が調和して生きられる未来を築く」をミッションとし、現在は9つの環境保全とサステナビリティの分野（森林、海洋、水環境、野生生物、気候・エネルギー、食糧、市場変革、金融、ガバナンス）に注力している。

WWFのミッションは、60年以上変わっていないが、国際政治や企業の目指す方向と重なりつつある。2050年までのカーボンニュートラル、2030年までのネイチャーポジティブ[*1]は、WWFが目指すものであるとともに、政治的な国際合意、ビジネス界の目標になっている。[*2]

世界経済フォーラムの「グローバルリスク報告書」（2023年）では、地政学リスクやインフレが顕在化する中でも、長期的リスクとして、気候変動リスクや生物多様性・生態系喪失リスクが最上位に来ている（図1）。カーボンニュートラル、ネイチャーポジティブに取り組まないことのリスクは、政治・経済のリーダーと共有され、政策、技術、資金などの面でトランジションが起き、これまでとは違い、より大きなスケールでの変革が起こり始めている。

WWFでは、ミッションのもと、「人と自

図1　世界のリーダーが認識するリスク

順位	今後2年間	今後10年間
1	生活費の危機	気候変動緩和策の失敗
2	自然災害と極端な異常気象	気候変動への適応（あるいは対応）の失敗
3	地経学上の対立	自然災害と極端な異常気象
4	気候変動緩和策の失敗	生物多様性の喪失や生態系の崩壊
5	社会的結束の侵食と二極化	大規模な非自発的移住
6	大規模な環境破壊事象	天然資源危機
7	気候変動への適応（あるいは対応）の失敗	社会的結束の侵食と二極化
8	サイバー犯罪の拡大とサイバーセキュリティの低下	サイバー犯罪の拡大とサイバーセキュリティの低下
9	天然資源危機	地経学上の対立
10	大規模な非自発的移住	大規模な環境破壊事象

リスク分類　経済　環境　地政学　社会　テクノロジー

出所：世界経済フォーラム「グローバルリスク報告書2023年版」より

然が共生するにはどうすれば良いか」、「回復させるべき自然は何か」といった観点で、取り組むべきテーマを検討している。森林、海洋生態系、淡水生態系、象徴的野生生物、これに影響する気候システムは、普遍的に人間の社会経済活動を大きく下支えしている。生物多様性にとって、生息地がなくなることの影響は大きく、それには農業のための森林伐採などの土地利用の転換の影響が大きいので、食糧システムにも取り組んでいる。また、誰と取り組むのが重要かという観点から、市場・企業、金融、国際ガバナンスの変革を注力テーマに加えている。

2. 企業の役割とWWFの取り組みについて

カーボンニュートラル、ネイチャーポジティブを進めていくには、政治、企業、金融のリーダーシップの影響が大きいと捉えている。日本では、先進的に取り組む企業リーダーの役割が特に重要と考えている。

企業は、Commit（目標設定）、Disclosure（情報開示）、Advocate（政策提言）を通じて、カーボンニュートラル、ネイチャーポジティブに貢献できる（図2）。

Commitは、自社の環境・サステナビリティ目標を設定することだ。WWFは、気候変動の1・5度目標[*3]に向けて、科学的知見と整合した削減目標を企業が設定するための、グ

図２　企業に期待される取り組み：カーボンニュートラルの事例

経営層が知るべき、全体像（ToC：Theory of Change）
日本の企業リーダーの
カーボンニュートラル経営実現への道筋

1
【Commit】自社の目標設定をする
カーボンニュートラル中長期目標設定（SBTi）をし、実行／評価する
ベネフィット：日本国内のみで通用する目標設定ではなく、国際的基準の目標設定とのお墨付きが得られる

2
【Disclosure】自社の気候関連財務情報を開示する
カーボンニュートラルディスクロージャー（TCFD）対応と、金融機関・投資家との対話をする
ベネフィット：サステナビリティインデックス投資などに選ばれる投資先となれる

3
【Advocate】政策アドボカシーを行う
脱炭素社会の実現に向け、自社目標の達成に欠かせないカーボンニュートラル政策を実現するため、カーボンニュートラル政策アドボカシーアライアンス（JCIなど）に参加し、カーボンニュートラル政策に賛同・要請をする
ベネフィット：自社目標達成のために必要な、公正な競争環境や公的支援を実現するカーボンニュートラル政策を、多数かつ横断的な企業の声で実現

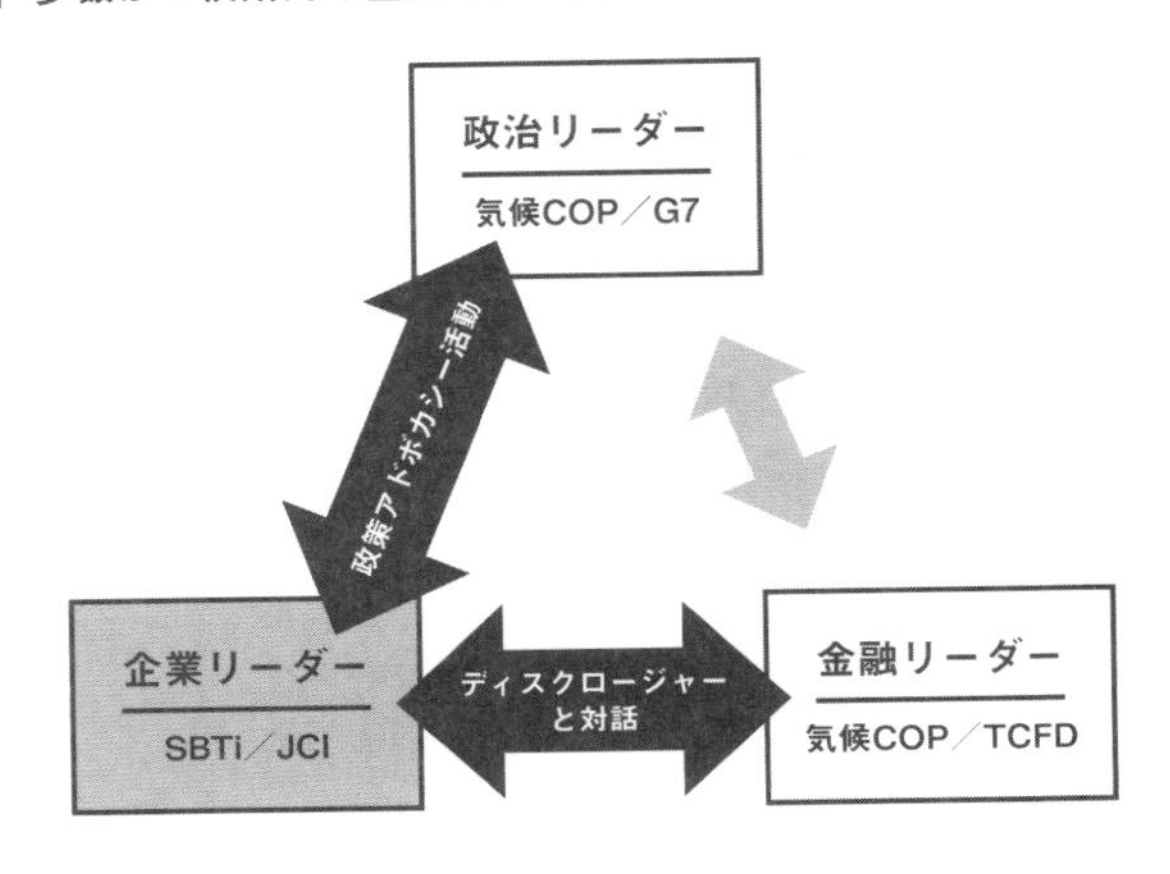

出所：WWF

ローバルスタンダードとなっているScience Based Targets（SBT）イニシアティブを、他団体とも協働して推進している。現在、多くの日本企業が参加し、その数は急増している。ネイチャーポジティブに向けては、Science Based Targets for Natureの取り組みも進めている。

Disclosureは、気候関連や自然関連の情報開示をして、金融機関・投資家と対話することだ。これには、カーボンニュートラルのディスクロージャー（TCFD）、ネイチャーポジティブのディスクロージャー（TNFD）の枠組みがある。WWFは、TNFDの運営にも関わっている。

Advocateは、政策アドボカシーを行うことだ。日本では、WWFが共同事務局となっている「気候変動イニシアティブ（JCI）」に500以上の企業が参加し、国に対して再生エネルギー導入の加速を求める政策提言などをしている。

3．日本企業の動向とWWFジャパンの対応について

日本企業は、仕組みができてから、そのやり方に合格することを重視する。一方、海外に目を向けると、完璧さを求めるのではなく、早めに取り組むことを重視している。先に取り組めば知見が蓄積される。また、先進的な取り組みを情報開示することで、投資家から評価される。

また、日本企業は横並び意識が強く、他社が取り組みを始めると動くため、先進的な企

業の具体例があることが大事。ＷＷＦジャパンでは、先進的な取り組みをする意向がある企業を後押しして、先進的な企業事例を生み出すことを重視している。

ＷＷＦジャパンでは、日本企業の取り組みを促すため、国際的な動向と日本企業の取り組みにどのくらいギャップがあるか、企業による公開情報をもとに分析して、気候変動や責任ある林産物調達などについて業界ごとに企業評価をしている。日本企業は、同業他社のことを気にかけているため、同業他社との横並び評価は、取り組みを促進するのに効果があると考えている。

日本でも、目標設定などにあたって、ＮＧＯの意見を聞きたいという企業が増えてきた。以前は、先進的な企業のみだったが、それに続く層の企業もＮＧＯと対話するようになってきた。さらには、企業の経営層から、ＮＧＯに環境・サステナビリティのトレンドを聞きたいという話も出るようになった。

Commit、Disclosureについては、カーボンニュートラル関係は、ＳＢＴｉ、ＴＣＦＤ対応など、日本企業の取り組みは進んできている。Advocateについては、産業界の政策目標引上げの声を集めるＪＣＩのような取り組みをしている。

以前は、日本企業は、ルールメイキングを仕掛けるという感じではなく、ルールフォローイングの傾向が強かったが、業界によっては、日本企業が国際的なルールメイクに参加し、取り組む事例も出てきている。

政治に対して有権者として、企業に対して

消費者として働きかけるよう、市民、消費者を促すことも大事だが、日本ではこれから注力すべき分野と考えている。現時点では、日本企業に直接、NGOとして働きかけて先進事例の輩出を促し、それを広げていくことが有効だと考えている。

インタビューを終えて

WWFは、SBT、TNFDなどの枠組みづくりなど、サステナブルな社会実現に向けて、戦略的に企業を動かしている。横並び意識の強い日本では、先進企業事例を作ることを重視しているというのは納得だ。また、日本でもWWFの意見を聞きたいという企業が増えているというのは、サステナビリティに向けた良い流れだ。WWFをはじめとするNGOと企業の協働が当たり前となり、NGOの影響力がさらに広がり、政府や市民・消費者に向けた活動にも広がっていくことを期待したい。

（水上武彦）

＊1 温室効果ガスの排出量と吸収量を均衡させること
＊2 自然・生態系の損失を食い止め、回復させること
＊3 気候変動がもたらす最悪の事態を回避するため、世界の平均気温上昇を産業革命前に比べて1・5度未満に抑えるという目標

4

SDGsを超えて、いかにサステナブルな世界を実現するか

これまで、「目指すべきサステナブルな世界」実現に向けて、CSVや6つの資本といった社会課題解決と企業価値の両立を考えるフレームワーク、サステナビリティ経営の方法論、SDGsの各ゴールへの取り組みなどについて、述べてきた。

2030年に向けた世界共通の目標として、SDGsが掲げられているが、SDGs達成が最終ゴールではない。SDGs実現に向けた取り組みは、次の課題を生み出す。また、SDGsが採択された2015年から人類の活動は変化しており、SDGsには含まれていない課題も顕在化してきている。そうした次々と生まれる課題を解決し続けることで、世界は進化し、「目指すべきサステナブルな世界」に近づく。

また、SDGsはグローバル課題だが、日本国内にも特有の課題がある。サステナビリティ経営では、国内課題にも対応する必要がある。国内課題は、多くの企業にCSVの機会を提供するものでもある。

SDGsは、すべての組織による対応が求められるが、中小企業でも取り組めるのか、といった疑問もよく聞く。

本章では、「目指すべきサステナブルな世界」に向けて、これまで述べたことに加えて考えるべきこと、国内課題への対応、SDGsの先に求められること、などについて述べる。

SDGsへのホリスティックアプローチ

前章の最後に、SDGsに取り組む段階論を述べた。異なる切り口として、持続可能な経営に向けたベンチマークツールFuture-Fitを提供するFuture-Fit財団が、数百の企業のサステナビリティレポートを調査した上で、SDGsへのアプローチの分類をしている。[*1]

Future-Fit財団は、SDGsへのアプローチを、受動的（Defensive）、選択的（Selective）、統合的（Holistic）に分類し、それぞれシェアホルダー・バリュー（Shareholder Value）、シェアド・バリュー（Shared Value）、システム・バリュー（System Value）を追求するものとしている。

Defensiveアプローチは、多くの企業が対応しているように、既存のビジネスにおいてどのようにSDGsに貢献しているかを整理して示す、ラベル貼りだ。CO_2排出削減目標を掲げて、取り組みを進めていればSDGs目標13に貢献し、働き方改革を進めていれば、SDGs目標8に貢献しているとするものだ。企業の主目的は、株主価値や財務的リターンを創出することだと考える経営者とっては、受け入れやすいアプローチだ。しかし、現状の変革（Transformation）を求めるSDGsに本質的に貢献していることにはならず、アピールし過ぎると、ＳＤＧｓウォッシュとされるリスクがある。

Selectiveアプローチは、特定のＳＤＧｓに対する取り組みを進めるものだ。ＣＳＶにも似ており、企業が最もインパクトを創出できるＳＤＧｓにフォーカスするものだ。ヘルスケア企業がＳＤＧｓ目標３にフォーカスするイメージだ。もちろん、単に従来どおりの医薬品を提供するだけでなく、医療アクセスが十分でない人々に対する新たな取り組みなどを進める必要がある。

ＳＤＧコンパスなどでも、優先課題の特定が求められているように、Selectiveアプローチは有効だろう。しかし、Future-Fit財団は、ヘルスケア企業がＳＤＧｓ目標３に貢献するだけで、水ストレスのある地域で大量のきれいな水を使用し、コミュニティの水ストレスを悪化させ、ＳＤＧｓ目標６に反するような行動をするのは問題だとしている。また、医薬品の提供において、サプライチェーンの安価な労働力に依存し、ＳＤＧｓ目標１の問題を解決しようとしないのも問題だとしている。ＳＤＧｓの優先課題にしか対応しないのは不十分だということだ。それは、そのとおりだ。ＳＤＧｓの優先課題を特定し、当該ＳＤＧｓを中心としたインパクトの創出を進めるとしても、他のＳＤＧｓに対するネガティブインパクトへの対応も必要だ。

Holisticアプローチは、企業のバリューチェーン全体におけるSDGsへのポジティブおよびネガティブなインパクトを網羅的に考慮する。SDGsへの新たな取り組みを進める場合には、それがもたらすトレードオフをしっかり予測し、対策を取る。ある特定の地域でSDGsに貢献することが、他の地域でSDGsに悪影響を与えることがないようにする。Future-Fit財団は、企業は、こうしたHolisticアプローチを進めるべきだとしている。

SDGsのあるべき対応としては、Holisticアプローチを基本としつつ、Selectiveアプローチの要素も取り入れて、自社が最も貢献できる領域で特定のSDGsに大きなインパクトを創出することが理想的だろう。

サステナビリティ経営における統合思考：4つの統合の視点

全体を俯瞰するHolisticアプローチは、統合思考と言い換えることができ、システム思考とも似た概念だ。ここでは、統合思考と呼ぶことにする。統合思考においては、4つの統合の視点が必要だ（図58）。

一つめの視点は、「時間の統合」。長期的な視点で先を見つつ、足元の現実もしっかり見

図58　サステナビリティ経営における4つの統合

時間の統合	長期的なトレンド、影響を洞察しつつ、足元の変化も見据える
空間の統合	バリューチェーン全体の影響・依存をもとに施策を検討
組織の統合	パーパスービジョンー戦略ーKPI／目標ー取り組みの統合 経営戦略ー事業戦略ー機能戦略の統合
非財務・財務の統合	非財務活動の財務影響を理解し、統合的に意思決定

据えることだ。

　最近は、脱炭素の流れが本格化し、自動車産業はEVシフトを進める、エネルギー産業が脱化石燃料を進めるなどの動きが加速している。しかし、政策や投資家などの要請にリアクティブに対応しているだけでは、統合思考に基づくものとは言えない。

　また、再生可能エネルギー関連、水素関連、バッテリー関連などの事業を展開するのは、既に顕在化している事業機会を追求しているだけで、従来型の経営と何ら変わりがない。ただ、オーステッドのように、10年以上前から脱炭素に向けた事業を本格展開して、競争優位を築いている企業は、統合思考によるサステナビリティ経営の結果と言えるだろう。

気候変動、サーキュラーエコノミー、生物多様性といった課題について、GHGを排出し続け温暖化・気候変動に加担し続けること、プラスチックなどを大量に廃棄し続けること、生態系を破壊し続けることは、経済・社会の持続可能性の観点から許容できないのは、明らかだ。これらの課題は、最近でこそ多くの企業の関心事となっているが、対応が必要であることは、30年以上前から分かっていたことだ。

しかし、どこでどのくらいリソースを投入するか、事業構造を変革するか、タイミングを捉えるのは難しい。そこで、長期的には事業構造の変革が求められることを常に意識し、外部環境変化やステークホルダーの動向にアンテナを張り、変化に備える。長期の時間軸での変化を洞察しつつ、短期の時間軸で世の中の動向にアンテナを張ることが必要だ。そして、感度高く、他社に先んじてリソースを投入することが、需要を創り、競争優位につながる。

自社の活動の影響についても、社会課題を解決するつもりが、将来的に別の問題を引き起こすといったことがないよう、自社の活動がもたらすトレードオフ、副作用を予測する必要がある。すべての活動には副作用があることを理解し、それを踏まえて先んじて対応することが望ましい。

このように時間軸を統合することは、統合思考に基づく、本質的なサステナビリティ経営の条件の一つだ。

二つめの視点は、「空間の統合」。グローバルに広がるバリューチェーン全体の影響を見ることだ。自社事業が、サプライチェーン上で、人権侵害や生態系破壊に加担していないか、目を光らせる必要がある。GHG排出についても、国内のGHG排出を削減するために、海外で排出を増やしていては意味がない。自社事業の影響が、どのように広がっているか、特にネガティブな影響を与えていないか把握して対応するのが、統合思考の重要な要素だ。

「空間の統合」には、依存の観点も必要だ。自社バリューチェーンがどのような資本に依存しているか、その資本に影響する動きがグローバルでどう変化しているか、感度を高めておく必要がある。特に、昨今のように、サプライチェーンに対する要請が強まり、地政学的リスクが高まっている状況においては、自社バリューチェーンに影響する動向を常にウォッチし、意思決定に迅速に反映することが重要だ。

三つめの視点は、「組織の統合」。組織において、サステナビリティと経営を本質的に統合することだ。サステナビリティへの長期的要請、バリューチェーンにおけるサステナビリティ課題との関わりなどは、経験のあるサステナビリティ担当者であれば、概ね理解している。しかし、サステナビリティ担当者がそうした話をして、対応の必要性を訴えても、「それでいくら儲かるのか?」と経営層や事業部門が聞く耳を持たないということは、よくある話だ。サステナビリティ部門が持つ問題意識を共有して、経営レベルで能動的に取り組みを進めることができなければ、経営とサステナビリティが統合しているとは言えない。パーパス、ビジョン、戦略、KPI、実際の取り組み、そうしたものすべてにサステナビリティの観点が反映され、統合している必要がある。また、経営戦略、事業戦略、人材戦略やR&D戦略などの機能戦略、それらもすべて、サステナビリティの観点も含めて統合している必要がある。

四つ目の視点は、「非財務・財務の統合」。これまで述べていることだが、知的資本、人的資本、社会・関係資本、自然資本などの非財務資本が企業価値に及ぼす重要性が高まっている。非財務資本に関する活動が、どう財務に影響するか、その意味合い、構造を理解し、戦略的に非財務・財務を統合した意思決定を行う必要がある。

長期的な視点で経済社会の構造変化を洞察し、外部環境やステークホルダーの足元の変化を感度良く捉える時間軸、バリューチェーン全体を捉える空間軸、サステナビリティ部門の問題意識を組織全体で共有して一体的に取り組む組織軸、そして非財務・財務を統合する資本軸、本質的なサステナビリティ経営には、この4つの軸での統合思考が求められる。

国内課題への対応：課題先進国であることの強みを生かす

日本は課題先進国だとよく言われる。高齢化、人口減少に起因する課題をはじめ、地震や台風などの自然災害、エネルギーや食物の海外依存など様々な課題を抱えている。課題の中には、他国に先んじて直面し、先例のない中でそれを解決していかなければならないものもある。これらは、先行的に課題の解決策を見出すことができれば、今後、他国が同様の問題に直面したとき、解決策のモデルを示すことができる。それが、国や企業の競争力になる。

課題先進国イスラエルに学ぶ

イスラエルに、IDEテクノロジーズという企業がある。IDEテクノロジーズは、海水淡水化のリーディング企業として、世界の水資源が不足している地域で、海水を飲料水や灌漑用水に転換するビジネスを展開している。IDEテクノロジーズが代表格だが、イスラエルでは、水問題を解決する技術が発展し、多くの企業が水関連ビジネスを展開している。[*2・3]

イスラエルで水技術が発展しているのは、イスラエルが水の課題先進国だからだ。国土の60％が荒野で、淡水の水源は限られ、降水量も少ないイスラエルは、昔から水問題に苦しんできた。有名なフォークダンスソング「マイム・マイム」の「マイム」はヘブライ語で「水」を意味しており、この曲は掘り当てた井戸のまわりを踊り、喜びをもって水に駆け寄るユダヤ人の姿をあらわしているそうだ。それほどまでに、イスラエルには、水がなかった。

水不足に苦しむ中、イスラエル人は、何とかして水の供給量を増やし、水を効率利用しようと工夫し、淡水化、水再生、点滴灌漑など様々な水技術を発展させた。イスラエルの水消費量の多くが、淡水化された海水、「元海水」でまかなわれている。また、下水のリサイクル率は83％に達しており、世界2位のスペインの12％を大きく凌駕している。

イスラエルの政府と企業は、人口増加・気候変動などの影響により世界的に水不足が深刻になりつつある中、これまで培ってきた水技術を強みとしてビジネスをグローバルに展開している。イスラエル政府は、WATECという国際水環境技術博を開催し、イスラエルの水技術をアピールしている。

IEDテクノロジーズなどの大企業に加え、水技術のスタートアップも多く誕生している。例えば、バイオフィルムを利用して従来の20％のエネルギーで水を再生できるシステムを提供するスタートアップ企業のEmefcyの技術は、「世界を救う10の水技術」に選ばれている。このようにイスラエルでは、水問題の課題先進国という逆境を生かし、世界の水問題を解決し自社のビジネスも成長させるCSV企業を多く誕生させている。

日本も、イスラエルのように特定の課題における課題解決先進国として、CSVビジネスを発展させていける可能性は大いにある。政府、企業などが協働し、日本が先進的に解決すべき課題にフォーカスし、戦略的にCSVビジネスを育成する視点を持つべきだ。

少子高齢化・人口減少への対応

日本が他国に先んじて直面し、今後他国もその課題に直面することが確実視されている大きな課題としては、少子高齢化・人口減少がある。少子高齢化・人口減少については、出生率を向上させる、移民を増やすなどの少子高齢化・人口減少の緩和策もあるが、少子高齢化・人口減少の中でも豊かな社会を築くという「適応策」も重要だ。ビジネスの観点からは、適応策のほうにより多くの機会があるだろう。

高齢化に伴う課題の代表的なものとして、介護がある。高齢者の健康を増進して介護を減らすのも大切だが、介護の苦痛を和らげることも必要だ。この領域でのイノベーションを生み出すことができれば、将来的に日本企業はマーケットを世界に広げることができる。

この領域での日本の優れたイノベーションとしては、ビジネスエコシステム／需要創造のCSV事例として紹介した、ユニ・チャームの大人用おむつがある。1988年に尿取りパッドを開発し、おむつそのものでなく、パッドを交換する2ピース方式を取り入れ、コストを削減し、介護する側の負担を軽くしている。1995年には「リハビリテーション」という新しい概念を付加した製品を開発し、介護施設に専門の営業員とケアアドバイザーを派遣し、介護施設のスタッフを支援するライフリーケア活動を通じて、市場を創造している。*4

介護ロボットも日本の強みが生かせる領域だが、移乗介助、移動支援、排泄支援、見守り・コミュニケーション、入浴支援などの課題に対応する機器の開発が進められている。*5

介護は、人を相手にするものであり、イノベーションが起こりにくいという意見もある。また、様々な規制も存在する。しかし、日本が課題先進国として先頭を走るこの領域では、「介護ではイノベーションは難しい」などという思考の枠をはめずに、テクノロジーだけでなく、ルールメイクやビジネスモデルを含め、様々なアイデアとその実践を検討すべきだ。

その他、労働力不足とそれに関連する女性活躍・高齢者活躍、空き家等社会ストックの余剰、高齢者の移動・買物、貯蓄率の低下、社会保障の逼迫など、少子高齢化・人口減少に伴う、様々な課題がある。しかしながら、全般的には、こうした課題への対応は政府主導で進められており、企業が創造性を発揮している例は少ない。せっかく世界の先頭を走る市場でビジネスを展開しているのだから、こうした課題に対して、もっと関心を持ち、創造性を発揮して、積極的にイノベーションを生み出す企業が増えることを期待したい。

SDGs、脱炭素による地方創生

地方創生も日本の重要な課題だ。SDGsによる地方創生は、日本で関心が高まっているが、より具体的に、脱炭素による地方創生の可能性について考えてみる。なお、日本政府は、脱炭素を地域レベルでも進めるべく、地域脱炭素ロードマップを策定し、2030年度までに少なくとも100か所の「脱炭素先行地域」をつくることとしており、地方自治体も脱炭素に向けた取り組みを進めている。

地方で想定される脱炭素の取り組みについては、地域脱炭素ロードマップでは、重点対策として、①屋根置きなど自家消費型の太陽光発電、②地域共生・地域裨益型再エネの立地、③公共施設など業務ビル等における徹底した省エネと再エネ電気調達と更新や改修時のZEB化誘導、④住宅・建築物の省エネ性能等の向上、⑤ゼロカーボン・ドライブ（再エネ電力×EV／PHEV／FCV）、⑥資源循環の高度化を通じた循環経済への移行、⑦コンパクト・プラス・ネットワーク等による脱炭素型まちづくり、⑧食料・農林水産業の生産力向上と持続性の両立が挙げられている。[*6]

これらは、5つの取り組み方向性に整理できる。5つの取り組み方向性（脱炭素関連）は、「暮らし」に関係する「①地域特性に応じた再生可能エネルギーの導入促進」、「②まちづくりにおける脱炭素化」、「食」に関係する「③農林水産業における脱炭素化」、「移動」に関係する「④モビリティにおける脱炭素化」、そして「資源」を有効活用する「⑤サーキュラーエコノミーの推進」だ（図59）。

これに加え、脱炭素を進めるには、２つの取り組み検討の視点が重要だ。２つの取り組み検討の視点は、「地域の特性や強みを生かす」、「地域が抱えている課題の解決と組み合わせる」だ。その地域ならではの脱炭素・ＳＤＧｓを検討するにあたっては、「地域の特性や強みを生かす」のが基本だ。独自性があり、他地域と差別化でき、大きな社会・環境価値を生み出す取り組みは、地域の特性や強みからしか生まれない。一方で、地域が抱える様々な課題解決の取り組みを実践するにあたり、常に「脱炭素・ＳＤＧｓと組み合わせられないか」と考えることも重要だ。地域の課題解決に向けた一つの投資で、付加的な社会・環境価値を併せて生み出せる可能性がある。

再エネの導入を検討するにあたっては、気候や地形、土地利用の現状などを考慮し、風力、太陽光、その他の再エネのいずれに適しているか、再エネを導入するにあたっては、どのような形が良いか（例えば営農型など）、検討する必要がある。

高齢化などに対応した今後のモビリティのあり方は、多くの地域で課題となっている。この課題解決を検討するにあたって、ＥＶのシェアリングなど、脱炭素を組み込むことができないかを検討すべきだ。同様に高齢化等に対応したコンパクトシティ化などの検討にあたっても、脱炭素化を検討すべきだ。

図59　脱炭素による地方創生の5つの方向性と2つの視点

	地域の特性や強みを生かす	地域が抱えている課題の解決と組み合わせる
① 地域特性に応じた再生可能エネルギーの導入促進	✓ 森林バイオマス、営農型太陽光発電等	✓ 森林整備によるCO2吸収源確保等
暮らし ② まちづくりにおける脱炭素化		✓ 公共施設整備での再エネ導入等
食 ③ 農林水産業における脱炭素化	✓ 地域特産物のリジェネラティブ農業等	
移動 ④ モビリティにおける脱炭素化		✓ 住民の足の整備におけるEV化等
資源 ⑤ サーキュラーエコノミー（循環型の経済・社会）の推進	✓ 地域特有の資源のアップサイクル等	✓ 分別回収コミュニティづくり等

サーキュラーエコノミーや農林水産業における脱炭素化については、地域資源を生かすことが重要だ。地域の特産品の生産にあたっての廃棄物のアップサイクル、農産物生産のリジェネラティブ農業化、森林資源などを生かした脱炭素化などを考えるべきだ。農林水産業は、それぞれの地域で特徴あるものを生産していることが多い。そうした地域の強みを、脱炭素との組み合わせでさらに差別化すべきだ。

5つの取り組み方向性と2つの取り組み検討の視点のフレームワークは、すべての地域で活用可能だ。こうしたフレームワークなども活用しながら、脱炭素・SDGsに向けた大きなビジョンを掲げ、先進的な取り組みを実践し、国内外に広く伝えることが、地域に多くの人を惹きつけ、新しい地域、新しい社会を創っていくことにつながるだろう。

中小企業によるSDGs／サステナビリティへの対応

「中小企業では、SDGs／サステナビリティにどう取り組めば良いのか？」という質問を受けることがある。サステナビリティは、余裕のある大企業が取り組むもので、中小企業では対応が難しいという印象があるようだ。

基本的には、中小企業でも第2章で示したような、基本的なサステナビリティ経営を実践することが望ましいが、体系的に取り組むリソースがないという場合は、まずは、今後、顧客からの要請が強まるであろう、脱炭素や人権への対応、そして業界として特に重要な課題がある場合は、その課題に対応することで良い。

また、サステナビリティの動きが、産業構造やサプライチェーンを大きく変革し、長期的に事業に大きな影響を及ぼすこともあるので、業界への長期的影響に対しては、感度を高めておくべきだ。

気候変動については、まず温室効果ガス排出量を把握する必要がある。主要な排出源を特定し、排出量を計測または概算する。そのうえで、排出削減の取り組みが可能か考える。この辺については、中小企業基盤整備機構、顧客、金融機関、自治体などからサポートが得られる可能性があるので、聞いてみるのも良い。脱炭素の取り組みを進めていると、新たな事業機会が見出せる可能性もある。

人権については、社員の意識醸成が重要なので、法務省提供の人権啓発教材なども参考にしつつ、研修や社員にメッセージを発する機会を捉えて、意識付けするのが良いのではないか。技能実習生などを雇用している場合は、差別的な対応がないかには、注意する必要がある。人権に対する意識醸成は、人材の維持・確保にも良い影響を及ぼすだろう。

中小企業の優位性として、トップの考えを組織に浸透させ、迅速に取り組みに反映させやすいということがある。トップがその気になれば、サステナビリティについて、大胆な取り組みを進めることも可能だ。地域との結びつきが強い企業も多いので、地域のステークホルダーと連携して、地域と企業が互いに発展できる取り組みを進めることも、考えられるだろう。

その気になれば、環境や社会に配慮した公益性の高い企業に与えられるB Corp認証を取得し、B Corpコミュニティとともに、世界のサステナビリティに貢献することなどもできる。個人的には、B Corpのような、社会課題解決、社会価値の創造をパーパスに掲げ、それを第一義に追求していく中小企業が増え、その一部がスケール化していくことこそが、「目指すべきサステナブルな世界」実現に重要だと考えている。

Next SDGsを考える

人間社会が進歩すれば、そこには新しい課題が生まれる。現在のSDGsが採択された2015年以降の人間社会の進歩・変化を踏まえ、Next SDGsとしては、どのようなものが考えられるだろうか。

宇宙での活動が生み出す課題

ＳＤＧｓの環境に関するゴールは、主に人口が急速に増え、地球に対する負荷が大きくなっていることに起因する。人類にとって地球が狭くなり、いかに地球と共生するかが問われている。地球に対する負荷などあまり考えずに活動してきた時代とは異なる思考、行動が求められている。

増えた人類と地球との共生を考えるのとは別に、宇宙に解を求める動きもある。「40～100年をかけて、火星に100万人を送り込み、自立した文明を築く」として火星移住計画を掲げるイーロン・マスクは、そうした動きを牽引する代表格だろう。起業家と言われる人たちの中には、宇宙に関心を持つ人も多い。次のフロンティアとして魅力があるのだろう。長期的には、宇宙への移住が、増えた人類が存続する解となるかも知れない。

人類の宇宙での活動が増えれば、それが新たな問題を生む。すでに顕在化しているものとしては、宇宙ごみ（スペースデブリ）の問題がある。人類が宇宙開発を開始してから約60年が経過し、多くの衛星やロケットが打ち上げられた結果、大気中に落下せずに軌道を回り続ける宇宙ごみも増えている。地球から観測できる10センチ以上の宇宙ごみだけで約

2万3千個、観測できない小さなごみは、1億個以上あるとも言われている。小さな宇宙ごみでも、低軌道では非常に高速となり、人工衛星を爆発させる破壊力を持つと懸念されている。[*7]

衛星の活用は、観測を通じた災害被害軽減、森林管理、農業データによる食物安定供給など、SDGsに対して様々な価値を生み出している。一方で、宇宙ごみの問題が生まれている。これは、新たなグローバル課題の一つだ。

AIと人権など、テクノロジーの進化が生み出す課題

デジタルテクノロジーなど新しいテクノロジーの普及は、新しい課題を伴う。分かりやすい例は、AIと人権だ。

デジタルテクノロジーは、X-Tech（〇〇テック）と呼ばれ、様々な社会課題解決に活用され、SDGsの実現でも活用が期待されている。AIも、マイクロソフトが、"AI for Earth"として、環境問題解決に取り組む人々に、クラウドとAIツールを提供しているが、SDGsの17ゴールすべてに貢献する。[*8]

一方で、AIの普及が、名誉毀損、プライバシー侵害、差別などの人権問題を生み出す

ことが指摘されている。具体的には、GPSデータを利用するシステムを通じて個人の位置情報や行動追跡が可能となり、システム利用者が監視されプライバシーが侵害される、AIを人材採用システムに導入した際、特定の人種や性別に不利な情報が含まれており、その情報を元に人材を選定してしまうことで、公正な人材の選考が行われないなどだ。こうした懸念を受けて、EUでは、AI利用時の基本的人権の保障や安全性を確保するための、AI規制枠組み法案が提示されている。[*9・10]

こうしたテクノロジーの進化が生み出す新たなグローバル課題もある。

アート、スポーツの力を生かす

テクノロジーが進化する中だからこそ、人間にフォーカスする必要があるとの考え方も広がっている。人間の本来の力を生かすことが、今後改めて注目されるかもしれない。人間の力を生かすという意味では、アートやスポーツの力も重要になってくるのではないだろうか。

アートのSDGsへの貢献としては、人々に気づき、考えるきっかけを与えることがあると思う。自分が無意識の差別を行っていることに気づきを与える制作物、海洋プラスチックなどの廃棄物を活用した造形物で、環境問題を考えるきっかけを与えるなど、様々な表現手段で訴えかけることが考えられる。

世の中の課題を社会課題と環境課題に分けた場合、社会課題は、基本的に人に関わる課題だ。人が感じる苦痛、不満に関わる課題、人が健康で文化的な最低限度の生活を送るために解決すべき課題などだ。環境課題は、大気、水、土壌、生物といった人間社会を支える基盤としての環境が毀損するという課題だ。

社会課題の当事者は弱者であることが多く、その声は小さい。環境には声がない。社会・環境課題解決の第一歩は、こうした小さな声、声なき声を多くの人に伝えることだ。今の社会においてその役割を主に担っているのは、問題意識を持った人たちが立ち上げたNGO／NPOだ。しかし、NGO／NPOの発信力・影響力も限られることが多い。アートは、そうした組織と協力して、社会・環境課題を啓発することができるのではないか。

スポーツに関しては、「持続可能な開発のための2030アジェンダ」に、すでに「スポーツは持続可能な開発における重要な鍵となるものである」と記載されているように、SDGs／サステナビリティを促進する力を持っている。SDGsとの関係で言えば、SDGs目標3「健康と福祉の推進」には、直接的に貢献する。人種、ジェンダー、経済格差を超えて一体感を醸成するスポーツは、SDGs目標5「ジェンダー平等の実現」、SDGs目標10「不平等をなくす」にも貢献する。また、スポーツを通じて環境問題等への啓発を行うこともできる。世界的なスポーツイベントで、ごみ拾いをする日本人サポーターの姿は、環境問題の啓発に貢献しているだろう。

SDGs/サステナビリティへの啓発に関しては、特に、多くの人々の注目と尊敬を集める存在であるプロスポーツ選手が社会課題に取り組むことは、SDGs/サステナビリティ課題への関心を集め、課題解決につながる。こうした観点から、プロスポーツリーグ、プロスポーツチームが、寄付やボランティアを通じて、社会課題解決に貢献しようとする取り組みが増えている。

日本国内の課題に関しては、スポーツは、高齢化社会における健康や生きがい、地方創生への貢献ポテンシャルが大きいだろう。地域に根付いたスポーツに、大人から子どもまで一緒になって夢中になることは、地域を盛り上げ、一体感を生み出す。高齢者の生きがいとなることもあるだろう。地域の人々の健康増進のため、年齢、ジェンダー、障がいの有無などにかかわらず、ユニバーサルに楽しむことができる地域スポーツを開発している例もある。

アート、スポーツの力をはじめ、人間が本来持つ力を生かすことは、新たなグローバル共通課題として注目されるかもしれない。

サステナビリティ経営の要諦

最後に、サステナビリティ経営の要諦をおさらいする。

サステナビリティは、「先導」してこそ価値がある。

もし社内に、「競合より先に取り組むと損をする」という考えがあるとすると、基本的にサステナビリティをコストと考えているという証左ではないか。確かに、サステナビリティの取り組みは、短期的には利益を生まないことも多い。しかし、これは未来に向けた投資と考えるべきだ。サステナビリティの取り組みが自社にとって将来的にどのような価値を生み出すかを理解した上で投資をすることが大事だ。長期的にサステナビリティに向けて世界が動く中で、ＣＳＶとして価値を生み出せれば、先導した企業が先行者利益を獲得できる。

また、サステナビリティを推進するための取り組みは、業界をあげて、場合によっては業界や企業という枠組みを超えて実施することが有効な場合もある。サステナビリティを促進するためのルールやインフラを整備するような場合だ。こうした場合は、自社だけで対応するのではなく、「他者を巻き込む」ことが必要となる。この場合も、他者との協働を先導するほうが、優位性を確保できることが多い。

本物のサステナビリティ経営とは、サステナビリティの動きを先導して、社会にとっても、自社にとっても価値を生み出すことだ。

サステナビリティは、「スケール」が前提

日本でもCSVの考え方は一定の認知を得ている。CSVの基本コンセプトは、ビジネスによる社会課題の解決、企業価値と社会価値の両立だ。ただ問題なのは、「ビジネスによる社会課題の解決」と言った場合、目の前にある社会課題、目の前で困っている人を助けることにフォーカスしがちなことだ。自社のリソースで、目の前で困っている人を助けることは素晴らしいことだ。さらに、それで一定の利益が上げられれば、ビジネスの観点からも素晴らしい。しかし、本物のサステナビリティ経営で求められるのは、それをスケール化していくことだ。数人、数十人を助けることも素晴らしいが、ビジネスの力で数百

万人、数千万人を助けることを目指すのが、本物のサステナビリティ経営だ。CSVの本質は、資本主義のメカニズムを生かすことにある。資本主義のメカニズムとは、拡大再生産だ。CSVにおいても、社会価値創造の拡大再生産によりスケール化することが重要だ。本物のサステナビリティ経営を目指すなら、「スケール」にこだわって欲しい。

サステナビリティは、「トータルの価値」を考える

事業活動には、必ずプラスの側面とマイナスの側面がある。自動車を例にとると、移動に関する大きな利便性を提供するが、交通事故の原因となり、原料調達・生産・使用段階などで環境負荷をもたらす。また、原料調達・生産段階での劣悪な労働環境が人権問題となることがある。Holisticアプローチとして紹介しているが、本物のサステナビリティ経営では、こうしたマイナス面にもしっかり対応し、製品・サービスのライフサイクル全体、事業活動全体のトータルの価値を考える必要がある。プラスの価値を増大しつつ、マイナス面を軽減、できればゼロにしていくことが求められる。

サステナビリティは、「経営マター」である

サステナビリティに向けた動きは、すべての企業に大きな機会・リスクをもたらす。資本主義がサステナビリティを統合して進化しようとしている今、政策、技術、消費者・市民の意識や行動が変化しており、それを見据えた投資家の行動も変化している。こうした変化は、経営に大きな影響をもたらすものであり、経営レベルでの意思決定が重要となる。CSRの時代は、担当部門に任せて情報開示を中心とした活動をしていれば良かったかも知れないが、これからはそうはいかない。経営レベルでの意識決定は、本物のサステナビリティ経営に向けた第一歩だ。

サステナビリティは、「ビジネスと統合」しなければならない

経営レベルの意思決定が必要なサステナビリティだが、ビジネスと統合された意思決定が必要だ。日本企業の多くでは、中期経営計画にサステナビリティを記載するとしても、事業戦略とは別に、「サステナビリティにも積極的に取り組みます」と記述するといった感じで、事業とサステナビリティが切り離されていることも多い。サステナビリティは、社会・環境の変化が政策、技術、ステークホルダーの意識・行動にどう影響し、それが事

業にどう影響するかを考え、事業戦略に組み込んでこそ本当の意味がある。本物のサステナビリティ経営では、「ビジネスとサステナビリティの統合」は、基本である。

日本の大企業では、ＳＤＧｓやパリ協定について、その重要性は理解しているが、事業そのもののあり方を大きく変えることはなく、サステナビリティレポートの発行など、コミュニケーションを中心にサステナビリティの取り組みを行っている企業が多いのではないだろうか。しかし、サステナビリティは、事業そのものに大きな影響を与えるものだ。サステナビリティのトレンドが投資家、顧客、社員、さらには政府、ＮＧＯ／ＮＰＯといったステークホルダーの意識や行動を変えている。その動きに適切に対応できなければ、企業にとってのリスクとなる。また、ステークホルダーの変化は、新たなビジネス機会を生み出している。

本物のサステナビリティ企業は、サステナビリティを経営の中心的課題ととらえ、経営と統合して推進している。本物のサステナビリティ経営とは、単に社会・環境にとって良いことをするのではなく、事業基盤である環境・社会とともに企業を持続的に成長させ、それにより、社会・環境へのインパクトをトータルでスケール化していくものだ。本物のサステナビリティ経営とは、社会・環境課題と自社経営・戦略との関係を統合思考に基づき把握し、社会・環境と自社のWIN-WIN、スパイラルアップを実現する経営だ。

常に「WHY?」を問う

企業は、何のためにサステナビリティに取り組むのか？　この答えは、冒頭に述べた「目指すべきサステナブルな世界」実現に貢献すること以外にない。究極的には、「すべての人々が平和と一定の豊かさのもと潜在能力を発揮でき、地球への負荷が再生可能な範囲に収まっている世界」を実現するために、企業は存在し、活動し、サステナビリティに取り組んでいる。

特に、サステナビリティに取り組む場合は、常に「なぜ?」、「WHY?」を問う必要がある。その究極の目的が、「目指すべきサステナブルな世界」であることに思いをはせることで、正しいサステナビリティ経営のあり方に近づくことができる。

世界のパーパスを共有する3人目の石工となる。

有名な3人の石工の寓話がある。

旅人がある町を通りかかった。その町では、新しい教会が建設されているところであり、建設現場では、3人の石工が働いていた。その仕事に興味を持った旅人は、3人の石工に、それぞれ尋ねた。「あなたは、何のためにこの仕事をしているのですか?」

1人目の石工は、何を当たり前のことを聞くのだと、不愉快そうに答えた。「生活をするためだ。俺には食べさせないといけない家族がいる。そのために金を稼いでいる」。

2人目の石工は、汗を拭いながら答えた。「この大きくて固い石を切る為に、一生懸命努力している。腕を上げて、いつか村一番の職人になりたい」。

3人目の石工は、目を輝かせて答えた。「私は、いま、多くの人々の安らぎの場となる素晴らしい教会を造っています」。

サステナビリティに取り組む人材、いやすべての人材は、3人目の石工であるべきだ。1人目の石工は、仕事への取り組みが受身になりがちで、リーダーシップや創造性の発揮は期待できない。2人目の石工は、実際に優れた能力を持ち、組織の方向性とうまくはまれば、高い成果をあげることができる。しかし、自らの専門領域を超えて仕事をする意識は少ないだろう。また、「個人」の視点で仕事をしている以上、組織の方向性とずれてしまうリスクが常にある。組織で働く人材としては、組織の目的を共有する必要がある。

強い組織を創り上げるには、組織の目的に共鳴して高いモチベーションを発揮する3人目の石工を、できる限り多く創り出すことが必要だ。

また、高い視点をもって仕事をすることにより、リーダーシップや創造性が発揮され、仕事の品質も違ってくる。2人目の石工のほうが、美しく形の整った石を造るかもしれない。しかし、3人目の石工は、教会を造り上げるとの目的のもと、全体の構造の中からあるべき石の形を考え、さらには、自らの職務を超えて、石の材料や石の組み上げ方などをいろいろと考えて、その実現のために、他者を巻き込んでいく。

この3人目の石工を創り出すのがパーパスだ。「多くの人々の安らぎとなる場を造る」というパーパスがなければ、3人目の石工は存在しない。さらに、3人目の石工は、単に目的を共有しているだけでなく、それに共感し、高いモチベーションを持って、その実現に能動的に貢献する人材である必要がある。パーパスは、「自社が社会にどのような価値を生み出すか」を定義するものだが、組織の人材やステークホルダーが方向性を共有し、共感でき、ワクワクできるものである必要がある。「目指すべきサステナブルな世界」とパーパスが合致していることが、その前提条件となるだろう。

そして、すべての組織が「目指すべきサステナブルな世界」と整合するパーパスを掲げ、すべての人材が世界のパーパスを共有し、実現に向けて行動すれば、本当のサステナブルな世界が創られるだろう。

真にそれを願っている。

＊1　"Is your SDG Response Defensive, Selective or Holistic?", SUSTAINABLE BRANDS, https://sustainablebrands.com/read/marketing-and-comms/is-your-sdg-response-defensive-selective-or-holistic.（２０２２年６月閲覧）

＊2　「水の課題先進国イスラエルのＣＳＶ」、水上武彦のＣＳＶ／シェアード・バリュー経営論、２０１６年

＊3　「水がないから、ここまでこれた：イスラエルのウォーターテックが世界を救う」、WIRED、https://wired.jp/special/2016/israel-water-tech/.（２０２３年４月18日閲覧）

＊4　「大人用おむつが、バカ売れするワケ」、東洋経済ONLINE、https://toyokeizai.net/articles/-/26424.（２０２３年１月６日閲覧）

＊5　「介護ロボットポータルサイト」、国立研究開発法人日本医療研究開発機構、https://www.robotcare.jp/jp/home/index.（２０２３年４月23日閲覧）

＊6　「地域脱炭素ロードマップ」、国・地方脱炭素実現会議、令和３年６月９日

＊7　「急増！宇宙ごみ　いま迫られる宇宙のＳＤＧｓ」、ＮＨＫ、https://www.nhk.or.jp/kaisetsu-blog/100/459710.html.（２０２３年１月７日閲覧）

＊8　"AI for Earth", Microsoft, https://www.microsoft.com/ja-jp/ai/ai-for-earth.（２０２３年１月７日閲覧）

＊9　「今企業に求められる「ビジネスと人権」への対応」報告書、法務省人権擁護局、２０２１年3月

＊10　「欧州委、ＡＩ規制枠組み法案や開発促進策などの政策パッケージ発表」、ＪＥＴＲＯ、２０２１年4月23日

あとがき

本書は、主に企業向けの内容となっている。しかし、「目指すべきサステナブルな世界」実現に向けては、政策、市場、それを創り出す市民・消費者一人ひとりが同じ目的を共有し、行動する必要がある。ＣＳＶの考え方で、ルールメイキングや需要創造を企業側から働きかけることもできるが、市民・消費者、政策担当者側からの働きかけも必要だ。

ＳＤＧｓは、「目指すべきサステナブルな世界」に向けて、市民・消費者、企業、政策担当者が目的を共有するためのツールでもある。本書の冒頭でも述べているが、５Ｐなどを軸に、目指すべき世界の全体像をより明確にし、共有していく必要があるだろう。

本書の内容は、事例が大企業のため、大企業向けの印象を受けるかもしれないが、規模や形態を問わず、すべての企業の役に立つはずだ。企業以外の組織にも役立つだろう。

本書の内容も参考にしながら、すべての組織・個人が、目標を共通し、現状を変革する必要性についての健全な問題意識を持ち、対立ではなく協働することで、「目指すべきサステナブルな世界」に向けて行動して欲しい。

気候変動、生物多様性、海洋プラスチックなど、グローバルな問題への関心が高まり、国際的な枠組みも構築されつつあるが、具体的な行動はこれからの段階だ。これらの問題が及ぼす影響については、まだ不確実なことが多いため、政治的な合意が難しい面がある。しかし、人類社会に深刻な影響を及ぼす可能性があるのであれば、「予防原則*」に基づき対応すべきだ。

また、経済の停滞、地政学上の問題、これからも世界ではいろいろなことが起こるだろう。そのたびに、サステナビリティに向けた取り組みを先送りしていては、いつになったら問題が解決できるか分からない。長期的な問題解決の方向性に合意し、本書で紹介した20マイル行進のように、規律を持って、何があっても着実に前進していかなければならない。

現在の経済は、長期的な成長を前提としている。人口増、物質的豊かさの追求が続く限りは、環境制約などをイノベーションで解決できれば、それも持続可能だ。しかし、人口は、今世紀後半にはピークを迎えると予測されており、物質的豊かさの追求にも限界があるだろう。こうした面からも、新しい経済社会システムを創り上げていく必要がある。

「目指すべきサステナブルな世界」に向けた旅は始まったばかりだ。皆が、長期的な希望と、短期的な規律、健全な問題意識を持って、この旅をともにして欲しい。できれば、楽しみながら。

本書は、CSV開発機構の赤池さん、小寺さん、石井さん、東京書籍の長谷部さん、小島さん、藤田さん、小池さんの多大なご協力がなければ、実現できなかった。この場を借りて感謝したい。

また、ご多忙の中、インタビューにご協力いただき、貴重な示唆を頂戴した、WWFジャパンの東梅さん、ネスレ日本の嘉納さんに、心より御礼申し上げる。

『パーパス経営』、『CSV経営戦略』といった、本書の執筆にあたって大いに参考にさせて頂いた優れた著書などを通じ、日本企業がその志、日本流の力を生かしつつ、サステナビリティを経営に本質的に統合し成長していくよう尽力されている名和先生には、過分な推薦文を頂戴した。厚く御礼申し上げる。

私は、富山県氷見市出身で、氷見愛は強いと思う。いずれは、氷見にも貢献したいと思い続けている。こうした地元愛が育まれたのは、両親が愛情を注ぎ、伸び伸びと育ててくれたからだと思う。今と比べるとモノやサービスは少ない時代だったが、不満・不自由を感じることもなく、幸せに育った。そうした良い思い出が、地域愛につながり、地方創生にもつながる。さらには、自然と共生する、物質的豊かさの追求に依存しない社会のあり方の可能性を示唆しているのではないか。愛情を注いで育ててくれた両親に感謝したい。

両親は、現在高齢となり、父親は介護が必要となっているが、姉が近くに住んでおり、毎日のように様子を見てくれているので、助かっている。姉にも感謝したい。高齢化への適応には、地域の人のつながりも大事だ。ここは、地方のほうが充実しているように思う。

私の家族にも感謝したい。息子は、彫刻を中心にアートを学んでおり、自分の人生を切り拓こうとしている。少々手がかかる子ではあったが、それ以上に、私の人生を充実したものにしてくれている。

本書第4章では、少子高齢化への適応について述べたが、緩和、すなわち少子化対策としては、子どもを持つこと、子育てが、いかに人生を充実させるかということを、CSVの需要創造ではないが、もっと広く伝えても良いのではないかと思う。政府の打ち出す少子化対策やメディアの報道は、子育ては大変なものだというネガティブなメッセージもあわせて伝えてしまっているようにも思える。もちろん子育ての負担を軽減するために国がすべきことはたくさんあるが、子育てが人生を潤いあるものにする、価値のあるものだという意識を、もっと広げることも大切だと思う。これまで育児参加が少なかった男性にとっては、子育てに加え、子育てを通じて社会と関わりを持つことで、人生がより充実したものとなるだろう。子どもを持つことに希望を持つ人が増えなければ、少子化が緩和されることはない。

その息子をともに育てた妻にも感謝したい。十数年前に、市場がまだ小さいサステナビリティの世界に飛び込んだときも、独立したときも、少々文句は言いつつも許容してくれた。そこは、妻が仕事をしていたことも大きいと思う。そういう意味で、（妻には怒られそうだが）女性活躍には、男性を自由にして、リスクを取ってチャレンジしやすくする側面もある。チャレンジする人材不足は、日本の大きな課題であり、この観点でも（女性のチャレンジも含め）女性活躍は重要だ。私が比較的自由に活動できたことで、本書は世に出ている。妻は、本書の最大の功労者かもしれない。ありがとう。

＊予防原則とは、環境保全や化学物質の安全性などに関して、環境や人への影響の因果関係が科学的に証明されていない場合でも、深刻な、あるいは不可逆的な被害の恐れがある場合は、予防のために政策的決定を行うという考え方

掲載図版一覧

本書に掲載の図と写真は以下のとおりである。特記の無い場合は、著者（水上武彦）作成、デザイナー（勝浦悠介）作図である。クレジットおよび出所（参考文献、引用元文献・資料）がある場合は図のタイトルに続けて記した。

図23　マテリアリティ特定のステップ
図24　マテリアリティ評価例：キリンホールディングスHPより
図25　「自社にとっての重要度」の評価観点
図26　サステナビリティに取り組む3つの原則への戦略的対応
図27　パーパス／ビジョン策定のステップ
図28　プロセス指標、アウトカム指標
図29　原則3に対応するKPIのイメージ（飲料メーカーの自然資本強化の例）
図30　KPI／目標設定のプロセス
図31　人権NGOによるランキングの例 "2022 Corporate Human Rights Benchmark": 'Corporate Human Rights Benchmark' より, World Benchmarking Alliance, https://www.worldbenchmarkingalliance.org/publication/chrb/.（2023年1月9日閲覧）
図32　価値創造ストーリーで描くべき基本要素
図33　サステナビリティ人材に必要なスキル・知識："Managing sustainability talent: Lofty goal or new business imperative?" より ,Greenbiz.com, https://www.greenbiz.com/article/managing-sustainability-talentlofty-goal-or-new-business-imperative.
図34　サステナビリティ・インテリジェンス機能
図35　社会課題解決を目的としたマーケティング
図36　途上国でのSDGsビジネスにおける課題
図37　途上国でのSDGsビジネスの課題への対応策
図38　SDGs目標2「飢餓をゼロに」のターゲットへの対応
p.215　ドローンによる農薬散布の様子：写真：アフロ
図39　途上国の医療事情改善の課題と解決策
図40　教育CSVの3つの方法
p.223　写真：アフロ
図41　ジェンダー平等による競争力向上の可能性
p.229　国連（UN Women）親善大使のエマ・ワトソン／国際女性デー（2015年）ジェンダー平等Q&Aセッションにて：写真：Splash/アフロ
図42　企業による社会課題対応の基本パターンと「水と衛生」の例
図43　SDGs目標7「エネルギーをみんなにそしてクリーンに」の課題と解決策

p.239　洋上風力発電　デンマークのオーレスン海峡：写真：アフロ
図44　SDGs目標8「働きがいも経済成長も」への対応
図45　企業による人権への基本的対応：「責任あるサプライチェーン等における人権尊重のためのガイドライン」（ビジネスと人権に関する行動計画の実施に係る関係府省庁施策推進・連絡会議、令和4年9月）などを参考に、筆者作成
図46　途上国の産業と技術基革新の基盤を構築する「リバース・イノベーション」と「コレクティブ・インパクト」
図47　SDGs目標10とダイバーシティ&インクルージョン推進の意義
図48　SDGs目標11「住み続けられるまちづくりを」の事業機会
図49　サーキュラーエコノミー："From linear to a circular economy" より、オランダ政府
図50　サーキュラーエコノミー概念図他：「循環型の事業活動の類型について」より、経済産業省・環境省、令和2年6月24日
p.263　市川環境エンジニアリング　習志野リサイクルセンター：写真：Nicolas Datiche/アフロ
図51　企業の気候変動対応の基本
図52　SDGs目標14の企業にとっての重要課題
p.273　プラスチック袋を食べようとするアオウミガメ：写真：アフロ
図53　生物多様性／自然資本への基本的対応：「TNFDフレームワーク」などを参考に、筆者作成
図54　企業活動を通じた「平和と公正」への価値創造
図55　パートナーシップによる社会課題解決の類型化
図56　SDGsをビジネスで解決するレンズの例
図57　SDGsへの取り組みの段階
図58　サステナビリティ経営における4つの統合
図59　脱炭素による地方創生の5つの方向性と2つの視点
コラム1　ポートレイト写真：小池彩恵子撮影／図1 ネスレのCSV（共通価値の創造）：ネスレ日本／図2 ネスレの長期的な価値創造モデル：ネスレ日本
コラム2　ポートレイト写真：小池彩恵子撮影／図1 世界のリーダーが認識するリスク：世界経済フォーラム「グローバルリスク報告書2023年版」より／図2 企業に期待される取り組み：カーボンニュートラルの事例：WWF

著者
水上武彦　みずかみ・たけひこ

シェアードバリュー・コンサルティング合同会社代表、一般社団法人CSV開発機構副理事長。

富山県氷見市出身。東京工業大学・大学院、ハーバード大学ケネディースクール修了。

運輸省（現国土交通省）で、日米航空交渉、航空規制緩和などの主要航空政策を担当した後、アーサー・D・リトルで、製造業のイノベーション戦略などを推進。2009年以降は、クレアン、PwCおよび現職にて、サステナビリティ・コンサルティングに従事。社会価値と企業価値を両立するCSVを軸に、サステナビリティ経営全般について、幅広い経験・知見を有する。

著書には、『CSV経営　社会的課題の解決と事業を両立する』（共著、NTT出版、2013年）などがある。ブログ「水上武彦のサステナビリティ経営論」ほか、サステナビリティに関する論考多数。

問い合わせ先：staff@csv-jp.org

サステナビリティ
SDGs以後の最重要生存戦略

2023年7月7日　第1刷　発行

著者　水上武彦

発行者　渡辺能理夫
発行所　東京書籍株式会社
〒114-8524　東京都北区堀船2-17-1
03-5390-7531（営業）　03-5390-7500（編集）

デザイン　勝浦悠介
協力　一般社団法人CSV開発機構　ネスレ日本　WWFジャパン
小池彩恵子　末広裕美子

印刷・製本　図書印刷株式会社

ISBN978-4-487-81690-3　C0034

出版情報　https://www.tokyo-shoseki.co.jp/